DIE RÖMER KOMMEN!

Dieses Buch ist ein Roman. Handlungen und Personen sind frei erfunden. Ähnlichkeiten mit lebenden oder toten Personen sind nicht gewollt und rein zufällig.

ARMIN MAIWALD

DIE RÖMER KOMMEN!

DER ROMAN
EINER STADTGRÜNDUNG

emons:

Bibliografische Information der Deutschen Nationalbibliothek
Die Deutsche Nationalbibliothek verzeichnet diese Publikation in der Deutschen Nationalbibliografie; detaillierte bibliografische Daten sind im Internet über http://dnb.d-nb.de abrufbar.

MIX
Papier aus verantwortungsvollen Quellen
FSC® C083411
FSC
www.fsc.org

Umschlagmotiv: istockphoto.com/tunart; shutterstock.com/alexeyart; shutterstock.com/Natykach Nataliia
Umschlaggestaltung: Nina Schäfer
Gestaltung Innenteil: César Satz & Grafik GmbH, Köln
Lektorat: Dr. Marion Heister
Druck und Bindung: CPI – Clausen & Bosse, Leck
Printed in Germany 2018
ISBN 978-3-7408-0418-3
Originalausgabe

Dieses Werk wurde vermittelt durch Gabriele Lorenz-Schayer,
Lorenz Schayer Licensing.

Firmitas, utilitas, venustas.
Festigkeit, Nützlichkeit und Schönheit
sind die drei gleichbedeutend wichtigen
Voraussetzungen der Architektur.

Vitruv (1. Jh. v. Chr.) in »De architectura libri decem«

Vorbemerkung

Heute sind viele alte Städte stolz darauf, »römische Wurzeln« zu haben. In den jeweiligen Stadtgeschichten steht dann: Die Stadt X wurde im Jahre Y von den Römern gegründet. Dieses Gründungsdatum liest man, nimmt es als gegeben hin und kümmert sich nicht weiter drum.

Zu dem angegebenen Zeitpunkt *war* die Stadt aber schon gegründet, hatte wahrscheinlich sogar schon eine Stadtmauer und eine funktionierende römische Verwaltung.

Denn etwa fünfhundert Jahre lang folgten alle neuen römischen Stadtgründungen dem gleichen Muster: Sie entstanden aus dem Nichts, wurden an strategisch wichtigen Punkten zunächst als Militärlager angelegt, um die römische Herrschaft zu sichern. Erst geraume Zeit später wurden daraus »Städte«.

Aber wie war das eigentlich vor diesem »offiziellen« Gründungsdatum? War da etwa luftleerer Raum? Lebten an dieser Stelle vorher keine Menschen?

Eigentlich kaum vorstellbar. Denn anhand von archäologischen Ausgrabungen lässt sich nachweisen, dass es zum Beispiel in der Gegend um Köln schon in der Steinzeit menschliche Ansiedlungen gegeben haben muss.

Waren diese Ureinwohner damit einverstanden, dass da plötzlich wildfremde Leute auftauchten und sagten: Hier werden wir jetzt ein Lager bauen, und später soll daraus eine neue Stadt werden? Wurden die Ureinwohner einfach vertrieben, vielleicht sogar getötet? Haben sie sich gewehrt, vielleicht sogar versucht, die Fremden zu vertreiben? Hat man verhandelt? Hat man sich arrangiert?

In der Geschichtsschreibung findet man dazu wenig, und wenn überhaupt, dann in der römischen. Eine andere gibt es nicht. Und zur römischen Geschichtsschreibung muss man sagen, dass die doch sehr einseitig ist.

Alles, was sich außerhalb der Stadtmauern von Rom befand, galt für die Römer grundsätzlich als unterentwickelt und barbarisch. Rom war der Mittelpunkt der Welt und damit basta.

Andere Länder dienten nur dazu, ausgeraubt zu werden, dort wurden Steuern eingetrieben und aus widerspenstigen Bewohnern Sklaven gemacht.

Unabhängige Zeitzeugen aus unserer Gegend, die so eine Lagergründung selbst miterlebt haben und die das alles auch noch hätten aufschreiben können, gibt es nicht.

Wie muss man sich das also vorstellen?

Was könnte sich da abgespielt haben, bevor es zu der »Stadtgründung« kam?

Ich erzähle jetzt eine *erfundene* Geschichte, wie so etwas vonstattengegangen sein *könnte*.

Armin Maiwald

DIE SUCHE

Ein Tag, der nicht sehr schön zu werden verspricht. Morgennebel hängen über einem flachen Tal. Ein Fluss, den man wegen des Nebels noch nicht sehen kann, scheint da irgendwo zu fließen, man hört ihn nur. Es ist noch früh, die aufgehende Sonne versucht sich durchzusetzen. Tief hängende Wolken wehren sich dagegen.

Nicht weit vom Fluss entfernt auf einer Anhöhe, die dicht mit Büschen und Bäumen bestanden ist, teilen sich plötzlich die Zweige des Unterholzes. Eine Gestalt tritt vorsichtig heraus, schaut sich prüfend nach allen Seiten um. Es ist ein Mann. Er trägt einen wollenen Wettermantel mit Kapuze, der auch schon bessere Zeiten gesehen hat. An einigen Stellen hat er Löcher, und besonders sauber ist er auch nicht. Unter dem Mantel blitzt ein Brustpanzer hervor. Es ist ein römischer Soldat in Uniform, ein Legionär. In den Händen trägt er eine schussbereite *manuballista*, eine Art Armbrust. Wenige Augenblicke später taucht einige Schritte weiter links ein zweiter Legionär aus dem Dickicht auf. Ebenso gekleidet und ähnlich aufmerksam. Danach ein dritter, diesmal in einiger Entfernung weiter rechts. Nachdem sich die drei wortlos, nur mit Blicken, untereinander verständigt haben, dass ihnen nichts Verdächtiges aufgefallen ist, gibt der erste ein Handzeichen, dass sie weiter vorgehen sollen.

Da tauchen hinter ihnen drei weitere Personen auf, die auf den ersten Blick ähnlich gekleidet sind. Auch sie tragen wollene Wettermäntel mit Kapuzen, allerdings von deutlich besserer Qualität, darunter aber keine Rüstung, sondern eine Tunika und eine Toga. Die Füße stecken in ledernen Sandalen, die bis an die Waden mit Riemen befestigt sind. Die typische Kleidung römischer Bürger, wenn sie auf Reisen gehen. Mit dieser Kleidung passen sie nicht in diese unwirtliche Gegend. Zwei der Zivilisten sind hellhäutig, der dritte ist dunkel, vielleicht ein Nubier. Bei dem einen schauen ein dunkler Lockenkopf und ein Bart unter der Kapuze hervor, er sieht aus wie ein Grieche. Der zweite mit dem kurzen Haarschnitt und ohne Bart ist eindeutig ein Römer. Der dritte fällt schon durch seine Hautfarbe auf.

Während sie so die Anhöhe heraufkommen, schauen sie sich ebenfalls suchend und prüfend um, aber deutlich anders als die Soldaten. Die drei sprechen Griechisch miteinander, wie alle gebildeten Römer.

In einem gewissen seitlichen Abstand und dahinter werden die drei Zivilisten von weiteren Legionären begleitet: Es sind insgesamt acht Mann und ein Hauptmann. Das ist die kleinste militärische Einheit, die es beim römischen Heer gibt: ein sogenanntes *contubernium*, eine Zelteinheit. Dieser Begriff wird benutzt, weil eine solche Einheit immer zusammen in einem gemeinsamen großen Lederzelt schläft. Auf Gedeih und Verderb ist sie aufeinander angewiesen. Das ist fast schlimmer, als miteinander verheiratet zu sein. Hinter den Soldaten kommen noch ein paar Maultiere mit ihren Treibern durch das Dickicht. Die Tiere sind beladen mit Zelten und allerlei Gerätschaften.

Auch die Legionäre schleppen an ihren Körpern die normale Ausrüstung mit: Kornmühle, Kochgeschirr, Werkzeug zum Zeltebauen und, und, und … Die ganze Gruppe bildet einen Spähtrupp, der losgeschickt wurde, um einen geeigneten Platz für ein neues Grenzlager zu finden.

Den drei Zivilisten sind die Voraussetzungen für so einen Ort klar: Ein Fluss als Transportweg muss sich in der Nähe befinden. Andererseits soll die Stelle hochwassersicher sein. Trinkwasser und genügend Bauholz muss es geben, nach Möglichkeit auch noch Tongruben oder Steinbrüche. Gesundheitsrisiken müssen ausgeschlossen sein. Und ist im Umfeld Landwirtschaft möglich? Denn wenn später hier Grenztruppen stationiert werden sollen, müssen die ernährt werden. Noch viel wichtiger wird das alles, sollte daraus später mal eine Stadt entstehen. Eine Menge Einzelheiten sind zu beachten, nicht zuletzt: Leben in der Gegend aufmüpfige Stämme? Alle, die da durch das Gestrüpp stapfen, kennen die Berichte von Cäsars Eroberungszügen, und das Schreckgespenst der verlorenen Varus-Schlacht, bei der drei römische Legionen komplett vernichtet wurden, spukt noch in allen Köpfen. Eine schwierige Aufgabe liegt vor ihnen.

Die Hauptverantwortung liegt bei Septimus, dem Zivilisten mit dem kurzen Haarschnitt. Er ist vom Kaiser in Rom mit besonderen Vollmachten ausgerüstet, sein Titel ist »Legat«. Als Berater steht ihm Demosthenes zur Seite, ein geborener Grieche, der aber schon seit seiner Kindheit in Rom lebt und dort auch erzogen wurde. Seit ihrer gemeinsamen Schulzeit sind die beiden befreundet. Und so war Demosthenes selbstverständlich auch sofort bereit, seinen Freund bei dieser Aufgabe zu begleiten und zu unterstützen. Um alle Ergebnisse festzuhalten, haben sie Salman, den Nubier, mitgenommen. Ein aufgeweckter Freigelassener, der die lateinische und die griechische Sprache in Wort und Schrift beherrscht. Für die Sicherheit der ganzen Unternehmung ist Hauptmann Quintus Agrippa, also ein Zenturio, zuständig.

Alle, die für diese gefährliche Mission ausgesucht wurden, sind erfahrene Soldaten. Kaum einer von ihnen könnte auf Anhieb sagen, an wie vielen Feldzügen er in der Vergangenheit schon teilgenommen hat. Besonders der Hauptmann, Quintus Agrippa, fällt mit seinem wettergegerbten Gesicht und einer Reihe längst verheilter Narben auf. Die Blicke, mit denen die Legionäre und der Hauptmann die Gegend absuchen, sind eindeutig anders als die der drei Zivilisten. Vorsicht und Angst halten sich die Waage. Was hat man sich in den Kasernen nicht schon alles an Gräuelmärchen von diesem verdammten Germanien erzählt. Wie da aus heiterem Himmel grimmig aussehende Gestalten von den Bäumen sprangen, römische Einheiten angriffen, die allermeisten umbrachten, alles raubten, was nicht niet- und nagelfest war, und genauso unversehens wieder verschwanden.

Der Spähtrupp vermutet hinter jedem Baum, hinter jedem Gebüsch einen oder mehrere Barbaren, die sich auf die kleine Gruppe stürzen könnten. Für Römer galt jeder, der außerhalb der Stadt oder in unmittelbarer Nähe lebte, als unzivilisiert, dumm, schmutzig und grundsätzlich gefährlich.

Als Legionäre sind sie zwar besser ausgebildet und besser ausgerüstet, aber einem Überraschungsangriff eines ganzen Germanenstammes wären sie ziemlich hoffnungslos ausgeliefert. Sie befinden sich ganz offensichtlich in einer unzivilisierten und unsicheren Umgebung.

Dazu kommt, dass der Kaiser in diesem Fall ausdrücklich befohlen hat, die ganze Aktion – so weit wie eben möglich – ohne Blutvergießen durchzuführen. Das Beste wäre, sie blieben unentdeckt. Ihren Gesichtern ist anzusehen, dass sie sich bei dieser Expedition nicht besonders wohlfühlen. Aber Dienst ist Dienst, man kann es sich nicht aussuchen, wohin man abkommandiert wird.

In einiger Entfernung, an einem Waldrand, sitzt ein Halbwüchsiger hoch oben in einem Baum, ein Angehöriger irgendeines germanischen Stammes. Er trägt Beinkleider, die schon an eine Hose erinnern, und ein Wams aus Wolle. Gut getarnt durch die Blätter beobachtet er das Treiben dieser seltsamen Ankömmlinge. Sind das Römer? Die Soldaten in jedem Fall! Sie sind bewaffnet, das sieht er sofort. Aber einen Angriff scheinen sie nicht zu planen, dazu sind es zu wenige. Was wollen die hier? Das hier ist freies germanisches Gebiet, bewohnt von unterschiedlichen Stämmen. Das nächste römische Lager liegt einige Tagesreisen weiter südlich, hat er neulich von Angehörigen eines anderen Stammes gehört.

Worüber diese Fremden da reden, kann er aus der Entfernung nicht hören. Und selbst wenn er es hören könnte, würde er die Sprache nicht verstehen. Was haben die vor? Suchen die nach irgendwas? Vielleicht nach entlaufenen Sklaven? Ist hier in letzter Zeit eine römische Patrouille überfallen worden? Suchen die nach Überlebenden? Er weiß keine Antwort darauf.

Behände und völlig geräuschlos verlässt er seinen Beobachtungsposten, klettert vom Baum hinunter und rennt zurück in sein Dorf. Das liegt in einiger Entfernung, gut hinter Bäumen versteckt im Wald. Dort meldet er sich sofort beim Stammesältesten und berichtet, was er gesehen hat. Der ruft drei erfahrene Krieger zusammen. Sie sollen gemeinsam mit dem Jungen herausfinden, was da los ist. Sehen lassen sollen sie sich nicht, man will unter gar keinen Umständen die Aufmerksamkeit der Fremdlinge erregen. Aber wissen, was sie vorhaben, sollte man schon. Geführt von dem Jungen schleichen die vier jetzt in voller Deckung zurück zu dem Baum, auf dem der Junge eben noch gesessen hat. Von den Ankömmlingen keine Spur.

Wortlos, nur mit Gesten, machen die drei Erwachsenen dem Jungen klar, dass da doch gar nichts ist. Der beharrt aber darauf, dass er sich nicht geirrt hat. Nach einem Moment der Unsicherheit schleichen sie gemeinsam, diesmal unter der Führung eines der Erwachsenen, am Waldrand weiter, um zu sehen, wohin die Eindringlinge denn verschwunden sein könnten. Sie bewegen sich in Richtung Fluss. Der Nebel hat sich inzwischen ein wenig gelichtet, sodass man den Fluss andeutungsweise erkennen kann. Sich weiter geduckt vorwärtsbewegend entdecken sie die Fremden in einiger Entfernung am Ufer.

Die zwei hellhäutigen Zivilisten diskutieren etwas, deuten mit den Armen in diese und jene Richtung, ab und zu machen sie eine Bemerkung. Der Nubier notiert alles mit einem Griffel auf einem Wachstäfelchen.

Da hat einer der sichernden Legionäre etwas entdeckt und

macht den Hauptmann darauf aufmerksam. Der gibt zwei anderen Soldaten mit Armbrust ein Zeichen. Vorsichtig bewegen sie sich auf ein niedriges Gebüsch am Ufer zu.

Die vier germanischen Späher ducken sich noch tiefer, denn die Römer nähern sich ihrem Versteck. Sind sie vielleicht entdeckt worden?

Der römische Spähtrupp drückt die Zweige des Gebüsches auseinander. Darunter ist ein einfaches Boot – eindeutig germanischer Bauart – versteckt. Der Hauptmann gibt den drei Zivilisten ein Zeichen: Sie sollen sich doch mal anschauen, was sie da entdeckt haben. Der Römer und der Grieche untersuchen das Fundstück, sehen, dass es in gutem Zustand und gebrauchstüchtig ist.

Der Hauptmann zieht ein Beil aus seinem Gürtel und fragt die Zivilisten, ob er es zerstören soll. Septimus gibt ihm aber zu verstehen, dass er das nicht tun solle. Wenn das, was sie hier vorhaben, gelingen soll, dürfen sie die hier Ansässigen nicht schon jetzt gegen sich aufbringen. Der Nubier schreibt wieder etwas auf sein Wachstäfelchen. Danach suchen sie die Gegend noch gründlicher nach Menschen ab, die vielleicht zu diesem Boot gehören könnten. Nichts. Die vier Germanen in ihrem Versteck am Waldrand haben sie nicht entdeckt.

Für die vier Späher ergibt das alles keinen Sinn. Da liegt kein fremdes Schiff, mit dem die Eindringlinge gekommen sein und in das sie vielleicht wieder einsteigen könnten, ganz im Gegenteil. Diese Römer drehen dem Fluss den Rücken zu, machen sich, aufmerksam die Umgebung absuchend, wieder auf den Weg zur Anhöhe, auf der sie vorher schon waren. Immer schützend umringt von ihren Legionären.

In sicherem Abstand und immer gut getarnt begleiten die Späher diese merkwürdige Truppe, sie wollen doch wissen, was die da oben weiter treiben.

Oben auf der Anhöhe angekommen stecken die Zivilisten

und der Hauptmann die Köpfe zusammen, und dann, auf ein Zeichen des Hauptmanns, holt einer der Legionäre aus dem Gepäck vom Rücken eines der Maultiere einen Pfahl und einen Hammer. Mit Hilfe des Hammers treiben sie den Pfahl tief in den Boden. Obendrauf wird noch so etwas wie ein großer Nagel in den Pfahl geschlagen. Danach kommt der Hammer zurück ins Gepäck, der Nubier macht noch ein paar Notizen, und so, wie sie gekommen sind, verschwinden alle wieder die Anhöhe hinab, in die Richtung, aus der sie gekommen sind.

Das alles beobachten die vier Späher. Was es zu bedeuten hat, verstehen sie nicht.

Nach einer Weile, als sie annehmen, dass die Fremden jetzt weit genug entfernt sind, machen sie sich vorsichtig auf den Weg zur Anhöhe. Sie brauchen etliche Minuten, um die Entfernung vom Waldrand zur Anhöhe zu bewältigen. Sie wollen wissen, was die da in den Boden geschlagen haben. Schnell haben sie den Pfahl entdeckt, er ragt ja ein Stück aus dem Untergrund heraus.

Oben auf dem Holzpflock ist ein Zeichen aus Messing. Darauf ein Adler und die Buchstaben »S.P.Q.R.«. Mit diesen Zeichen können sie wenig anfangen. Merkwürdig ist das Ganze aber schon, wo das doch der Hain ist, in dem ihr Stamm immer seine Toten begräbt. Irgendwie ein unheimlicher Ort, vielleicht sogar ein heiliger. Eigentlich ein Frevel, diesen Ort zu entehren. Keiner der Stammesangehörigen würde so etwas wagen. Die vier Späher schauen einander unschlüssig an und gehen dann zurück zu ihrem Dorf.

Dort berichten sie dem Stammesältesten von den neuen Ereignissen. Der lässt sofort den Druiden rufen, einen steinalten weißhaarigen Mann, der schon einige Schwierigkeiten mit dem Gehen hat. Die Ratschläge des alten Mannes werden nach wie vor geschätzt. Auch dem erzählen die Späher, was sie gesehen haben.

Nachdem er den Bericht angehört hat, wiegt er nachdenklich sein Haupt und sagt: »Das muss ich mir ansehen.«

Kurze Zeit später sieht man vier kräftige Männer den Druiden auf einer Art Tragestuhl zur Anhöhe tragen. Oben angekommen steigt er ab, nimmt den Pfahl in Augenschein, reagiert unwirsch, geht dann zu einer alten Eiche, breitet die Arme aus, verneigt sich und murmelt etwas Unverständliches. Dann lässt er sich zurücktragen.

Wieder im Dorf sitzt er dem Stammesältesten gegenüber.

»Die Römer!«, sagt er. »Es scheint, als hätten sie da einen Platz entdeckt und markiert, wo sie einen Wachtposten oder ein Lager bauen wollen. Vielen Berichten und meiner eigenen Erfahrung nach machen sie das immer so.«

»In unserem Hain, wo alle unsere Toten liegen?«, fragt der Älteste zurück.

Der Druide nickt nur wortlos.

»Können wir irgendetwas tun?«

»Ich wüsste nicht, was«, gibt der Druide zurück, »sie haben den Platz mit einem Pfahl gekennzeichnet.«

»Und wenn wir den einfach rausreißen?«

»Das ändert überhaupt nichts. Die haben sich die Stelle mit Sicherheit genauestens aufgeschrieben. Du kennst doch die Römer. Wir können nichts weiter tun als abwarten, was sie als Nächstes machen.«

Eine Weile sitzen sie noch nachdenklich zusammen, eine Lösung fällt ihnen nicht ein.

»Jetzt, wo wir wissen, dass sich da oben etwas zusammenbraut, sollten wir nicht einen zweiten Beobachtungsposten einrichten, hier, ganz in der Nähe zu unserem Dorf?« Fragend blickt Gero, der Stammesälteste, den Druiden an.

»Mach das, sicher ist sicher«, antwortet der Druide im Aufstehen. Dann zieht er sich in sein eigenes Haus zurück.

Vier stramme Tagesreisen weiter südlich und stromaufwärts.

Der Römer, der Grieche, der Nubier und der Hauptmann betreten das *praetorium*, den Raum für die Amtsgeschäfte eines schon bestehenden römischen Lagers. Mit soliden Mauern und Wachttürmen umgeben, eine richtig große Kaserne.

»Ave, Prätor«, begrüßen sie den Lagerkommandanten, einen alten Haudegen, dem man ansieht, dass er in seinem Leben schon einige Schlachten hinter sich gebracht hat. Hier, auf diesem Druckpöstchen in der oberrheinischen Provinz, hat er aber schon ein wenig Fett angesetzt. Und seiner Macht als Oberbefehlshaber ist er sich voll bewusst.

»Seid gegrüßt, Septimus und Demosthenes, ich freue mich ehrlich, euch zu sehen«, erwidert er militärisch kurz, aber erleichtert. »Ihr wart ja eine Ewigkeit unterwegs, ich habe schon das Schlimmste befürchtet, morgen hätte ich euch einen Suchtrupp nachgeschickt. – Zenturio, irgendwelche Verluste?«, wendet er sich an den Hauptmann.

Der nimmt Haltung an. »Keine Verluste, Prätor!«

»Gut! Das wird den Kaiser freuen! Irgendeine Feindberührung, Überfälle, Verwundete?«, fragt er nach.

»Keine Verwundeten, keine Überfälle, keine Feindberührung«, betet der Hauptmann runter.

»Und?«, wendet der Prätor sich jetzt wieder an Septimus.

»Ich glaube, wir haben was gefunden«, beginnt der seinen Bericht, »direkt am Ufer des *Rhenus*, gut geeignet für Transporte, ein Landeplatz ist möglich, etwa dreihundert Fuß entfernt eine Anhöhe, grob geschätzt fünfzig Fuß über dem Wasserspiegel, sollte also hochwassersicher sein. Waldreiche Gegend, also Bauholz jede Menge.«

»Größe der Anhöhe?«, will der Prätor wissen.

»Konnten wir nicht genau vermessen, zu wenig Zeit, wir wussten ja, dass du auf unsere Rückkehr wartest. Sollte aber ausreichen.«

»Trinkwasser?«

»Mit einem Brunnen müsste man schnell an genügend Grundwasser rankommen.«

»Tongruben, Steinbrüche?«

»Nichts gesehen.«

»Schlecht, ganz schlecht!« Und nach einer kurzen Pause: »Wo?«

»Hier ist der genaue Bericht und ein Lageplan«, meldet sich Salman, der Nubier, und hält mehrere zusammengerollte Schriftrollen hoch. Der Prätor streckt die Hand aus, er rollt die Schriftrollen auseinander, vertieft sich stumm in den Inhalt.

Der Expeditionstrupp steht etwas verloren vor seinem Tisch, ebenfalls wortlos.

Nach einer Weile murmelt der Prätor: »Ihr seid entlassen, für den Moment jedenfalls. Aber haltet euch zur Verfügung. Ich lasse euch wieder rufen, wenn ich mir das hier alles genau angeschaut habe.«

Alle vier salutieren, ohne dass der Prätor davon irgendeine Notiz nimmt, und verschwinden.

An der Wand des Prätoriums ist ein Fresko mit einer großen Karte, auf der die schon bestehenden Lager und Wachtposten eingezeichnet sind. Mit einer der Schriftrollen des Nubiers in der Hand stellt sich der Prätor daneben, orientiert sich, versucht, den gefundenen Ort zu lokalisieren.

Dann nickt er mit dem Kopf, klatscht in die Hände und befiehlt: »Panos, bring mir einen *stilus*!«

Ein Sklave kommt mit einem Schreibstift, reicht ihn dem Prätor, und der markiert damit die gefundene Stelle auf der großen Wandkarte, geht ein paar Schritte zurück, betrachtet den neu eingezeichneten Platz und ist mit dem Ergebnis zufrieden. Dann setzt er sich wieder an seinen Tisch und vertieft sich erneut in den Bericht.

Nachdem er die einzelnen Schriftrollen beiseitegelegt hat,

klatscht er wieder in die Hände und weist den Sklaven an: »Hol mir den Spähtrupp noch mal her!«

Als die vier wieder salutierend eintreten, sagt der Prätor, ohne aufzuschauen: »Schon gut, schon gut. – Also, Septimus«, wendet er sich an den Legaten, »das liest sich ja alles sehr vielversprechend. Welche Stämme siedeln denn da?«

»Ripuarier, soviel ich weiß, Uferbewohner.«

»Kriegerisch? Aufständisch? Rebellisch?«

»Friedlich – bis jetzt.«

»Verbündet mit anderen kriegerischen Stämmen?«

»Weiß man nie so genau.«

»Jemanden gesehen?«

»Nein, niemanden, nur ein verstecktes Boot.«

Nachdenklich nickt der Prätor mit dem Kopf. »Flussanbindung, Landemöglichkeit, Hochwassersicherheit, Bauholz, Trinkwasserbrunnen, so weit ausgezeichnet. – Nachteile: Tongruben unklar, Steinbrüche unklar, noch keine Straße, die müsste man erst bauen. Als Lager zur Grenzsicherung ganz sicher geeignet, und wenn man den Rest auch noch findet, später vielleicht sogar noch als Stadt denkbar. – Gute Arbeit, Septimus. Was schlägst du als Nächstes vor?«

»Das Übliche: Genau vermessen, Priester hin, Tiere auf Krankheiten untersuchen, prüfen, ob in der Umgebung Sümpfe sind, wegen Mücken und Krankheitsgefahr, du weißt schon, landwirtschaftliches Umfeld untersuchen, Korn, Gemüse, Vieh. – Vielleicht findet man ja dabei auch noch Tongruben oder sonst was Brauchbares. – Das wär's fürs Erste.«

Der Prätor nickt, dann haut er mit der flachen Hand auf seinen Tisch. »Dann wollen wir mal!« Und schickt etwas leiser hinterher: »Mögen uns die Götter gnädig sein!«

DIE UNTERSUCHUNG

Einige Tage später zieht eine größere Kolonne die Anhöhe am Fluss, die wir schon kennen, hinauf. Es sind diesmal etwa fünfzig Mann und etliche Maultiere. Alle mit Gerätschaften und Zelten über und über beladen.

Ein Dolmetscher ist dabei, der einige germanische Dialekte versteht, man erkennt ihn sofort an seiner andersartigen Kleidung: Nach Germanensitte trägt er eine Hose und ein Wams, beides aus grobem Tuch und Fell.

Eine zweite Person fällt auf. Sie ist ganz in eine weiße Toga gehüllt, alle anderen halten einen respektvollen Abstand zu ihr. Es ist ein Staatspriester aus dem Jupitertempel in Rom, der den Ort erst auf gesundheitliche Risiken untersuchen und, wenn die Prüfung erfolgreich war, das gefundene Areal den Göttern weihen soll.

Quintus Agrippa, der Hauptmann, der auch den ersten Expeditionstrupp angeführt hat, gibt auf der Anhöhe das Zeichen zum Anhalten. Zuerst sucht er nach dem Pfahl; sowie er den gefunden hat, gibt er den Befehl, ein provisorisches Lager zu errichten. Als Erstes werden in jeder Himmelsrichtung Posten aufgestellt, die mit schussbereiter Armbrust die Umgebung beobachten und, wenn nötig, Alarm geben sollen.

Die Treiber binden die Maultiere fest, und die Legionäre beginnen umgehend damit, das Gestrüpp zu roden und kleinere Bäume zu fällen. Von den Bäumen entfernen sie die Äste und Zweige, zersägen die Stämme in etwa zehn Fuß lange Stücke, spitzen sie an einem Ende an und lagern sie auf einem Haufen.

Drei Militäringenieure vermessen mit der *groma*, einem mit vier Loten versehenen Visierkreuz, und Messstangen ein kleines Viereck, innerhalb dessen ein provisorisches Lager entstehen soll. Während ein Teil der Truppe noch mit dem Fällen von Bäumen beschäftigt ist, beginnt ein anderer Teil schon damit, die abgesägten Stammstücke entlang der vermessenen Linien als Palisadenzaun in die Erde zu rammen. Das geschieht in großer Geschwindigkeit und mit militärischer Präzision. Es wurde von der erfahrenen Truppe bei früheren Einsätzen schon hunderte Male geübt.

Alles wird wieder von einem der erwachsenen germanischen Späher, die das erste Auftauchen der Römer bemerkt hatten, beobachtet. Wie beim ersten Mal verlässt der Späher den Beobachtungsbaum am Waldrand und rennt zurück zu seinem Dorf, um von den Neuigkeiten zu berichten.

Der Stammesälteste ruft den Druiden und alle Männer des Dorfes zusammen und hält Kriegsrat. Sind das da oben mehr Römer als Einwohner in ihrem Dorf? – Großes Palaver. – Was tun? Die Römer scheinen da mehr vorzuhaben, als nur einen Pfahl in die geheiligte Erde zu treiben. Die erste Vermutung des Druiden könnte sich bewahrheiten.

Der Druide rät, sich erst einmal völlig ruhig zu verhalten, sich nicht blicken zu lassen, möglichst keine Feuer zu machen, damit man keinen Rauch aufsteigen sieht, und nichts zu unternehmen, was die Fremden zu einem Angriff auf das Dorf veranlassen könnte. Denn ein Angriff auf das Dorf hätte unabsehbare Folgen. Dann schickt der Stammesälteste einen anderen Späher als Ablösung auf den Baum am Waldrand. Er soll das Treiben da oben nicht aus den Augen lassen.

Währenddessen ist der provisorische Palisadenzaun schon weitgehend gediehen, fast fertig. Die Maultiere werden in die Umzäunung geschafft und die Zelte für die Nacht aufgebaut. Sechs für die normalen Legionäre, eins für den Hauptmann, eins für den Priester und eins für Septimus, Demosthenes und Salman, den Nubier.

Langsam bricht die Dämmerung herein. Die Maultiere bekommen etwas zu fressen und Wasser aus dem Fluss, einige Legionäre mahlen Korn, ein Bäcker beginnt, in einem tragbaren Ofen Brot zu backen, ein Lagerfeuer wird entzündet, Schläuche mit Wein werden aus dem Gepäck geholt.

Das provisorische Lager ist gesichert, passiert ist bis jetzt nichts, nicht einen der gefürchteten Barbaren haben sie zu Gesicht bekommen. Für die Legionäre beginnt nun der geruhsame Teil des Abends, sie essen, lassen sich die Hucke volllaufen und beginnen, mit Würfeln zu spielen. Bis auf die armen Hunde, die Wache schieben müssen.

Der germanische Späher auf dem Baum wird abgelöst, der nächste klettert hinauf. Der abgelöste berichtet dem Ältesten: Es sind viele, mindestens zehn Hände voll. Die Fremden scheinen sich da oben für längere Zeit einzurichten. Sie haben einen Zaun gebaut, es gibt Zelte, ein Feuer und Wachtposten.

Besorgt hört sich der Stammesälteste den Bericht an, danach ruft er erneut den Kriegsrat mit allen männlichen Dorfbewohnern und dem Druiden zusammen. Soll man das hier alles aufgeben, das vertraute Dorf und die Felder verlassen, weiter stromabwärts ziehen, oder soll man bleiben und abwarten, was geschieht?

Der Druide rät zu bleiben, auch wenn das, gemessen an der Zahl derer, die da oben lagern, nicht ganz ungefährlich ist. Aber auf keinen Fall einen Angriff auf die Römer wagen, die haben sich verschanzt, sind vielleicht schon jetzt zahlenmäßig überlegen und militärisch weitaus besser gerüstet. Das ganze Dorf soll sich nach Möglichkeit unsichtbar machen. Kleine Kinder im Haus halten, Vieh und alles, was einen Wert hat, verstecken. Wie bei allen wichtigen Entscheidungen wird darüber abgestimmt. Nachdem das von allen so beschlossen ist, verlassen sie bedrückt die Versammlung. Es sieht nicht gut aus.

Der nächste Morgen bricht an. Ein schöner Tag.

Beim Appell im römischen Lager verkündet Quintus Agrippa, der Hauptmann, den Tagesbefehl. Als erfahrener Befehlshaber macht er das ohne viel Federlesens, militärisch knapp und ruppig: Vier Zelteinheiten – also jeweils acht Mann – werden einen Spähtrupp bilden. Sie sollen in jeder der vier Himmelsrichtungen die Gegend genauer untersuchen. Ist in der näheren Umgebung ein Sumpf oder ein toter Flussarm? Gibt es Anzeichen für Landwirtschaft, bewirtschaftete Felder, Vieh oder Trinkwasserquellen? Und, Augen auf: Gibt es in der näheren Umgebung Lehm- oder Tongruben, gibt es Hinweise auf einen Steinbruch? Und das alles selbstverständlich, ohne selbst aufzufallen.

Danach mustert der Hauptmann seine Leute und entdeckt schnell die passenden Kandidaten. Betont überfreundlich sagt er: »Rufus und Aemilianus, vortreten!« Ein kleines hinterhältiges Grinsen kann er sich dabei nicht verkneifen.

Zwei aus dem hinteren Glied treten nach vorn.

»Ihr zwei stammt doch vom Bauernhof, für euch beide habe ich einen Spezialauftrag: Der Pontifex«, dabei zeigt er auf den Priester, »braucht einen lebendigen Hasen und einen lebendigen Fasan. Findet diese Viecher, fangt sie und bringt sie hierher. Und dass die mir in guter Verfassung sind!«

Die beiden Angesprochenen verdrehen die Augen, schon wieder so eine dämliche Sonderaufgabe. Dass es auch immer *sie* treffen muss. Nur weil sie vom Lande stammen, glaubt jeder, dass sie gut mit Tieren umgehen können.

Vier Legionäre sollen das Lager bewachen.

Der Rest, zu einem Teil Ingenieure und Vermessungstechniker, wird in zwei Gruppen aufgeteilt: Die erste Gruppe soll die Entfernung zum Fluss *genau* vermessen und wie hoch *genau* die Anhöhe über dem Wasserspiegel liegt. Die zweite soll die größtmögliche ebene Fläche auf dem Hügel ausmessen.

Damit ist der Morgenappell beendet. Die einzelnen Gruppen bereiten sich auf ihren Einsatz vor und machen sich abmarschbereit.

Der Spähtrupp, der nach Osten geht, also in Richtung Fluss,

bekommt den Dolmetscher zugeteilt. Dort hatten sie beim ersten Mal das versteckte Boot gefunden. Deshalb könnte man da vielleicht am ehesten auf Einheimische stoßen, und dann wäre ein Übersetzer sicher von Vorteil. Noch besser wäre allerdings, überhaupt keinen der Barbaren zu Gesicht zu bekommen. Denn niemand kann voraussehen, wie die sich bei einem Zusammentreffen verhalten werden. Mit gemischten Gefühlen machen sich alle auf den Weg.

Was sich genau bei dem Appell im Lager der Römer abspielt, kann der germanische Späher auf dem Baum natürlich nicht erkennen, aber als sich der erste und zweite Trupp in Bewegung setzen und das Lager in verschiedene Richtungen verlassen, klettert er von seinem Beobachtungsposten nach unten und rennt in sein Dorf. Dort berichtet er dem Stammesältesten, dass die Römer wohl ausschwärmen, um die Gegend zu erkunden. Der entscheidet, den Beobachtungsbaum am Waldrand zunächst nicht zu besetzen. Stattdessen schickt er den Späher jetzt auf den Baum dicht beim Dorf.

Der erste römische Spähtrupp kommt ans Flussufer, findet nichts Verdächtiges und wandert suchend weiter flussabwärts, Richtung Norden. Schon bald darauf stoßen sie auf das Gebüsch, unter dem das Boot versteckt war. Es liegt noch immer dort. Sie lassen es aber wieder unbeschädigt liegen und setzen ihren Weg weiter am Ufer entlang fort. Dann sind sie im Wald und suchen ihn ab. Kurz darauf entdeckt einer der Legionäre ein paar abgeknickte Zweige an einem Busch.

Sofort kommen die anderen dazu und untersuchen den Boden. Sind da Spuren? Von was? Von Tieren oder von Menschen? Vorsichtig folgen sie der Spur. Nach geraumer Zeit erspähen sie, tief im Wald, gut versteckt zwischen Bäumen, das Dach eines niedrigen germanischen Hauses. Möglichst ohne ein Geräusch zu verursachen, schleichen sie näher und entdecken nicht nur das eine Haus, sondern mehrere, ein ganzes Dorf. Es wirkt wie ausgestorben, kein Mensch, kein Rauch, kein Feuer, es scheint verlassen zu sein.

Dicht beim Dorf und hoch über den Köpfen der Römer sitzt der germanische Späher in seinem Baum. Er rührt sich nicht, damit nur ja kein Vogel auffliegt oder ein Zweig nach unten fällt. Dann würde er bestimmt entdeckt werden. Angespannt schaut er nach unten. Werden die Römer sich dem Dorf noch weiter nähern? Soll er den Ruf eines Raben nachahmen und dem Dorf damit ein Alarmsignal geben? – Noch wartet er.

Die Römer beratschlagen leise. Sollen sie das Dorf genauer untersuchen? Es sieht ja alles ziemlich verlassen aus, aber bei diesen Barbaren weiß man nie! Sicherer ist, sich zurück ins Lager zu begeben und später mit mehr Leuten und besser bewaffnet wiederzukommen.

Vorsichtig nehmen sie den gleichen Weg zurück, immer entlang der gefundenen Spur. Schließlich landen sie bei dem Beobachtungsbaum am Waldrand. An der Rinde sehen sie Kletterspuren. Sofort steigt einer hinauf und erkennt, dass man von da oben aus gut getarnt das provisorische römische Lager beobachten kann. Nachdem sie das entdeckt haben, begeben sie sich sofort auf dem gleichen Weg, den sie gekommen sind, zurück zum Lager.

Nahe beim Dorf. Der Späher, der den römischen Spähtrupp beobachtet hat, klettert von seinem Baum herunter, rennt zum Stammesältesten und berichtet ihm, dass die Römer das Dorf entdeckt haben. Jetzt sind alle wieder weg, wahrscheinlich zurück zum Lager, um Verstärkung zu holen. Vielleicht planen sie ja einen Angriff. Wie lange werden sie brauchen, um mit der Verstärkung wieder hier zu sein? Viel Zeit bleibt nicht, und die Angst vor einem Angriff ist groß.

Daraufhin beschließt der Älteste, das Dorf sofort zu räumen und sich in einer bekannten Höhle im Wald zu verstecken. In höchster Eile verlassen alle ihre Häuser mit ihren Habseligkeiten. Den mitgeführten Tieren werden die Mäuler zugebunden, damit sie keinen Lärm machen können. Ein langer Zug von Menschen und Tieren verschwindet im Wald. Zurück bleiben nur wenige Männer mit etwas Proviant und Wasser. Die sollen sich in der Nähe oben in mehreren Bäumen verstecken und das Dorf bewachen, um zu berichten, was die Römer weiter vorhaben.

Im provisorischen römischen Lager berichtet der Anführer des Spähtrupps dem Hauptmann, dass sie ein Dorf gefunden hätten, das zwar verlassen gewirkt habe, aber er sei sich nicht sicher gewesen, ob sich da nicht doch irgendwelche Barbaren versteckt hielten. Es sei ihm zu riskant gewesen, das Dorf nur mit dem kleinen Spähtrupp genauer zu untersuchen. Außerdem hätten sie einen Baum mit Kletterspuren entdeckt, von dem aus man einen guten Blick auf ihr Lager habe. Es scheine ihm so, als hätten die Barbaren das Lager beobachtet.

»Wir müssen also davon ausgehen, dass irgendein Stamm da siedelt und dass die bemerkt haben, dass wir hier sind«, fasst Quintus Agrippa zusammen.

»Ja, sieht so aus«, stimmt der Anführer des Spähtrupps zu.

»Dann ab jetzt erhöhte Aufmerksamkeit, die Wachen verdoppeln, aber alle Arbeiten laufen wie geplant weiter. Wir warten ab, was die anderen Spähtrupps bringen«, schließt der Hauptmann die Unterredung. Dann begibt er sich zum Zelt der beiden Zivilisten.

»Septimus und Demosthenes, es gibt Neuigkeiten«, beginnt er militärisch knapp, »nicht weit entfernt ist ein Dorf, unklar, ob verlassen oder noch bewohnt, und dann ist da auch noch ein Beobachtungsposten am Waldrand, ein Baum, von dem aus man unser Lager beobachten kann. Der erste Spähtrupp ist zurück und hat gerade berichtet. Ich habe die Wachen verdoppelt. Wie machen wir weiter, was schlagt ihr vor?«

Septimus denkt einen Augenblick nach. »Vielleicht versuchen wir es erst einmal ohne großes Getöse. Können wir im Schutz der Dunkelheit mit unseren Leuten unbemerkt einen Ring um das Dorf bilden, sodass keiner fliehen kann, und dann im Morgengrauen einmarschieren? Ist es verlassen – gut, sind noch welche da, dann könnten wir versuchen, mit ihnen zu reden. Wer sie sind und was sie vorhaben, mit dem Dolmetscher müsste das doch gehen.«

»Und wenn das Ganze eine Falle ist, sich alle versteckt halten und nur darauf warten, zuzuschlagen?«, gibt der Hauptmann zu bedenken.

»Ein gewisses Risiko ist dabei, aber das Überraschungsmoment ist auf unserer Seite. Die werden vor Angst im Boden versinken, wenn wir mit den Hörnern zum Angriff blasen.«

Der Hauptmann wägt in Gedanken alle Möglichkeiten ab, dann nickt er und verlässt das Zelt.

Einige Stunden später, zum Abendappell, sind alle Spähtrupps zurück. Sie haben nichts Außergewöhnliches zu berichten. Kein weiteres Dorf. Aber die Gegend scheint fruchtbar zu sein, die Vegetation ist üppig.

Auch Rufus und Aemilianus sind wieder da, allerdings noch ohne Hasen und Fasan, doch sie haben Fallen aufgestellt.

Quintus Agrippa erläutert der Truppe den Plan: nach der zweiten Wache, also um vier Uhr morgens, in voller Kriegsausrüstung antreten. Noch im Schutz der Dunkelheit einen Ring um das gefundene Dorf bilden. Der Anführer des ersten Spähtrupps hat eine Spur gefunden und wird sie führen. Mit dem ersten Lichtstrahl das Angriffssignal, aus der Deckung heraustreten, das Dorf umstellen und abwarten. Wenn kein Gegenangriff erfolgt, jedes Haus einzeln und vorsichtig untersuchen. Zunächst niemanden töten, wenn nicht unbedingt notwendig. Sind noch Menschen da, versuchen, über den Dolmetscher Kontakt mit ihnen aufzunehmen.

Dann beginnt der normale Lagerabend: Tiere versorgen, essen, trinken, würfeln, Lagerfeuer. Aber die meisten rollen sich bald in ihren Zelten zusammen. Es soll ja wieder früh losgehen.

Mitten in der Nacht geht die Wache an den Zelten vorbei, schlägt an die Zeltstangen und weckt damit die Soldaten. Allgemeines Gemurre.

Wenig später stehen alle in Rüstung, bewaffnet mit Schild, Speer und Schwert abmarschbereit im Schein des Lagerfeuers. Auch Septimus, Demosthenes, Salman, der Dolmetscher und der Priester sind auf den Beinen. Abmarsch.

In völliger Dunkelheit folgen alle – mit Ausnahme der Lagerwache und des Priesters – im Gänsemarsch dem Anführer des ersten Spähtrupps zunächst zum Fluss, am Gebüsch mit dem Boot entlang, dann in den Wald. Er findet die Spur von gestern wieder und folgt ihr bis zu dem Punkt, wo sie das erste Dach des Dorfes entdeckt haben. Selbstverständlich bemühen sich alle, so wenig Lärm wie irgend möglich zu machen, aber bei etwa fünfzig Mann lässt es sich nicht vermeiden, dass der ein oder andere doch mit einem Fuß auf einen Ast tritt oder mit Schild oder Speer an einem Baum hängen bleibt.

Die Späher auf den Bäumen, die zurückgelassen wurden, um das Dorf zu bewachen, hören die Geräusche. Der erste ahmt den Ruf einer Eule nach. Kurz darauf antwortet eine zweite Eule aus einem anderen Teil des Waldes. Dann ist wieder Ruhe.

Auch die Römer haben die Eulen gehört, bleiben ein paar Augenblicke lang auf der Stelle stehen, aber als danach wieder alles ruhig ist, gehen sie weiter.

Von seinem Baum aus sieht einer der Späher schemenhaft sich unten am Boden etwas bewegen. Gebannt hält er den Atem an.

Das erste, noch kaum wahrnehmbare Tageslicht. Ein markerschütternder Ton aus ein paar Hörnern zerreißt die Stille. Vor Schreck fällt der Späher fast vom Baum. Er klammert sich fest und sieht, wie sich aus dem Wald jede Menge Römer auf das Dorf zubewegen. Alle bewaffnet, aber sie warten ab. Sonst geschieht erst mal nichts.

Dann gibt der Zenturio das Zeichen, die Häuser zu untersuchen. Es sind typische germanische Langhäuser. In der einen Hälfte wohnen die Menschen, in der anderen sind die Tiere untergebracht. Alles unter einem Dach.

Langsam bewegen sich einzelne Abteilungen auf jeweils ein Haus zu. Sie stoßen die Türen auf – nichts. Niemand kommt herausgestürmt, alles bleibt ruhig. Da werden sie mutiger und betreten die Häuser, nicht ohne draußen jeweils eine Wache stehen zu lassen. Erst untersuchen sie den Wohnbereich, niemand da, auch nicht versteckt unter dem Dach. Die Feuerstelle ist kalt, kein Kleidungsstück, kein Fell, keine Decke, nichts, was auf Bewohner hinweisen könnte. Sie suchen weiter in dem Teil des Hauses, wo sonst die Tiere untergebracht sind. Auch nichts.

Da rutscht Rufus auf einem Kuhfladen aus.

»Scheiße«, schreit er. »Wartet mal. Hier hat eine Kuh gestanden. Kann noch nicht allzu lange her sein. Ich bin auf 'nem Fladen ausgerutscht, der war noch nicht ausgetrocknet, höchstens einen Tag alt, damit kenne ich mich aus. Bin ja vom Bauernhof.«

Während er sich seine Sandale am Stroh sauber zu machen versucht, kommen die anderen dazu, betrachten die Situation und feixen. Dann gehen sie hinaus, und einer macht dem Hauptmann Meldung: »Alles leer, kein Mensch, aber da drinnen muss noch bis vor Kurzem eine Kuh gestanden haben. Rufus ist eben auf einem Fladen ausgerutscht und sagt, der könne höchstens einen Tag alt sein.« Dabei grinst er über das Unglück von Rufus.

Septimus und Demosthenes sind dazugetreten und haben die Meldung mit angehört.

»Die haben Angst«, sagt Septimus, »sie sind abgehauen und haben alles mitgenommen. Sie haben uns beobachtet und wissen, was wir tun, zum Beispiel, dass wir ein Lager gebaut haben. Unser Ruf als Besatzungsmacht ist ja auch wirklich nicht der beste. Aber allzu weit können sie nicht gekommen sein mit Sack und Pack und Vieh.«

Dann geht er zur Wand eines Hauses. »Ist euch was aufgefallen? Die Wände hier sind mit Lehm verschmiert. Also muss es welchen in der Gegend geben. Wir müssen sie aufstöbern und fragen, wo sie das Zeug herhaben. Dann wären wir schon mal *eine* große Sorge los. – Und wenn ich sage ›aufstöbern‹, dann meine ich nicht ›umbringen‹. Ein toter Germane sagt nichts mehr. Im Augenblick, denke ich, sollten wir zurück zum Lager, was meinst du, Zenturio?«

Der Zenturio überdenkt die Situation.

»Ein Angriff scheint nicht bevorzustehen, sie sind geflüchtet, machen wir erst mal weiter mit der Vermesserei.«

Sammeln und Abmarsch. Damit zieht sich der ganze Trupp zurück.

Nachdem die Römer weg sind, klettern die Späher von ihren Beobachtungsposten hinunter und beraten sich kurz. Drei bleiben zurück und klettern wieder hoch. Der vierte soll die Dorfbewohner in ihrem Versteck aufsuchen und dem Stammesältesten die Neuigkeiten überbringen.

Im römischen Lager sind zur selben Zeit alle, auch die Vermesser, zum Appell angetreten. Der Zenturio und Septimus stehen vor der Truppe. Der Zenturio beginnt.

»Für alle, die heute Nacht nicht mit waren: Wir haben ein germanisches Dorf gefunden. Im Moment ist es verlassen. Es sieht aber so aus, als wäre es noch vor kurzer Zeit bewohnt gewesen. Rufus hat einen noch nicht ausgetrockneten Kuhfladen entdeckt. Die werden Reißaus genommen haben, mit allem, was sie mitschleppen konnten. Sehr weit können sie nicht weg sein. Höchstwahrscheinlich sind sie weiter nach Norden, also flussabwärts, gezogen. – Hätte ich jedenfalls getan, wenn ich es zu entscheiden gehabt hätte. – Wir werden morgen einen größeren Suchtrupp zusammenstellen, ausschwärmen und nördlich von dem Dorf nach ihnen suchen. Und jetzt hat Septimus noch etwas.«

»Ich habe mir ihre Häuser genauer angeschaut«, sagt Septimus. »Sie sind außen mit Lehm verschmiert. Den muss es also hier irgendwo geben. Allzu weit weg kann das nicht sein, denn sie müssen das Zeug ja immer mühselig ranschleppen. Wenn wir die Dörfler gefunden haben, müssen wir aus denen rauskriegen, wo das ist. Wir haben den Dolmetscher dabei, vielleicht kann der sich mit denen verständigen. Aber nicht gleich jeden massakrieren. Ich wiederhol's noch mal: Ein toter Germane ist ein guter, aber stummer Germane. Versuchen wir es erst einmal friedlich. Und wenn wir wissen, wo der Lehm her ist, haben wir schon eine große Sorge weniger, dann könnten wir Ziegel brennen und nach Wasser graben. Von den späteren Mauern sagen wir aber noch nichts. Alles klar?«

Allgemeines Gemurmel erhebt sich.

»Und noch etwas«, übernimmt der Zenturio wieder, »Rufus und Aemilianus gehen nicht mit dem Suchtrupp, die bleiben hier und kümmern sich weiter um den Hasen und den Fasan. Die Vermessung geht auch weiter. Das sind im Moment die beiden wichtigsten Aufgaben! Wegtreten und an die Arbeit!«

Einer der vier germanischen Späher, die auf den Bäumen zurückgeblieben sind, schleicht durch einen dichten Wald. Als Erkennungszeichen ahmt er den Ruf eines Eichelhähers nach. Dann horcht er. Von irgendwoher antwortet ein zweiter Eichelhäher. Der Späher versucht zu orten, aus welcher Richtung der Ruf kam, und geht dann in dieser Richtung weiter. Nach einer Weile stößt er wieder seinen Lockruf aus. Wieder antwortet ein zweiter Vogel. Daraufhin ändert er seine Richtung. Diesen Vorgang wiederholt er alle paar Minuten, wobei der Ruf des antwortenden Vogels immer näher kommt. Schließlich tritt ihm hinter einem Baum ein Mitglied seines Stammes entgegen und führt ihn noch eine kleine Strecke weiter zu einem scheinbar undurchdringlichen Gebüsch. An einer Seite gibt es aber doch einen kleinen Durchschlupf. Dahinter verbirgt sich der Eingang einer ziemlich großen Höhle.

Dort ist das ganze Dorf versammelt, Menschen und Tiere. In der Mitte brennt ein kleines Feuer, das die Höhle notdürftig wärmt und beleuchtet. Der Rauch entweicht nach oben durch einen winzigen Spalt, draußen im Wald kaum wahrzunehmen. Der Späher begibt sich zum Ältesten und berichtet, dass die Römer das Dorf untersucht, aber nicht zerstört hätten.

Das beruhigt den Ältesten zunächst, dann berät er sich mit dem Druiden.

»Ich nehme an, die werden nach uns suchen«, überlegt der Druide. »Wenn sie das Dorf nicht zerstört haben, könnte man hoffen, dass sie uns nicht alle umbringen wollen. Aber bei den Römern weiß man nie, was in deren Köpfen vorgeht. Vielleicht warten sie auch nur darauf, dass wir zurückkommen. Dann säßen wir in der Falle, dann hätten sie uns alle auf einen Schlag. – Denkt an unsere Brüder und Schwestern auf der anderen Seite des Flusses. Da ist niemand mehr übrig geblieben. – Hier finden sie uns nicht so leicht, hier sind wir fürs Erste sicher. Hier bleiben wir für sie unsichtbar.«

Dann wendet der Älteste sich an den Späher. »Nimm ein paar Vorräte mit, auch für deine Brüder, geh zurück zum Dorf. Bewacht es wie bisher und gebt uns Nachricht, wenn sich etwas Neues tut.«

Am nächsten Morgen sind Rufus und Aemilianus wieder im Wald unterwegs und untersuchen ihre aufgestellten Fallen. Ohne Erfolg. Kein Hase, kein Fasan.

Zur selben Zeit sieht man in der Nähe des Dorfes den großen römischen Suchtrupp. Die Legionäre gehen in einer breiten Reihe nebeneinander, jeder in Sichtweite zum Nachbarn. Sie drehen sozusagen jeden Stein um, schauen in jedes Gebüsch, hinter jeden Baum. Von den Bewohnern des Dorfes keine Spur.

In einer seiner Fallen entdeckt Rufus schließlich einen Hasen. Mit Hilfe von Aemilianus befreit er das verängstigte Tier, packt es in einen Sack und trägt es zurück zum Lager. Er zeigt es dem Priester.

»Der sieht doch ganz prächtig aus«, sagt der Priester, während er den Hasen an den Löffeln in die Luft hält und ihn von allen Seiten begutachtet, »aber warten wir noch, bis ihr auch einen Fasan habt. Baut für die Zwischenzeit einen kleinen Käfig, gebt ihm was zu fressen und Wasser, damit es ihm bis dahin gut geht.«

Der große Suchtrupp bewegt sich mittlerweile auf die Stelle im Wald zu, wo die Dorfbewohner sich verborgen haben.

Hoch oben in einem Baum versteckt sitzt einer der Dorfbewohner und hält Wache. Er entdeckt die herannahenden Legionäre und ahmt den Ruf eines Raben nach, das Signal, dass sich eine Gefahr nähert.

Auch die Römer haben den Ruf des Raben gehört und schauen nach oben, ob sie irgendwas entdecken können. Denn sie sind erfahrene Soldaten, und es entgeht ihnen natürlich nicht, dass immer, wenn sie auftauchen, im Wald irgendwelche Vögel anfangen zu zetern. Werden sie etwa schon wieder beobachtet? Den gut getarnten Wächter sehen sie nicht.

In der Höhle, in der die Dorfbewohner Zuflucht gefunden haben, wird sofort nach dem Alarmruf die Feuerstelle auseinandergerissen, sodass kein Rauch mehr nach oben durch den dünnen Spalt entweichen kann. Nur ein winziges Stückchen Glut bewahren sie auf, um damit später, wenn die Gefahr vorbei ist, ein neues Feuer entzünden zu können.

Der römische Suchtrupp streift weiter in breiter Formation durch den Wald. Plötzlich bleibt einer der Legionäre stehen.

»Halt!«, ruft er. »Hier riecht's doch irgendwie verbrannt, nach Rauch oder Feuer!«

Ein paar Legionäre kommen näher und schnüffeln herum. Tatsächlich, hier riecht es nach Rauch. Der Hauptmann wird hergeholt. Der riecht es auch. Hektisch schauen sich alle um. Brennt hier der Wald? Obwohl sie nichts dergleichen sehen können, bleibt der Geruch.

Der Hauptmann befiehlt, sich ruhig zu verhalten und keinen Lärm zu machen. Dann versuchen sie, die Ursache für den Geruch zu finden. Sie untersuchen den Boden und entdecken angekokeltes Moos, darunter einen Spalt, der in die Tiefe führt. Dort riecht es am stärksten, außerdem sind die Wände des Spaltes etwas wärmer als die Umgebung. Der Hauptmann macht ein Zeichen, dass sich darunter irgendetwas befinden muss. Nun ist ihr Jagdfieber geweckt. Sie markieren einige Bäume im Umkreis, um die Stelle leichter wiederzufinden. Dann suchen sie intensiv das Umfeld ab, um den Eingang zu dem Versteck zu finden.

Die Dorfbewohner sitzen verängstigt in ihrer Höhle. Der Stammesälteste winkt einen der erfahrenen Männer heran.

»Schau mal vorsichtig nach draußen, ob sich da irgendetwas tut. Wir haben lange keinen Ruf mehr vom Wächter gehört. Versuch mal, Kontakt mit ihm aufzunehmen.«

Der Angesprochene macht sich auf den Weg zum Eingang der Höhle. Immer noch gut versteckt hinter dem Gebüsch sucht er die Umgebung ab. Legionäre sieht er keine.

Vorsichtig versucht er es mit dem Ruf eines Eichelhähers. Sofort antwortet ihm ein aufgeregter Rabe. Daraufhin zieht er sich blitzartig in das schützende Gebüsch zurück.

Durch die Vogelrufe sind auch die Römer aufmerksam geworden. Einer zeigt in die Richtung, aus der die Rufe kamen. Im letzten Moment sieht er, wie sich ein paar Zweige in einiger Entfernung bewegen. Sofort rennt er in die Richtung. Etliche andere folgen ihm. Mit vereinten Kräften schlagen sie mit ihren Schwertern das Gebüsch kurz und klein. Schließlich entdecken sie dahinter den Eingang zu einer Höhle. Er ist wirklich nicht sehr breit. Zwei Leute passen nicht nebeneinander. Haben die Germanen sich da drin versteckt?

Der Hauptmann schaut sich den Eingang an. Ihm ist sofort klar, dass so ein schmaler Durchschlupf von innen leicht zu verteidigen ist. Der Rest der Truppe hat sich versammelt und steht in einem Halbkreis um den Eingang herum. Alle haben ihre Visiere heruntergeklappt, die Schilde hochgenommen und Speere oder Manuballistas kampfbereit in den Händen.

Der Hauptmann ruft Septimus, Demosthenes und den Dolmetscher zu sich. Sie beratschlagen, was zu tun ist.

»Hier reinzugehen ist das reinste Selbstmordkommando«, beginnt der Hauptmann, »da können nicht mal zwei Mann nebeneinanderstehen, geschweige denn kämpfen. Wenn die da drinnen sind, brauchen die bloß zu warten und können dann einen nach dem anderen erledigen. Wir können nur zweierlei tun: entweder den Eingang belagern oder sie ausräuchern, was schlagt ihr vor?«

Die beiden Zivilisten denken nach. Die Einwände des Hauptmannes sind begründet.

»Und wenn wir versuchen, über unseren Dolmetscher Kontakt zu ihnen aufzunehmen«, schlägt Septimus vor, »vielleicht können wir sie herauslocken?«

»Glaub ich nicht dran«, gibt Demosthenes zu bedenken, »die sind ja vor Angst schon aus dem Dorf geflüchtet. Da drin sind sie sicher, das wissen sie ganz genau. Die können uns hier draußen verhungern lassen!«

»Oder wir sie da drinnen«, meint der Hauptmann, »deren Vorräte reichen nicht ewig.«

»Aber wenn wir ihnen sagen, dass sie in ihr Dorf zurückkönnen, dass wir sie nicht vertreiben wollen und dass ihnen nichts geschieht?«, hakt Septimus nach.

»Glaubst du wirklich im Ernst, dass sie darauf reinfallen?«, entgegnet Demosthenes.

»Einen Versuch ist es doch immerhin wert«, beharrt Septimus, »ausräuchern können wir sie ja immer noch.«

Der Hauptmann trifft eine Entscheidung. »Schaden kann's nicht, und unsere Situation wird dadurch auch nicht schlechter.« Er wendet sich an den Dolmetscher. »Du setzt einen Helm auf, nimmst einen Schild, zwei Mann von uns stellen sich als Schutz vor dich, du gehst nur bis an den Eingang und rufst von da aus rein. Keinen Schritt in die Höhle! Hast du verstanden?«

Der Dolmetscher nickt.

Einer aus den hinteren Reihen nimmt seinen Helm ab, gibt ihn dem Dolmetscher, der ihn aufsetzt, dann bekommt er noch den Schild des Legionärs. Zwei Legionäre stellen sich mit vorgehaltenen Schilden in Position. In ihrem Schutz beginnt der Dolmetscher mit einem stark süddeutschen Akzent, man könnte meinen, er stammt aus dem Schwäbischen, zu sprechen.

»He, send ihr do drin, könnet ihr mich heere?« – Keine Reaktion. – »Hier drauße stehet an die fuffzig Mann, ihr hättet koi Schangs, do rausz'komme. Schicket amol oin raus, dass mer schwätze kennet!«

Alle Römer schauen gebannt auf den Eingang. Es tut sich nichts.

»Sag ihnen, dass sie in ihr Dorf zurückkönnen und dass wir sie nicht vertreiben wollen. Es geschieht ihnen nichts«, ruft Septimus dem Dolmetscher zu.

»Ihr kennet in eier Dorf z'rck, d' Remer wellet eich nix!«, übersetzt der.

Wieder geschieht nichts. Demosthenes schaut Septimus mit einem Blick an, der so viel bedeutet wie: Hab ich doch gleich gesagt.

»Sag ihnen, dass wir sie ausräuchern, wenn sie nicht rauskommen«, ruft Septimus dem Dolmetscher zu.

»Wenn ihr net rauskommet, werdetse a Feier mache, no kennet ihr do drin erschtigge«, ruft er in die Höhle.

Als wieder nichts passiert, gibt der Hauptmann den Befehl: »Hintere Reihe: Holz sammeln, Feuer machen!«

Die hintere Reihe der Legionäre legt Schild und Speer zur Seite und macht sich daran, herumliegende Äste zu sammeln. Die vorderen Reihen bewachen angriffsbereit den Eingang zur Höhle.

Vor dem Höhleneingang ist inzwischen ein großer Holzstapel aufgeschichtet. Mit einem Hohlspiegel entzündet einer der Legionäre ein Bündel trockenes Gras und legt es unter den Holzhaufen, der ziemlich schnell anfängt zu brennen. Grünzeug wird ins Feuer geworfen, damit möglichst viel Qualm entsteht. Mit ihren Schilden wedeln sie den Rauch in den Eingang.

Der Rest der Legionäre steht weiter kampfbereit im Halbkreis herum.

Da hört man plötzlich aus dem Eingang ein Husten, und durch den Qualm kommt der Druide mit vorsichtig tastenden Schritten langsam nach vorn.

Während der Hauptmann ein Zeichen gibt, keinen Qualm mehr in den Eingang zu wedeln, versucht der Druide erst einmal, an der frischen Luft durchzuatmen.

»Was wollt ihr hier?«, fragt er dann.

»Verstähsch du mi?«, fragt der Dolmetscher zurück.

»Schwer, was sprichst du denn für eine Sprache?«

»Ha, i bin hald aus em Süde, woisch?«

»Sprich langsam, dann wird's schon gehen. Also, was wollt ihr?«

Septimus schaltet sich ein. »Sag ihm, dass wir ein Lager bauen werden, zur Grenzsicherung, dass wir sie nicht vertreiben wollen und dass sie in ihr Dorf zurückkönnen.«

Gerade als der Dolmetscher anfangen will zu übersetzen, sagt der Druide: »Ich habe ›Grenzsicherung‹ verstanden. Hier gibt es keine Grenze. Das ist freies germanisches Gebiet.«

»Du verstehst unsere Sprache? Woher?«, will Septimus wissen.

»Sprich langsam, und ich werde dich wissen lassen, wenn ich etwas nicht verstanden habe. Wieso ich deine Sprache spreche, tut nichts zur Sache«, antwortet der Druide.

»Gut«, fährt Septimus langsam fort, »der Kaiser hat festgelegt, den Rhenus zur östlichen Grenze des Imperiums zu machen.«

»Was bedeutet ›Rhenus‹?«, will der Druide wissen.

»Das ist der Fluss, wir nennen ihn Rhenus«, antwortet Septimus.

»Der Fluss war nie eine Grenze, für uns ist er ein Verbindungsweg zu unseren Nachbarn«, beharrt der Druide.

»Jetzt machen wir ihn zur Grenze. Wir müssen das Imperium gegen die Angriffe von Völkern aus dem Osten schützen. Wir werden ein Lager bauen als Grenzposten, so wie wir es weiter oberhalb am Fluss auch schon gemacht haben«, gibt Septimus zurück.

»Und uns wollt ihr vertreiben, wir sollen woandershin?«, will der Druide wissen.

»Nicht, wenn ihr friedlich seid. Dann könnt ihr bleiben und in euer Dorf zurück. Ihr seid dann sogar von uns geschützt«, bietet Septimus an.

Es entsteht eine längere Pause, in der keiner etwas sagt.

»Und wer sagt mir, dass das nicht nur eine Falle ist?«, erwidert der Druide schließlich. »Dass ihr nicht nur darauf wartet, bis wir wieder in unserem Dorf sind, damit ihr uns alle zusammen umbringen könnt? Wir wissen doch, wie ihr so etwas macht.«

»Ich gebe dir mein Wort«, antwortet Septimus.

»Phhh. Was gilt schon das Wort eines Römers«, entgegnet der Druide verächtlich.

Septimus erinnert sich an seinen Auftrag, die ganze Aktion so weit wie eben möglich ohne Blutvergießen zu erledigen, aber eine kleine Drohung kann nicht schaden.

»Natürlich können wir auch anders«, gibt er zurück, »schau hinter mich: Was siehst du da? Soldaten! Davon haben wir Tausende! Also kein Problem, das Ganze mit Gewalt zu lösen. Dann wird es Tote geben, auf beiden Seiten. Aber wozu? Wer hat etwas davon? Ihr nicht, wir auch nicht. Warum sollten wir das nicht friedlich lösen können? Wir lassen euch in Ruhe, und ihr greift uns nicht an. Wir leben nebeneinander und vielleicht sogar miteinander.«

»Und wer garantiert uns, dass du Wort hältst?«, will der Druide wissen.

»Wenn dir mein Wort nicht reicht, können wir Geiseln austauschen«, schlägt Septimus vor.

Der Druide denkt einen Augenblick nach. »Und was wollt ihr in dem Hain, wo wir unsere Toten begraben?«

»Du meinst den Platz, wo wir unser Lager aufgeschlagen haben? Er ist am besten geeignet, denn er ist hochwassersicher.«

»Das wissen wir. Deswegen begraben wir da unsere Toten.«

»Dass ihr da eure Gräber habt, wussten wir nicht. Und wenn wir eure Toten finden, werden wir ihnen neue Gräber geben, außerhalb des Lagers. Wir werden sie mit dem gleichen Respekt behandeln wie unsere eigenen Toten«, versucht Septimus den Druiden zu beruhigen.

Der bleibt noch einen Augenblick unschlüssig stehen. »Wartet hier«, sagt er dann, dreht sich langsam um und geht mit vorsichtigen Schritten – noch leicht hustend – in die Höhle zurück.

»Macht das Feuer aus«, wendet sich Septimus an den Hauptmann, »verhandeln wir erst mal weiter.«

Demosthenes macht ein Gesicht, als glaube er nicht so recht an einen Verhandlungserfolg. Septimus dagegen ist optimistisch. Der Hauptmann hält sich raus, er lässt das Feuer auseinanderziehen, die Truppe aber weiter kampfbereit dastehen.

Die Germanen in der Höhle halten Kriegsrat. Der Druide

hat von dem Ansinnen der Römer berichtet. Die erwachsenen Krieger sitzen im Kreis zusammen, dahinter die jüngeren Männer, ganz im Hintergrund Frauen und Kinder. Der Älteste und der Druide sitzen sich gegenüber.

»Wie denkt ihr darüber?«, wendet sich der Älteste an die Männer im Kreis. Großes Durcheinander. Die meisten sind gegen eine Abmachung mit den Römern.

Da hebt der Druide die Hand. »Sie können uns auch mit Gewalt vertreiben. So haben sie das mit den meisten anderen gemacht. In Gallien gibt es aber auch Stämme, die sie in Ruhe gelassen haben. Die treiben sogar Handel mit den Römern. Und der Übersetzer, den sie dabeihaben, der aus dem Süden, scheint sogar in ihren Diensten zu stehen. Und wenn wir Geiseln austauschen …?«

»Wir können es vielleicht mit aller Vorsicht machen«, ergreift der Älteste jetzt wieder das Wort, »wir lassen Frauen, Kinder und das ganze Vieh erst hier im Versteck, dazu ein paar Männer, die für ihre Sicherheit sorgen. Der Rest geht zurück ins Dorf. Dann warten wir ab. Überfallen sie das Dorf nicht, holen wir den Rest des Stammes nach. Nicht alle auf einmal, sondern einen nach dem anderen und immer bei Nacht, sodass sie nicht genau wissen, wie viele wir sind. Halten die Römer nicht Wort, dann können die im Dorf fliehen. Wachen müssen natürlich in die Bäume, um zu sehen, ob sie angreifen. Wenn sie das tun, müssen wir unser altes Dorf aufgeben, weiter nach Norden ziehen und uns irgendwo eine neue Bleibe suchen, ein neues Dorf bauen. Das bedeutet viel Mühe, viele Entbehrungen, vielleicht sogar einige Tote. Besser wäre, wir könnten hierbleiben. Denkt darüber nach, und wer dafür ist, dass wir es so machen, soll aufstehen.«

Einen Augenblick lang herrscht Schweigen. Dann stehen nach und nach die Krieger in der ersten Reihe auf. Nur drei bleiben sitzen. Die Stehenden sind eindeutig die Mehrheit.

Draußen vor dem Eingang der Höhle schaut Demosthenes

erst den Hauptmann, dann Septimus an und fragt danach in die Runde: »Ob der wohl noch mal wiederkommt?«

Septimus ist seiner Sache ziemlich sicher, er nickt nur zuversichtlich.

Drinnen in der Höhle fragt der Älteste in die Runde: »Wer von uns geht denn freiwillig als Geisel zu den Römern?«

Eine Weile herrscht betretenes Schweigen. Dann meldet sich der Druide wieder zu Wort.

»Bei der Geisel darf es nicht irgendwer, es muss schon jemand von Rang sein.« Er schaut den Ältesten an. »Entweder du gehst selber, was in der gegenwärtigen Situation nicht besonders schlau wäre, oder ich müsste es machen. Bei meinem Alter und meiner Gesundheit würden sie das sicher nicht wollen. Es gibt aber eine dritte Möglichkeit: einer von deinen Söhnen. Er ist dir wertvoll, du würdest also nichts tun, um sein Leben zu gefährden, und sie müssten keine Angst haben, dass er ihnen unter der Hand wegstirbt, wie ich zum Beispiel. Schick deinen Jüngsten. Je jünger sie sind, desto besser kommen Kinder mit so einer Veränderung des Lebens zurecht. Solange er Geisel ist und wir uns an die Abmachungen halten, werden sie ihn gut behandeln. Genauso wie wir die andere Geisel.«

Wieder Schweigen. Der Dorfälteste dreht sich nach seinen Kindern um. Die beiden jüngeren seiner drei Söhne stehen bei der Mutter im Hintergrund. Den kleinsten, einen etwa Zehnjährigen, presst sie an sich. Man sieht ihr an, dass ihr der Gedanke, ihn hergeben zu müssen, gar nicht gefällt.

»Muss das sein?«, fragt sie halblaut in Richtung des Ältesten. »Er versteht doch deren Sprache überhaupt nicht.«

»Ich sehe keine andere Möglichkeit, wenn wir unser Dorf nicht aufgeben wollen. Und deren Sprache wird er schneller lernen, als uns lieb ist«, gibt er zurück. Dann wendet er sich an den Druiden. »Machen wir es so, vorsichtig, wie eben besprochen. Geh raus zu ihnen und verhandle weiter.«

Vor dem Eingang wird der Hauptmann langsam ungeduldig. Er schaut zu Septimus. »Glaubst du, da kommt noch irgendwas?«

»Gib ihnen noch etwas Zeit. Das ist ja keine ganz leichte Entscheidung«, versucht Septimus die Situation zu beruhigen, als der Druide langsam aus dem Dunkel auftaucht.

»Nun?« Erleichtert beginnt Septimus die Verhandlung.

»Ihr garantiert uns unser Leben und unsere Freiheit?«

»Ja.«

»Wir dürfen in unser Dorf zurück?«

»Ja.«

»Ihr garantiert, dass unser Dorf, unsere Felder, unser Besitz und unser Vieh unberührt bleiben?«

»Ja, solange ihr uns nicht angreift oder beraubt.«

»Wir werden Frieden halten. Ihr sorgt dafür, dass unsere Toten mit allem Respekt in neue Gräber gelegt werden?«

»So soll es sein.«

»Wir tauschen Geiseln aus, damit sich alle an die Abmachungen halten?«

»Einverstanden.«

»Wir schlagen den jüngsten Sohn unseres Ältesten als Geisel vor. Seid ihr damit einverstanden?«

»Warum nicht?«

»Gut, und wen gebt ihr?«

»Such dir einen aus!«

Der Druide schaut sich in aller Ruhe die vor ihm stehenden Leute an. Sein Blick bleibt bei Demosthenes hängen. Er zeigt auf ihn. »Wer ist das?«

»Das ist Demosthenes.«

Die Aussicht, bei den Barbaren als Geisel leben zu müssen, jagt Demosthenes einen Schauder über den Rücken. Ängstlich blickt er zu Septimus.

»Der Name klingt griechisch. Ist er ein ›Freier‹, ist er ›römischer Bürger‹, welchen Rang hat er bei euch?«, will der Druide wissen.

»Demosthenes ist in der Tat in Griechenland geboren, kam aber schon als Kind nach Rom, ist freier und römischer Bürger, mein wichtigster Begleiter und ein treuer Freund, er bekleidet den Rang eines Unterpräfekten«, antwortet Septimus.

»Gut, dann nehmen wir den. Sind wir dann einig?«

Septimus schaut Demosthenes fragend an. Der nickt nach einem Augenblick schicksalsergeben.

»Ja, einverstanden«, antwortet Septimus.

»Und die Geiseln werden mit allem Respekt ihrem Rang entsprechend behandelt und ernährt?«, will der Druide noch wissen.

»So will es das Gesetz, und so wird es sein. Aber wenn sich eine Seite nicht an die Abmachungen hält, verliert die Geisel ihr Leben. Auch das ist das Gesetz.«

»Das ist uns klar«, erwidert der Druide. »Aber wir wollen nichts anderes, als hier weiter in Frieden zu leben. Gib mir deine Hand auf diesen Vertrag.«

Dann schreitet der Druide beschwerlich, aber würdevoll einige Schritte auf Septimus zu. Die Gicht macht ihm zu schaffen. Er streckt seine Hand aus. Septimus schlägt ein. Damit ist der Vertrag geschlossen.

»Wann tauschen wir die Geiseln aus?«, will Septimus wissen.

»Wenn du willst, sofort«, entgegnet der Druide.

»Gut, dann machen wir das.«

Der Druide geht einige Schritte zurück zum Eingang der Höhle.

»Erik, komm heraus«, ruft er hinein, »du gehst mit zu den Römern.«

Septimus und Demosthenes umarmen sich zum Abschied. »Demosthenes, mein Freund, sei unbesorgt, es wird alles gut.«

Erik kommt ängstlich aus dem Eingang der Höhle, geht zum

Druiden und fasst ihn an der Hand. Der Druide geht mit ihm zu Septimus und übergibt ihn. Der Römer nimmt ihn ebenfalls bei der Hand.

»Du brauchst keine Angst vor uns zu haben, es wird dir nichts geschehen. Du wirst es gut bei uns haben.«

Der Junge hat natürlich nicht verstanden, was dieser Römer gesagt hat. Er schaut zurück zum Druiden. Der übersetzt ihm die Worte.

Jetzt schaltet sich auch der germanische Dolmetscher ein. »Brauchsch koi Angscht habe, die machet dir nix.«

Man kann dem Jungen kaum ansehen, von welchen Sätzen er mehr irritiert ist, den lateinischen oder den süddeutschen. Er schaut vom einen zum anderen.

Dann geht der Druide auf Demosthenes zu und legt ihm die Hand auf die Schulter. »Und du, Demosthenes, kommst mit mir. Ich heiße übrigens Ansgar und bin der Druide. Du wirst sehen, so schlimm sind wir Barbaren gar nicht.« Doch das tröstet die Geisel überhaupt nicht.

Septimus nickt dem Hauptmann zu, der kommandiert: »Abmarsch!«

Die Legionäre formieren sich und marschieren zurück durch den Wald in Richtung ihres provisorischen Lagers.

An der Hand von Septimus geht Erik, wehmütig schaut er zurück zum Eingang der Höhle, vor dem immer noch Demosthenes mit dem Druiden steht. Auch Demosthenes schaut den sich entfernenden Legionären sehnsüchtig nach. Dann verschwindet er zusammen mit dem Druiden im Eingang der Höhle.

In der Höhle selbst sitzt der Stamm genauso im Kreis zusammen wie vorher. Im Hintergrund weint die Frau des Ältesten still vor sich hin – schließlich hat sie einen ihrer drei Söhne hergeben müssen. Den zweiten hält sie fest an sich gedrückt. Der Druide tritt mit Demosthenes in den Kreis. Er wendet sich an den Ältesten.

»Der Vertrag ist geschlossen. Alle unsere Bedingungen sind angenommen. Erik, dein Sohn, ist jetzt als Geisel bei den Römern. Und das hier ist Demosthenes, von Geburt ein Grieche, aber freier römischer Bürger, er bekleidet den Rang eines Unterpräfekten. Er bleibt als Geisel bei uns.«

Die Versammlung schaut ihn staunend an. So einen dunkelhaarigen bärtigen Mann haben sie noch nie gesehen. Auch seine Kleidung erregt ihre Aufmerksamkeit. Demosthenes schaut sich in der für ihn neuen Umgebung um. Diese Höhle, diese bärtigen, langhaarigen und unzivilisierten Figuren. Er kann sich kaum vorstellen, sein weiteres Leben für eine noch nicht absehbare Zeit in deren Umgebung zu verbringen.

Der Älteste erhebt sich, baut sich vor dem Griechen auf, verneigt sich und sagt feierlich: »Ich bin Gero. Wir werden dich mit allem Respekt behandeln. Sei uns willkommen. Wir alle hoffen, dass es zu keinem Zwischenfall kommt und dass du gesund und wohlbehalten zurückkehren kannst. Lass uns zusammen einen Schluck auf ein friedliches Zusammenleben trinken.«

Er gibt einen Wink, und sofort wird ihm ein großer Becher mit Met gereicht. Nachdem er einen Schluck getrunken hat, reicht er den Becher Demosthenes. Auch der nimmt einen Schluck. Dieses bierähnliche Gesöff schmeckt für ihn furchtbar. Er hat in seiner langen Zeit bei den Römern ja schon die schlimmsten und sauersten Weine trinken müssen, aber das hier ist nun wirklich das Letzte. Schon der Geruch ist unerträglich.

Trotzdem verzieht er kaum eine Miene, trinkt widerwillig einen Schluck und sagt beherrscht: »Auf den Frieden!«

Die ganze Versammlung beobachtet alles stumm und aufmerksam. Dann wendet sich der Älteste wieder an den Druiden. »Und wann können wir zurück in unser Dorf?«

»Die Geiseln sind ausgetauscht«, antwortet Ansgar, »der Vertrag ist gültig, ihr könnt sofort zurück.«

»Gut, dann machen wir es so, wie wir vorhin beschlossen

haben«, verkündet der Älteste, »Demosthenes geht mit den Ersten und wird einen Platz in meinem Haus bekommen.«

Die Römer kommen unterdessen zusammen mit Erik, der Geisel, wieder im provisorischen Lager an. Nachdem der Vertrag mit den Dorfbewohnern geschlossen ist, wirken alle entspannter. Die Situation rund um das Lager ist momentan unter Kontrolle. Dank der Geiseln wird es voraussichtlich nicht zu Übergriffen kommen.

Sofort ruft der Hauptmann den Rest seiner Leute, die Wachen, die Vermesser und den Staatspriester zusammen, um sie über den Stand der Dinge zu unterrichten.

»Für alle, die nicht mit waren: Wir haben die Dorfbewohner gefunden«, beginnt er, »sie hatten sich in einer Höhle weiter nördlich im Wald versteckt. Septimus hat mit ihrem Druiden verhandelt und berichtet euch von dem Ergebnis.«

Septimus tritt mit Erik an der Hand vor.

»Diese Leute haben noch mehr Angst vor uns als wir vor ihnen.«

Allgemeines Gelächter. Der Hauptmann gebietet Ruhe.

»Wir haben jetzt so eine Art Frieden mit ihnen ausgehandelt«, fährt Septimus fort, »wir haben ihnen ihre Freiheit garantiert. Ihr Dorf, ihr Vieh und ihre Äcker werden nicht angetastet. Wenn wir bei den späteren Arbeiten hier auf dem Hügel ihre Toten finden, werden sie mit dem gleichen Respekt wie unsere eigenen Toten in neue Gräber außerhalb des Lagers umgelegt. Sie greifen uns nicht an, überfallen uns nicht, plündern nicht, dafür dürfen sie in ihr Dorf zurückkehren. Damit sich alle an die Abmachungen halten, haben wir Geiseln ausgetauscht. Das hier ist Erik, der jüngste Sohn des Dorfältesten, er ist unsere Geisel. Ihr wisst, was das bedeutet und wie er zu behandeln ist. Unsere Geisel bei den Germanen ist Demosthenes, was ich persönlich sehr bedauere. Ich schlage vor, dass Erik an Demosthenes' Stelle in unserem Zelt schläft. – So können wir ungestört weiterarbeiten, und wenn der Pontifex«, dabei zeigt er auf den Priester, »die Gesundheitsprüfungen abgeschlossen hat und wenn wir auch noch den Platz mit dem Lehm entdeckt haben, dann können wir Meldung nach Rom machen, dass dem Bau eines neuen großen Lagers nichts mehr im Wege steht.«

»Den Göttern sei Dank«, sagt der Staatspriester, blickt zum Himmel und breitet seine Arme dabei aus, »Rufus und Aemilianus haben inzwischen auch einen Hasen und einen Fasan gefangen. Wir können morgen früh mit der Zeremonie beginnen.«

»Gut«, beschließt der Hauptmann den Appell, »dann zeigt dem Jungen jetzt seinen Platz und gebt ihm zu essen und zu trinken. Ab jetzt nur noch einfache Wachen in der Nacht und morgen früh die offizielle Beschau der Tiere.«

Am selben Abend schleppen vier kräftige Männer den Druiden auf dem Tragestuhl durch den Wald zurück zum Dorf. Zehn Männer folgen ihnen. Demosthenes geht wortlos neben dem Druiden her. Der Rest, Frauen, Kinder und das Vieh, ist in der Höhle zurückgeblieben.

Beim Dorf angekommen steuert der Zug auf das größte Haus zu.

»In diesem Haus wirst du wohnen«, erklärt der Druide Demosthenes. Dann gibt er zweien der Männer ein Zeichen, sie sollen sich auf die Beobachtungsposten begeben. Einen sieht man blitzschnell auf einen Baum klettern. Auch Demosthenes bemerkt es.

»Ihr traut uns wohl nicht«, sagt er zu dem Druiden.

»Wundert dich das«, antwortet der, »nach allem, was man sich über euch erzählt?«

DIE GESUNDHEITSPRÜFUNG

Der übernächste Morgen. Auch dieser Tag verspricht wieder schön zu werden. Nicht eben selbstverständlich im rauen Germanien. Die beiden kleinen Käfige im römischen Lager, in denen der Hase und der Fasan gehalten wurden, sind leer.

Die Legionäre haben einen improvisierten Altar errichtet. Darauf liegen jetzt die beiden geschlachteten Tiere. Hinter dem Altar steht der Staatspriester und drum herum in einem Kreis die ganze Besatzung des römischen Lagers. Unter dem Herbeten aller möglichen Formeln untersucht der Priester die Eingeweide der beiden toten Tiere, besonders aber die Lebern. Diese Prüfung fällt zu seiner Zufriedenheit aus, es gibt keine Auffälligkeiten, die Tiere sind gesund.

Das heißt natürlich, sie *waren* gesund, bevor sie den Römern in die Fallen gingen. Danach fragt der Pontifex die einzelnen Spähtrupps noch einmal ab, ob sie in der näheren Umgebung irgendwelche Tümpel mit modrigem Wasser oder tote Flussarme gefunden haben. Nachdem alle versichert haben, dass ihnen nichts dergleichen aufgefallen sei, obwohl sie die Gegend sehr genau untersucht hätten, breitet der Staatspriester die Arme aus und spricht: »Den Göttern sei Dank, *habemus locum bonum*, wir haben einen guten Platz gefunden.«

Großer Jubel bei den umstehenden Legionären. Nun nimmt der Hauptmann die Sache wieder in die Hand.

»Dann können wir jetzt eine Nachricht an den Prätor schicken, dass unsere Suche wirklich erfolgreich war. Der Ort ist gesund. Wir haben einen Frieden mit den hier lebenden Barbaren ausgehandelt und Geiseln ausgetauscht. Lehm gibt es, wie wir an den germanischen Häusern gesehen haben, wir kennen nur noch nicht den genauen Ort. Der Prätor soll das nach Rom melden, damit der Platz hier registriert wird und einen Namen bekommt. Wer macht sich freiwillig auf den Weg zum Prätorium nach Moguntiacum? – Etwa vier Tage werdet ihr bis dorthin brauchen! Wisst ihr ja noch vom Marsch hierher!«

Es melden sich zwei. Die Aussicht auf ein paar vernünftige Mahlzeiten, ordentlichen Wein sowie ein richtiges Nachtlager in einer normalen Kaserne sind verlockend genug, obwohl der Weg beschwerlich sein wird.

»In Ordnung, Justus und Sixtus«, nimmt der Hauptmann die Meldung der Freiwilligen an. »Ihr macht das. Nehmt mit, was ihr braucht, und beeilt euch. Und unterwegs keinen Ärger mit irgendwelchen Barbaren, nachdem wir die Situation hier einigermaßen im Griff haben. Haltet euch zurück, bleibt möglichst unentdeckt.«

Die beiden Legionäre salutieren und treten weg, um sich auf ihren Marsch vorzubereiten.

Der Hauptmann fährt mit seinen Anweisungen fort. »Der Pontifex bereitet als Erstes ein Dankopfer für die Götter vor. – Und unsere nächste wichtige Aufgabe danach ist, einen Brunnen zu graben, damit wir an vernünftiges Trinkwasser kommen.«

»Schon klar, Chef«, meldet sich Sosias. Er ist ein *putearius*, ein Brunnenbauer. »Ich hab schon einen Platz, da sieht's nicht schlecht aus. Aber es wär natürlich gut, wenn wir schon wüssten, wo der Lehm ist, damit wir Ziegel brennen können, sonst wird das nix Brauchbares. Für kurze Zeit können wir die Brunnenwände ja noch mit Holz abstützen, aber auf Dauer? Große Feldsteine gingen auch, hab ich aber bisher hier noch keine gesehen.«

»Das Problem ist mir klar«, entgegnet der Hauptmann, »aber ich kann mir das Zeug nicht aus den Rippen schneiden, und gefunden haben die noch nichts.« Dabei macht er eine Handbewegung in die Runde der Legionäre. »Musst du halt mit Holz loslegen, bis wir was Besseres gefunden haben. So sehr tief brauchst du wahrscheinlich gar nicht zu graben, das Grundwasser wird hier nicht weit unten liegen, so dicht beim Fluss!«

»Wartet mal«, mischt sich Septimus ein, »vielleicht gibt es eine ganz einfache Lösung, ich hab da eine Idee …« Und damit greift er sich Erik, die Geisel, der der ganzen Zeremonie bis jetzt staunend, aber verständnislos zugeschaut hat, und verschwindet mit ihm in seinem Zelt. Dem süddeutschen Dolmetscher hat er einen Wink gegeben, ihnen zu folgen.

Im Zelt weist er den Dolmetscher an: »Versuch doch mal rauszukriegen, ob der Junge weiß, woher die ihren Lehm für die Häuser haben.«

»Verstähsch du mi?«, beginnt der Mann an den Jungen gerichtet.

Der Junge nickt zögerlich.

»Bei eich em Dorf, do hät's doch Häuser?«

Wieder nickt der Junge, ist doch klar.

»Wer hat denn die baut?«

»Die Männer.«

»Un woraus sinn die?«

»Wände aus Holz, Dach aus Schilf.«

»Aber die Wänd, die sinn doch mit so em Zeugs beschmiert?«

»Klar, mit Lehm, ist gut gegen die Kälte.«

»Un wo habet deine Leut des Zeugs her, den Lehm?«

»Große Grube, ein Stück weit weg, irgendwo im Wald.«

»Weischt du, wo des isch?«

Der Junge versucht, sich zu orientieren, dann zeigt er in Richtung Westen. »Da!«

»Un wie lang muscht da laufe?«

»Wenn man bei Sonnenaufgang losgeht, ist man da, wenn die Sonne am höchsten steht. Und am Abend ist man wieder im Dorf.«

»Kennscht du den Wäg?«

»Weiß nicht genau.« Erik zuckt mit den Schultern. »Bin zweimal mitgegangen. Mit den Männern. Ist aber schon länger her.«

»Kannscht du uns des amol zeige?«

Wieder zuckt Erik unentschlossen mit den Schultern. Er weiß es wirklich nicht mehr so genau. Und außerdem: Es ist doch *ihr* Lehm ...

»Kannscht es net amol versuche?«

»Ich weiß nicht ...«

»Kannscht uns net amol die Gegend zeige, wo mer suche müsset?«

Unsicher schaut Erik zwischen dem Dolmetscher und Septimus hin und her.

Der Dolmetscher erklärt Septimus, dass der Junge weiß, wo es den Lehm gibt, dass er auch schon mit den Erwachsenen zu der Stelle gegangen ist, aber den Weg nicht mehr genau kennt. Er meint, sie seien einen halben Tag hin unterwegs gewesen und einen halben Tag zurück. Und er meint, es sei in Richtung Westen.

»Sehr gut«, antwortet Septimus, »belass es im Moment dabei. Gib dem Jungen Zeit. Vielleicht erinnert er sich dann etwas genauer. Ich sprech mal mit dem Hauptmann.«

Septimus verlässt das Zelt und wendet sich an den Hauptmann.

»Zenturio, unser Dolmetscher hat mit dem Jungen gesprochen. Der sagt, es gibt eine große Lehmgrube, ungefähr einen halben Tagesmarsch entfernt, irgendwo im Westen. Jetzt können wir natürlich einen Suchtrupp losschicken, um diese Grube zu finden. Aber werden die Barbaren das nicht als einen Bruch der Vereinbarungen ansehen? Wäre es nicht besser, mit dem Dorfältesten zu reden und zu fragen, ob wir etwas von dem Lehm nehmen können? Der könnte uns dann auch einen Erwachsenen mitgeben, der den richtigen Weg weiß.«

»Und warum sollten die das machen? Würdest du, wenn du eine Quelle hättest, jemandem verraten, wo die ist?«

»Wahrscheinlich nicht.«

»Na also. Und wieso, glaubst du, würden die sich anders verhalten? Die würden sicher eine Gegenleistung verlangen. – Was willst du denen denn anbieten?«

»Vielleicht könnte ich sie mit frischem Trinkwasser locken, wenn der Brunnen erst mal fertig ist.«

»Unsinn. Wasser haben die auch jetzt schon, sonst wären sie nicht mehr am Leben. Weiß der Teufel, woher.«

»Ich könnte denen auch Geld anbieten, wertvolles römisches Geld.«

»Was sollen die denn mit Geld? Die leben von ihren Viechern und dem, was sie aus dem Boden ziehen. Was sollten die denn kaufen? Und wo? Bei denen läuft doch alles über Tauschhandel, wenn überhaupt!«

»Soll ich es nicht wenigstens mal versuchen?«

»Halte ich für keine gute Idee. Wenn die wissen, dass wir an ihren Lehm ranwollen, sind sie gewarnt. Sie denken, das ist ihr Eigentum. Du hast doch selbst ausgehandelt, dass wir ihren Besitz nicht antasten. Dann stellen sie Wachen auf, und wenn wir uns trotzdem das Zeug holen – immer vorausgesetzt, wir finden den richtigen Weg –, haben wir den ersten Schlamassel. Du vergisst hoffentlich nicht, dass dein Freund Demosthenes bei denen als Geisel sitzt. Und was das bedeutet, muss ich dir wohl nicht erklären.«

»Ja, ja, weiß ich alles, aber ich kann doch mal ganz vorsichtig fragen.«

»Mein Rang gestattet es mir nicht, dich davon abzuhalten, Septimus, aber sag nie, ich hätte dich nicht gewarnt. Außerdem werden die jeden unserer Schritte genauestens beobachten. – Tun sie ja auch jetzt schon.«

Natürlich sitzt wieder ein Späher aus dem Dorf oben in dem Baum am Waldrand und beobachtet das römische Lager. Er sieht Septimus heraus- und auf sich zukommen. Blitzschnell verlässt er seinen Posten und rennt zurück ins Dorf zum Druiden.

Schnell sprudelt er seine Botschaft heraus: »Ansgar, ein Römer kommt. Es ist der Mann, mit dem du verhandelt hast. Er kommt allein.«

Und schon ist er zurück auf dem Weg zu seinem Beobachtungsposten. Als ihm Septimus entgegenkommt, versteckt er sich kurz, um nicht von ihm gesehen zu werden.

Septimus kommt im Dorf der Germanen an und schaut, wohin er sich wenden soll. Da ertönt aus dem Haus des Ältesten die Stimme des Druiden: »Tritt ein, Römer, ich weiß, dass du da draußen bist.«

Vorsichtig betritt er das Haus. *»Ave«*, sagt er zur Begrüßung. »Ist euer Dorfältester da?«

»Nein, aber alles, was du zu sagen hast, kannst du auch mir sagen. Was willst du?«, entgegnet der Druide. »Bist du gekommen, um zu kontrollieren, wie es eurer Geisel geht? Wir behandeln ihn mit allem Respekt, frag ihn selber.«

»Ja, äh, nein, ich wollte dich eigentlich etwas ganz anderes fragen.«

»Welche Frage eines Römers kann *ich* schon beantworten?«

»Ihr habt die Wände eurer Häuser doch mit Lehm verputzt.«

»Kann jeder sehen.«

»Wo gibt es den denn hier?«

»Was willst du denn mit Lehm? Ihr wohnt doch in Zelten.«

»Ja, noch. Später werden wir wohl feste Häuser bauen. Jetzt wollen wir aus dem Lehm Ziegel brennen und damit einen Brunnen bauen.«

»Einen Brunnen? Wozu?«

»Für Trinkwasser.«

»Wasser ist doch genug da. Der Fluss ist voll davon.«

»Wir Römer sind sauberes Trinkwasser gewohnt.«

»Ihr Römer! – Schau uns an. Wir nehmen seit Jahren das Wasser aus dem Fluss, geht es uns etwa schlecht? Sind wir krank?«

»Nicht, soweit ich sehen kann. – Kannst du mir denn sagen, wo ihr den Lehm gefunden habt?«

»Das ist unser Lehm. Wir brauchen ihn, um Schäden an unseren Häusern auszubessern. Oder um neue zu bauen. Wir haben lange gesucht, und danach haben wir noch einmal lange gearbeitet, um die Grube aufzumachen.«

»Kannst du dir vorstellen, euren Lehm mit uns zu teilen? Ich könnte dir als Gegengabe anbieten, dass ihr Wasser aus unserem Brunnen bekommt, wenn der fertig ist.«

»Wir brauchen kein römisches Wasser.«

»Willst du etwas anderes als Gegenleistung?«

»Nein. Wir haben, was wir brauchen.«

»Aber es ist doch bestimmt genug für alle da.«

»Wir haben den Lehm gefunden, er ist unser Eigentum. Du selbst hast garantiert, dass alles, was wir haben, unangetastet bleiben soll. Also halte dich daran.«

»So soll es auch bleiben. Ich wollte doch nur einmal fragen, ob wir nicht eine Vereinbarung treffen könnten …«

»Vereinbarungen mit Römern? Nein, denn die fallen immer zugunsten der Römer aus. Die Dummen sind am Ende immer die anderen, in dem Fall *wir*. Ihr nehmt dann den ganzen Lehm, und für uns bleibt nichts mehr. Wenn ihr Lehm braucht, sucht selber welchen.«

Septimus will den gerade erst ausgehandelten Frieden nicht aufs Spiel setzen.

»Aber wenn *wir selbst* Lehm finden, würdet ihr das auch als Bruch unserer Abmachung ansehen?«

»Wenn ihr Lehm findet, ist es euer Lehm, dann ist es römischer Lehm. Das hat mit unserer Vereinbarung nichts zu tun.«

»Dann danke ich dir.«

»Ich will keinen Dank von einem Römer.«

»Kann ich denn Demosthenes noch kurz begrüßen?«

»Selbstverständlich, er ist da drüben.«

Septimus geht in den angrenzenden Raum und umarmt ihn: »Nun, alter Freund, alles in Ordnung?«

»Soweit bei den Barbaren etwas in Ordnung sein kann, ja. Sie behandeln mich hier gut. Nur dieses Gesöff, dieser Met, ist unbeschreiblich. Schon wenn man es riecht, dreht sich einem der Magen um.«

»Schon gut, mein Freund, du tust es für Rom.«

»Da darf ich wohl auch noch mächtig stolz drauf sein.«

»Nimm's gelassen. Nach einer Weile wird sich alles zum Guten wenden.«

»Sagt einer, der nicht jeden Tag diese grauenhafte Sprache ertragen muss.«

Dann umarmen sie sich noch einmal, und Septimus wendet sich dem Ausgang zu. Als er bei dem Druiden vorbeikommt, fragt er fast im Vorbeigehen: »Kannst du mir wenigstens sagen, in welcher Richtung ihr eure Grube gefunden habt?«

»Du musst da suchen, wo die Sonne untergeht. Mehr sage ich nicht.«

»Danke und *salve*.«

Damit verlässt Septimus das Dorf, was den Spähern nicht entgeht.

Das römische Lager hat mittlerweile schon einen kleinen Wall und einen Graben, noch nicht sehr tief. Der ursprüngliche erste provisorische Palisadenzaun ist durch einen größeren ersetzt worden. Noch immer nicht in der endgültigen Lage und Ausdehnung. Das wird erst geschehen, wenn Rom den neuen Platz akzeptiert und ihm einen Namen gegeben hat. Aber um die Truppe in ihrer gegenwärtigen Stärke gegen unliebsame

Übergriffe zu schützen, ist er absolut ausreichend. Während der Zenturio den Fortgang der Arbeiten kontrolliert, kommt Septimus wieder zurück und geht auf ihn zu.

»Du hattest recht«, sagt er zu dem Hauptmann. »Mit deren Lehmgrube ist nichts zu machen. Aber es gibt trotzdem einen winzigen Fortschritt. Wenn wir selbst Lehm finden, betrachten sie das nicht als Vertragsbruch. Den können wir dann nehmen. ›Dann ist es eben römischer Lehm‹, hat der Druide gesagt. Und suchen müssten wir in Richtung Westen. Da jedenfalls haben die ihren gefunden.«

»Drei Dinge wissen wir jetzt«, fasst der Zenturio zusammen. »Erstens, von uns selbst gefundener Lehm ist kein Vertragsbruch, zweitens, wir müssen im Westen suchen, und drittens, ungefähr halber Tag Anmarsch, hat der Junge gesagt.«

»Richtig!«

»Mal wieder eine Spezialaufgabe für Rufus und Aemilianus, unsere beiden Landeier.«

Er ruft die beiden zu sich.

»He, ihr zwei Bauernburschen, kommt mal her. Kann man an Bäumen oder Pflanzen erkennen, wie der Boden ist, auf dem sie wachsen?«

»Kann man schon, in etwa jedenfalls«, beginnt Aemilianus, vorsichtig abwartend, was da noch hinterherkommt.

»Was denn nun: ja oder nein?«

»Doch, kann man«, lenkt Rufus ein.

»Wenn ihr also nach Lehm im Boden suchen würdet, auf was würdet ihr achten? Wächst da etwas Besonderes?«

Die beiden denken einen Moment lang nach.

»Ich würde nach Pappeln suchen, die wachsen sehr schnell. Und wenn da besonders große sind …«, beginnt Rufus.

»… oder auch Platanen …«, ergänzt Aemilianus.

»… manchmal auch Kastanien … und Haselnuss –« Wieder Rufus.

»Genug, genug, will ich alles gar nicht wissen«, unterbricht der Zenturio den Redefluss der Landexperten. »Herzlichen Glückwunsch zum Hauptgewinn. Ihr beiden seid die Richtigen. Für euch habe ich wieder mal eine besondere Aufgabe. Ihr geht morgen – mit sechs anderen – bei Sonnenaufgang nach Westen. Ungefähr fünf bis sechs Stunden von hier entfernt muss es irgendwo Lehm geben. Findet den, aber haltet euch von der Grube der Dörfler fern, falls ihr über die stolpert. Sonst haben wir hier den ersten dicken Ärger.«

Die beiden sind wieder überaus begeistert von ihrem Sonderauftrag.

»Ausrüstung wie Spähtrupp im Feindesland«, fährt der Zenturio fort, »keine Berührung mit Einheimischen und – ganz wichtig – den Weg zurück zu unserem Lager sauber, aber unauffällig markieren. Denn irgendwelche Barbaren, die einfach nur euren Spuren folgen und uns hier im Lager angreifen, haben wir genauso nötig wie die Cholera. Alles klar? – Wegtreten!«

Die beiden nicken ergeben, salutieren und gehen weg.

»Und«, fragt Septimus den Hauptmann, »glaubst du, die schaffen das?«

»Wenn *die* nix finden, dann wüsste ich niemanden sonst. Die tun zwar immer so, als könnten sie nicht bis drei zählen, aber eigentlich sind die sehr clever. So richtig listige Bauernburschen.«

»Warten wir's ab«, ist das Einzige, was Septimus dazu einfällt.

DIE NACHRICHT AN DEN PRÄTOR

Auf dem Weg zum Prätorium bahnen sich Justus und Sixtus ihren Weg durch die undurchdringlichen germanischen Wälder. Sie befolgen den Befehl ihres Hauptmanns und versuchen, jeden Kontakt mit Einheimischen zu vermeiden. Denn sie wollen möglichst schnell und gesund ankommen. Wenn sie sich anstrengen, könnten sie es in vier Tagen schaffen. Sich nach allen Seiten aufmerksam umschauend, geht heute Justus zielstrebig vorneweg und sucht einen Weg durch das Dickicht. Sixtus folgt mit einigen Schritten Abstand.

Urplötzlich hört Justus hinter sich einen unterdrückten gurgelnden Laut. Er dreht sich vorsichtig um.

Sixtus ist verschwunden.

Sofort geht Justus in Deckung und sucht von da aus die Umgebung ab. Ist da jemand? Sind es gar mehrere?

Nachdem er sich eine Weile ruhig verhalten und nichts Auffälliges entdeckt hat, kriecht er vorsichtig auf die Stelle zu, an der er Sixtus zum letzten Mal gesehen hat. Mit unterdrückter Stimme ruft er: »Sixtus?«

Nichts.

Vorsichtig arbeitet er sich weiter und wäre beinahe in einem Loch verschwunden. Auf den zweiten Blick erkennt er, dass es sich um eine sorgfältig abgedeckte Falle handelt, in der ein wildes Tier gefangen werden soll.

Wieder schaut er sich um. So eine Falle wird doch in der Regel in regelmäßigen Abständen kontrolliert. Hängen hier irgendwelche Gestalten herum? Aber er sieht niemanden.

Da fragt er leise in das Loch hinein: »Sixtus? Bist du da unten?«

Mit unsicherer Stimme kommt die Antwort: »Ja, verdammt, ich hab diese dämliche Falle nicht bemerkt.«

»Bist du verletzt?«

»Keine Ahnung, meine Beine tun weh.«

»Kannst du dich bewegen?«

»Ich versuch's mal.«

»Reiß dich zusammen, Sixtus, wir müssen hier weg. Im Moment scheint niemand da zu sein, aber die können jederzeit kommen, um zu sehen, ob sie was gefangen haben.«

Von unten sind nur Schmerzenslaute zu hören.

»Nun mach schon, oder willst du dich hier aufspießen lassen?«

Unter lautem »Oah« und »Aah« erscheinen am Rand des Loches erst der Helm, dann Speer und Schild, dann das Schwert und schließlich die Hand von Sixtus.

»Hilf mir mal, ich versuche, hier irgendwo am Rand einen Halt zu finden.«

Unter Ächzen und Gestöhne schafft Justus es, Sixtus, der ziemlich schmutzig und stark ramponiert aussieht, aus dem Loch zu ziehen. Arme und Beine bluten, und trotz Helm hat er auch am Kopf noch etliche Kratzer abbekommen. Erschöpft legt er sich erst mal der Länge nach hin und atmet tief durch.

»Sieht nicht gut aus«, beginnt Justus mit der Begutachtung, »trotzdem müssen wir weg von hier. Kannst du denn auftreten und gehen?«

»Ich will's versuchen.«

Justus hilft ihm hoch, mit schmerzverzerrtem Gesicht tritt Sixtus auf und versucht ein, zwei Schritte, mehr schwankend als gehend. »Der rechte Fuß tut höllisch weh, aber es wird schon gehen, irgendwie, muss ja.«

»Ich nehm deine Klamotten, du stützt dich bei mir auf, und dann schauen wir, dass wir von hier verschwinden. Und sobald wir den nächsten Bach gefunden haben, säubern wir deine Wunden und verbinden sie. Aber jetzt nichts wie los.«

Humpelnd verschwinden die beiden im dichten Unterholz.

Justus doppelt schwer beladen und Sixtus nur noch ein Schatten seiner selbst.

Kaum sind sie weg, taucht hinter einem Baum ein Germane auf. Er geht zielstrebig auf die Falle zu, sieht sofort, dass da ein Loch in der Abdeckung ist, schaut neugierig hinein, was für ein Tier er denn gefangen hat, und als er erkennt, dass die Grube leer ist, macht er eine wütende Geste. Dann macht er sich sofort daran, das Loch in der Falle wieder abzudecken und zu tarnen. Die beiden angeschlagenen Legionäre sieht er nicht mehr. Zum Glück für Justus und Sixtus.

Glück im Unglück sozusagen.

LANGEWEILE

Es regnet. Kein Dauerregen, ein Schauer zieht übers Land. Alle Arbeiten im Lager sind eingestellt, die Legionäre kauern sich in ihren Zelten zusammen.

Auch Septimus, der junge Erik, der Dolmetscher und Salman hocken in ihrem Zelt. Sie können nichts tun, sie langweilen sich.

Plötzlich wendet sich Septimus an Erik. Er nimmt eine Hand hoch, beginnt mit dem Daumen und zählt: »Schau mal, Erik! *Unus, duo, tres, quattuor, quinque …«*

Erik schaut Septimus verständnislos an und blickt dann hilfesuchend zum Dolmetscher.

Der Dolmetscher klärt die Situation. »Der Septimus sagt dir die remische Zahle: *Unus* – des isch eins, *duo*, des isch zwei, *tres* heißt drei, *quattor* des sinn viere, un *quinque* isch fünfe.«

Erik nickt, er hat verstanden und schaut wieder zu Septimus. Und während der noch mal mit dem Daumen und *unus* beginnt, wiederholt Erik, zunächst zögernd: *»U-nus – du-o – tres – quat…«*

»Quattuor«, hilft Septimus nach.

»Quat-tu-or«, wiederholt Erik, »und *quin-que.*«

»Brav hasch des g'macht«, lobt der Dolmetscher.

Woraufhin Erik mit seinen Fingern das Ganze noch einmal wiederholt, schon wesentlich flüssiger, und dann noch ein drittes Mal, ohne jeden Stolperer.

»Bisch ganz schee schlau«, lobt der Dolmetscher erneut, »wirscht derene Sproch, des Latein, schnell g'lernt habbe.«

Auch Septimus nickt anerkennend.

DIE SUCHE NACH LEHM

Der Lehm-Suchtrupp wird ebenfalls von dem Regenschauer überrascht. Das Maultier mit dem Gepäck ist festgebunden. Auf einem Hügel, unter einem Baum mit dichter Krone, hocken die Legionäre zusammen. Ihre Schilde haben sie über sich zu einem Regendach zusammengefügt, so ähnlich wie bei einem Kampfeinsatz die »Schildkröte«. Ganz dicht ist dieser Unterstand nicht, aber das meiste Wasser läuft darüber ab. Da sitzen sie nun untätig herum und betrachten die umliegende Landschaft.

Nach einer Weile stößt Aemilianus seinen Kumpel an und zeigt nach unten auf eine Stelle in einem ziemlich weit entfernten Tal. Zwischen dem Platz, wo sie hocken, und der Stelle, die Aemilianus entdeckt hat, ist, wie fast überall, nur Wald und dickes Gestrüpp.

»Rufus, siehst du auch, was ich sehe?«

»Nee!«

»Schau mal *da* runter, etwas weiter links. Bei dem Abhang. Da bildet sich doch grade eine Pfütze.«

»Wo? – Ich seh nix!«

»Noch weiter links und ein bisschen den Abhang runter, was siehst du da?«

»Immer noch nix!«

»Bist du denn blind, Mann? Da ist eine kleine Pfütze. Und über der Pfütze kommt direkt aus dem Hang ein dünner Strahl Wasser. Ganz gelb!«

»Ich seh überhaupt nichts!«

Aemilianus hat offenbar die besseren Augen. Er wendet sich jetzt an die anderen Legionäre, die zu ihrem Schutz mitgeschickt worden sind.

»Wer von euch ist der beste Schütze?«

»Ich wahrscheinlich«, meldet sich einer.

»Kannst du einen Pfeil mit einer Markierung dahin schießen, damit wir die Stelle wiederfinden, wenn der Regen aufgehört hat?«

Der Angesprochene versucht, den Punkt zu finden. »Welche Stelle meinst du denn?«, will er wissen.

»Seid ihr denn alle blind?«, ereifert sich Aemilianus. »Setz dich mal neben mich«, fordert er den Schützen auf. Der krabbelt unter dem Regendach nach vorn. Aemilianus hebt seinen rechten Arm und zeigt wieder nach unten auf dieselbe Stelle wie eben.

»Siehst du den großen Baum da unten, er ragt über die anderen ein kleines Stück hinaus?«

»Ja, hab ich«, kommt die Antwort.

»Jetzt folgst du mit den Augen dem Stamm bis nach unten, fast an die Wurzeln!«

»Ja, hab ich auch.«

»Von da aus gehst du mit den Augen ungefähr vier Handbreit nach links.«

»Meinst du da, wo dieser dicke Busch ist?«

»Genau, wahrscheinlich Haselnuss. Und wenn du dann genau von diesem Busch aus wieder eine Handbreit senkrecht nach unten schaust, was siehst du da?«

»Nix!«

»Das kann doch nicht wahr sein.« Jetzt wird Aemilianus richtig wütend. »Da ist doch diese Pfütze, die musst du doch sehen!«

»Warte, warte, ich schau noch mal«, beschwichtigt ihn der Schütze, und dann schaut er angestrengt wieder zu der angegebenen Position.

»Ja, jetzt hab ich's! Aber das ist doch viel weiter links. Da ist noch so 'n Busch. Du hast wahrscheinlich breitere Hände als ich. Du meinst die kleine Wasserlache mit dem gelben Wasser?«

»Na endlich! Genau! Den Göttern sei Dank! – Kannst du da einen Markierungspfeil hinschießen?«

Der Schütze kneift die Augen zusammen und schätzt die Entfernung ab.

»Fast unmöglich. Das ist sehr weit weg. Wie hast du das überhaupt sehen können? Eigentlich viel zu weit für meine Pfeile. Und dann auch noch ein Schuss bei Regen und dem Wind! Mehr als Glückssache, ob der Pfeil überhaupt so weit trägt.«

»Versuch's wenigstens.«

»Und was willst du mit dieser dämlichen Pfütze?«

»Wozu sind wir denn hier? Wir sollen Lehm finden, oder? Es regnet. Da ist ein Hang. Und aus dem Hang kommt gelbes Wasser und bildet eine Lache. *Gel-bes Was-ser!* Könnte doch sein, dass da eine Lehmschicht ist, wo sich das Wasser sammelt. Wenn wir Glück haben, haben wir das Zeug gefunden.«

Nicht sehr überzeugt von seinem Tun umwickelt der Schütze den Schaft eines Pfeiles mit einem kleinen Stück roten Stoffs, was die Flugeigenschaften nicht unbedingt verbessert. Dann peilt er über seine Manuballista und schickt den Pfeil auf die Reise. So lange er kann, verfolgt er mit den Augen die Flugbahn des Geschosses.

»Nee, viel zu kurz!«

Er versucht es ein zweites und ein drittes Mal. Ohne den gewünschten Erfolg.

»Alles nix, die Dinger landen irgendwo im Nirgendwo. Hab ich ja gleich gesagt: zu weit weg.«

Der letzte Pfeil ist in einem Baum eingeschlagen, unter dem sich drei Germanen ebenfalls vor dem Regen in Sicherheit gebracht haben. Von dem Platz aus, an dem die Legionäre sich vor dem Regen geschützt haben, sind sie im dichten Wald natürlich nicht zu sehen. Durch den Knall aufgeschreckt, schauen die Germanen nach oben, entdecken den Pfeil, ziehen ihn mit einiger Mühe aus dem Stamm und begutachten ihn. Dass der keinesfalls von einem germanischen Stamm gemacht worden ist, erkennen sie auf den ersten Blick.

»Römer? Hier?«, fragt einer die beiden anderen. Die schütteln die Köpfe und schauen, dass sie wegkommen. »Nehmen wir den Pfeil mit und gehen zurück.« Sie machen sich auf den Weg in ihr Dorf.

Aemilianus ist enttäuscht, dass das mit der Zielmarkierung nicht geklappt hat, gibt sich allerdings noch nicht geschlagen.

»Aber anschauen sollten wir uns die Stelle auf jeden Fall, wenn der Regen aufgehört hat. Kommen wir da mit Peilungen hin?«, fragt er in die Runde.

»Wie willst du denn hier peilen?«, meldet sich einer der Legionäre zu Wort. »Von hier oben kannst du das Ding ja gerade noch sehen, aber was ist, wenn wir weiter unten in dem Gestrüpp sind? Da siehst du nix mehr.«

»Müssen wir es eben Stückchen für Stückchen versuchen. Einen Peilstab haben wir doch dabei, oder?«

»Klar!«

Der Regen hat nachgelassen. Aus dem Gepäck des Maultieres holen sie das Peilgerät heraus. Das Wichtigste daran ist eine Stütze, die in den Boden gesteckt wird. Darauf wird der eigentliche Peilstab befestigt. Dazu hat sie in der Mitte ein Gelenk, auf dem man den Stab drehen, heben, senken und feststellen kann. Der Peilstab selbst hat eine Länge von ungefähr drei Fuß. Obendrauf hat er an beiden Enden kleine Sichtblenden mit jeweils einem schmalen Schlitz. Schaut man der Länge nach durch die beiden Schlitze, kann man damit etwas anpeilen. In diesem Fall die Wasserlache, die Aemilianus entdeckt hat.

Die Apparatur wird aufgebaut. Einer der Legionäre schaut durch die beiden Schlitze, sieht dadurch in weiter Entfernung die Pfütze, schwenkt dann den Peilstab nach unten, bis er den Talboden in noch sichtbarer Nähe trifft. Dort schickt er einen

Kameraden hin. Der soll an dieser Stelle den ersten Speer in den Boden stecken. Die Position dieses Speeres wird so lange korrigiert, bis der genau durch die beiden Schlitze auf dem Peilstab zu sehen ist. Ist das erledigt, wird an der Stelle, wo jetzt der Peilstab steht, ebenfalls ein Speer in den Boden gesteckt.

Dann zieht der Peiler mit seinem Gerät zu dem Punkt weiter, wo der erste Speer eingesteckt wurde. Da angekommen stellt er die Apparatur genau an diesen Platz. Von dort aus peilt er zunächst rückwärts den Ausgangspunkt an, wo der Speer steckt. Dann befestigt er den Peilstab am Gelenk, damit er nicht nach rechts oder links verrutscht, schaut danach wieder in der Gegenrichtung nach vorn durch seine Sehschlitze und legt so den nächsten Punkt fest. Da kommt der nächste Speer hin, und so geht es von da an weiter.

Je nach Gelände und Bewuchs im Wald manchmal nur in kurzen Entfernungen, manchmal in größeren Etappen. Die Arbeit ist beschwerlich. Hügel an Hügel, dazwischen kleine Senken, manchmal mit Bächen oder kleinen Flüsschen, die sie durchqueren müssen. Dabei immer dichterer Wald. Sie quälen sich vorwärts.

Und bei diesem ganzen mühseligen Unterfangen bleibt immer noch die spannende Frage: Ist bei der Wasserlache tatsächlich Lehm zu finden?

DER WEG ZUM PRÄTORIUM

Etwa zwei Tagesmärsche weiter südlich. Auch Justus und Sixtus quälen sich weiter. Sie kommen an einen Bach. Mit seinem Halstuch und Wasser wäscht Sixtus seine Wunden sauber. Das geht nicht ohne Schmerzen. Entsprechende Laute begleiten die Prozedur. An beiden Beinen hat er sich lange Schürfwunden zugezogen. Die kann man erst jetzt nach der Säuberung richtig erkennen.

Derweil stapft Justus durch den Wald und sucht nach einem stabilen Stock mit einer Astgabel. Nachdem er einen gefunden hat, macht er mit seinem Schwert daraus eine Krücke, die sich Sixtus unter die Achsel klemmen kann. Denn mit dem rechten Fuß, der dick angeschwollen ist, kann er kaum noch auftreten. Ob der Fuß gebrochen oder nur verrenkt ist, können die beiden nicht feststellen. Und dass sie das Prätorium unter diesen Voraussetzungen in vier Tagesmärschen erreichen, ist völlig ausgeschlossen. Unterstützt von der provisorischen Krücke setzen die beiden ihren Marsch fort.

Sie sind nur eine kurze Strecke weitergekommen, da tauchen – wie aus dem Boden gewachsen – zwei römische Legionäre vor ihnen auf, die ihre Speere drohend auf die beiden Ankömmlinge richten.

»Halt! – Parole!«

»Was heißt hier ›Parole‹? Wir sind nicht von eurem Haufen«, erwidert Justus verdattert.

»Woher? – Wohin?«, wollen die beiden wissen.

»Wir sind von einem Vorauskommando, das einen neuen Standort am unteren Rhenus erkunden soll. Jetzt auf dem Weg zum Prätorium, um Bericht zu erstatten und von da aus Nachricht nach Rom zu geben.«

»Namen? – Dienstgrad?«

Justus zeigt auf Sixtus. »Sixtus, Legionär«, dann auf sich. »Justus, auch Legionär.«

»Name eures Zenturios?«

»Quintus Agrippa.«

»Der früher bei der zehnten war?«

»Ja, genau.«

»Den kenn ich, mit dem war ich in Dakien.« Damit lassen die beiden die Speere sinken und schauen sich Sixtus genauer an.

»Was ist denn passiert?«

»Sixtus ist in eine Falle getappt, für Wildschweine oder irgendein anderes Viehzeug.«

»Kannst du noch laufen?«

»Kaum, tut saumäßig weh.«

»Pass auf! Setz dich erst mal dahin. Wir bauen schnell eine Bahre zusammen, und dann schleifen wir dich zu unserem Stützpunkt. Ist zwar nur ein vorgeschobener Wachtposten, aber von da aus können wir was organisieren, dass du zu einem Militärarzt kommst.«

Erleichtert setzt sich Sixtus. Die drei Gesunden ziehen los, schlagen zwei junge Birken und befreien sie fast rundherum von den Ästen. Die verbleibenden Äste flechten sie dergestalt zusammen, dass eine Art Bahre entsteht. Damit die Stämme nicht auseinanderrutschen können, verbinden sie sie mit Seilen, die sie aus dem Gepäck der beiden nehmen. Das dauert eine Weile, danach legen sie Sixtus darauf. Die beiden Wachen nehmen die unteren Enden der Bäume, die Spitzen schleifen über den Boden. In dieser Schräglage befördern sie Sixtus zu ihrem Wachtposten. Justus läuft mit dem Gepäck hinterher.

Es ist nicht sehr weit. Als Erstes erkennt man einen Wachtturm, daneben ein paar hölzerne Baracken. Alle Gebäude sehen aus, als wären sie schon vor längerer Zeit errichtet worden.

Kurz bevor der Krankentransport das Areal erreicht, erscheinen wieder zwei Wachen mit drohend erhobenen Speeren.

»Parole?«

»Schon gut, *saxum aeternum*[1]«, antworten die beiden, die die Bahre ziehen.

»In Ordnung! Wen habt ihr denn da dabei?«

»Die zwei sind von einem Vorauskommando, das einen neuen Standort weiter unten am Rhenus erkunden soll. Sie sind auf dem Weg zum Prätor, um Bericht zu erstatten. Der eine, Sixtus, ist in eine Falle getappt. Wir haben sie im Wald aufgelesen.«

Jetzt schauen sich auch die beiden neu hinzugekommenen Wachen die Verletzungen an.

»Das sieht ja wirklich nicht gut aus, Kumpel. Das muss sich bald ein Arzt ansehen. Wir haben hier zwar keinen, aber wir haben einen Wagen. Der sollte eigentlich erst morgen zum Prätorium. Fährt er eben heute schon. Kommt, wir klären das mit unserem Chef.«

Sie setzen ihren Weg zum Vorposten fort. Die ungewöhnliche Prozession wird schon erwartet. Die Legionäre erklären dem Wachführer die Situation, der lässt einen vierrädrigen Karren anspannen. Sixtus wird daraufgelegt, ebenso das Gepäck. Auch Justus darf mitfahren.

Der Wagen rumpelt und holpert ganz erbärmlich, denn der Weg führt nicht über eine gepflasterte und befestigte römische Straße. Die befindet sich noch im Bau und beginnt einige Meilen weiter südlich. Aber immerhin ist es ein freigehauener Weg mit Wagenspuren. Besser schlecht gefahren als mühsam gelaufen.

1 Ewiger Fels

DER FUND

Später Nachmittag im römischen Lager am Rhenus. Sosias, der Brunnenbauer, hat damit begonnen, ein großes trichterförmiges Loch zu graben. Er nimmt an, dass er dort bald auf Grundwasser stoßen wird. Alle im Lager anwesenden Legionäre arbeiten mit. Die einen graben, die anderen schaufeln den Dreck zur Seite. Sie sind noch nicht sehr tief vorgedrungen, da legt einer der Grabenden einen Knochen frei.

»Was zum Hades ist das? – Holt mal Quintus Agrippa her!«

Der Hauptmann wird gerufen, er schickt nach Septimus.

»Scheint so, als hätten wir einen ihrer Toten gefunden«, mutmaßt der Zenturio. »Was nun?«

Die beiden stehen neben dem Brunnenloch und betrachten den Fund. »Denkst du, dass das einer aus dem Dorf ist?«, fragt Septimus zweifelnd. »Haben wir nicht gelernt, dass die Germanen ihre Toten verbrennen? Dann müsste da doch eine Urne sein oder die Reste von einem Brandgrab, Asche, Spuren von verbranntem Holz oder so.«

»Keine Ahnung«, erwidert der Hauptmann, »vielleicht machen es die einen so, die anderen so. Hat der Druide bei den Verhandlungen nicht gesagt, dass das der Hain ist, wo sie ihre Toten *begraben*?«

»Stimmt schon, dann machen wir es wie vereinbart«, schlägt Septimus vor, »wir sammeln die Überreste ein und legen sie in ein neues Grab. Außerhalb des späteren Lagers, in der Verlängerung des *cardo maximus*, der Hauptachse, an der späteren Straße nach Süden.«

»Müssen wir die Germanen benachrichtigen, damit sie sehen, dass wir uns an die Abmachungen halten?«, will der Zenturio wissen.

»Ist vielleicht besser«, antwortet Septimus, »ich gehe hin und sage Bescheid. Vielleicht wollen sie ja dabei sein, wenn wir die sterblichen Überreste an die neue Stelle bringen.«

»Dann legt erst mal vorsichtig alle Knochen frei, die ihr findet«, befiehlt der Zenturio den Brunnengräbern, »aber lasst sie an Ort und Stelle liegen. Septimus klärt, wie wir fortfahren werden.«

Ohne weiteren Kommentar macht sich Septimus mit der Nachricht auf den Weg ins Dorf der Germanen. Weil es schon später am Tag ist, will er den Gang dahin und auch wieder zurück ins Lager erledigt haben, bevor diese tiefe germanische Dunkelheit eintritt. Sein Gang wird vom Späher des Dorfes bemerkt und gemeldet.

Als er im Dorf ankommt, wird er schon vom Ältesten, dem Druiden und einer Reihe von Kriegern erwartet. Septimus staunt. So viele Dorfbewohner hat er bis jetzt noch nie gesehen. Dazu sagt er aber nichts.

»Du schon wieder, Römer. Was willst du diesmal?«, beginnt der Druide.

»Ave«, entgegnet Septimus, »du kannst mich aber ruhig mit meinem Namen anreden. Ich heiße Septimus.«

»Ich werde darüber nachdenken, ob ich mir das merken will«, erwidert der Druide. »Also, was ist?«

»Zuerst eine Frage: Was macht ihr mit euren Toten? Werden die verbrannt, oder was macht ihr sonst?«

»Das Verbrennen ist bei vielen Stämmen gebräuchlich, aber wir machen das nicht. Wir legen unsere Toten in den Boden und decken sie mit Erde ab, damit sich keine wilden Tiere daran zu schaffen machen. Oben in dem Hain, den ihr grade verwüstet.«

»Dann muss ich dir etwas sagen, also: Wir haben wahrscheinlich die Überreste von einem eurer Toten gefunden.«

»Wie?«

»Unsere Leute haben begonnen, ein Loch für einen Brunnen zu graben.«

»Und wegen des blöden Wassers stört ihr die Ruhe unserer Toten? Ist denn im Fluss nicht genug für alle da?«

»Wie ich dir schon gesagt habe: Wir Römer sind sauberes Trinkwasser gewohnt.«

»Und wegen römischer ›Gewohnheiten‹ verwüstet ihr hier alles?«

Es entsteht eine peinliche Pause, in der keiner etwas sagt.

»Wir haben versprochen, dass wir euren Toten ein neues Grab geben, wenn wir welche finden«, erklärt Septimus. »Und dass wir sie mit allem Respekt behandeln. Daran werden wir uns halten. Willst du dabei sein, wenn wir den Toten an eine andere Stelle bringen?«

Wieder eine lange Pause. Dann antwortet der Druide: »Wann soll das sein?«

»So schnell wie möglich, am besten gleich morgen.«

»Es ist so ausgehandelt. Gut für euch, schlecht für uns. Wir werden die Abmachung nicht brechen. Ich werde kommen und mir anschauen, wie ihr das anstellt. Und jetzt geh!«

»Kann ich noch ein Wort mit Demosthenes wechseln?«

»Selbstverständlich.«

Septimus sucht ihn auf und umarmt ihn.

»Na, alter Freund, wie geht's?«

»Geht so, alles in Ordnung.«

»Sag mal, wo kommen denn plötzlich diese vielen Leute her?«

»Keine Ahnung, jeden Morgen, wenn ich wach werde, sind wieder neue da. Auch Frauen, Kinder und jetzt auch Vieh. Die Höhle, in der sie sich versteckt hatten, muss ziemlich groß sein. Ich war ja selbst ganz kurz drin, aber so viele hab ich nicht gesehen. Und besonders groß hab ich die Höhle auch nicht in Erinnerung. Aber wo sollen die sonst herkommen? So wie die miteinander umgehen, kennen die sich auch alle untereinander, sind vielleicht sogar untereinander verwandt. Da können keine Fremden bei sein.«

»Wie viele sind es denn?«

»Alle zusammen, mit den ganzen Kindern, so an die hundert, würde ich sagen. Ich konnte sie bisher noch nicht zählen. Die rennen alle pausenlos durcheinander. Ab und zu sind wieder ein paar neue dabei, die sind dann plötzlich wieder weg, dafür kommen andere. Und außerdem sehen die alle gleich aus. Ich kann die kaum auseinanderhalten.«

»Danke dir, mein Freund.«

»Warte, Septimus, noch etwas: Die kennen jeden unserer Schritte. Die ganze Zeit sind Späher im Baum. Die trauen uns kein bisschen. Heimlich überprüfen sie ihre Waffen, so als erwarteten sie jeden Augenblick einen Angriff von uns. Sie denken wohl, ich bekomme das nicht mit, aber ich bin ja nicht blind.«

»Gut zu wissen, aber wir haben nichts dergleichen im Sinn. Kannst du ihnen ja vermitteln.«

»Das hoffe ich doch sehr. Du denkst daran, dass ich hier als Geisel bin?«

»Keine Angst! Wir haben reichlich damit zu tun, alles für ein größeres Lager klarzumachen. Und dass sie uns beobachten, das wissen wir doch schon lange. So, nun muss ich los, damit ich noch vor der Dunkelheit wieder drüben bin. *Salve.*«

»Ja, dir wünsch ich auch einen Eimer voll Met, und wohl bekomm's.«

NÄCHTLICHE ÜBERRASCHUNG

Der Lehm-Suchtrupp wird vom Einbruch der Dunkelheit überrascht. Die langwierige Peilerei hat so viel Zeit gekostet, dass sie es nicht mehr schaffen, zurück ins Lager zu kommen. Außerdem wollen sie die von Aemilianus entdeckte Stelle mit der Pfütze in Augenschein nehmen. Doch dahin schaffen sie es heute nicht mehr. Sie schätzen, dass sie bereits die Hälfte der Entfernung zurückgelegt haben. Mehr als schätzen gelingt ihnen bei diesem unübersichtlichen Gelände nicht.

Gerade befinden sie sich wieder mal in einer Senke. Also machen sie sich daran, ein einfaches Lager für die Nacht herzurichten. Das mitgeführte Zelt wird aufgebaut, Holz für ein Lagerfeuer gesammelt und das Maultier versorgt.

Das alles ist Routine, tausendmal geübt, nur die Umgebung ist nicht besonders einladend.

Dann hocken sie rund um ein kleines Feuer zusammen, essen von ihren mitgebrachten Rationen und trinken. Es wird ausgelost, wer wann Wache halten muss, dann legen sie sich hin, um Kraft für den nächsten Tag zu sammeln. Der vergangene Tag war schon anstrengend genug, der morgige wird wohl nicht besser werden. Als im »Feindesland« erfahrene Kämpfer lassen sie ihre Rüstungen an, lockern nur die Riemen ein wenig. Man weiß ja nie.

Mitten in der Nacht. Der Legionär, der die zweite Wache hat, legt gerade neues Holz ins Lagerfeuer. Da hört er aus dem Wald merkwürdige Geräusche. Zweige knacken. Einige Nachtvögel sind aufgeschreckt und meckern herum. Sofort wendet er sich zum Zelt und weckt die anderen.

»Los, raus, da ist was!«

»Mach sofort das Feuer aus«, kommt es aus dem Zelt zurück.

Mit wenigen geübten Schritten tritt der Wachhabende blitzschnell das Feuer aus.

Dann kriecht die ganze Mannschaft aus dem Zelt, Helm auf, und alle greifen nach ihren Waffen.

»Weg von dem Platz, wo das Feuer war!«

Es ist rattenfinster. So stolpern sie mehr, als dass sie gehen könnten, und suchen in einiger Entfernung Deckung hinter Bäumen und Büschen. Dort kauern sie sich hin und beobachten angespannt die Umgebung. Sie sehen nichts, absolut nichts. Wie auch, bei der Dunkelheit. Nur die Geräusche sind da. Flüsternd verständigen sich die Legionäre, bilden dann einen Kreis, Rücken an Rücken, um sich notfalls nach allen Seiten hin verteidigen zu können. Was könnten die Geräusche zu bedeuten haben? Ist da ein Tier? Ein Wildschwein? Oder etwa irgendwelche Germanen?

Eine Weile herrscht absolute Stille. Da hören sie einen Ratsch. Der klingt so, als hätte sich ein Speer in das Zelt gebohrt, in dem sie eben noch gelegen haben. Also doch kein Wildschwein.

Aufs Geratewohl schießt einer der am Boden kauernden Legionäre einen Pfeil in die Richtung, aus der der Speer vermutlich kam. Sekunden später ist ein unterdrückter Schmerzensschrei zu hören. Danach Schritte, die sich schnell entfernen. Der Pfeil scheint jemanden getroffen zu haben. Wahrscheinlich einen dieser Barbaren. Wie schwer, lässt sich nicht abschätzen.

Atemlos verharren die Legionäre in ihrem Versteck. Werden sie gleich von einer Horde Wilder überfallen? Aber nichts passiert, es bleibt verdächtig ruhig.

»Ob es das jetzt war?«, flüstert einer in die Runde, ohne wirklich eine Antwort zu erwarten.

Ebenso leise schlägt ein anderer vor: »Was ist mit dem Maultier? Hat jemand was gehört? Lasst uns mal schauen, ob es noch da ist oder ob es was abbekommen hat. Danach schlagen wir einen Bogen und wechseln in kürzeren Abständen unser Versteck, damit sie uns nicht so schnell finden, jetzt, wo sie uns schon aufgestöbert haben. Hat der Hauptmann nicht befohlen, dass wir möglichst unentdeckt bleiben sollten?«

»Damit war's wohl nix«, mischt sich ein anderer ein, »und jetzt ist die Situation noch beschissener, wo wir einen mit dem Pfeil getroffen haben.«

»Ist auch zu beknackt, dass wir nur mit Peilungen vorwärtskommen«, meckert ein dritter, »damit stehen wir für die da wie auf dem Präsentierteller.«

»Jetzt müssen wir erst mal zusehen, wie wir die Nacht überstehen.« Wieder ein anderer. »Mit dem allerersten Lichtstrahl machen wir weiter. Wenn wir dann schon ein Stück weiter weg sind, finden sie uns vielleicht nicht so leicht.«

Vorsichtig kriechen sie zu der Stelle, an der das Maultier angebunden ist. Dem Tier ist nichts passiert. Sie binden es los, nehmen es mit und verstecken sich von da an in kurzen Abständen an immer wieder neuen Plätzen. Angestrengt lauschen sie nach neuen verdächtigen Geräuschen. Es bleibt ruhig. Aber die dunkle Nacht will und will kein Ende nehmen.

Kaum lassen sich die ersten Umrisse der Bäume erahnen, rennen sie zum Zelt, reißen es in Windeseile ab, verstauen alles auf dem Maultier und begeben sich zum letzten Peilpunkt, der – den Göttern sei Dank – immer noch da ist. Von dort arbeiten sie sich weiter voran. Alle, die nicht direkt mit der Peilung beschäftigt sind, beobachten aufmerksam die Umgebung. Sie bemerken nichts Beunruhigendes. Trotzdem kommen sie wieder nur ganz langsam voran.

Eine trübe Sonne hängt schon etwas höher am bleich verhangenen Himmel, da sehen sie das gelbe Wasserloch zum ersten Mal mit bloßem Auge. Es liegt ein wenig weiter links, als nach den Peilungen anzunehmen war. Ohne dieses Hilfsmittel hätten sie es aber nie – oder nur durch Zufall – gefunden. Ab jetzt können sie endlich einfach darauf zumarschieren. Von den nächtlichen Angreifern ist glücklicherweise keine Spur zu sehen.

Als sie kurze Zeit später ankommen, untersuchen Rufus und Aemilianus das Wasserloch, holen den Schlamm mit den Händen vom Boden der Pfütze, riechen daran und befühlen ihn mit den Fingern.

»Gib mal 'nen Spaten«, sagt Aemilianus.

Er fängt sofort an, die Stelle aufzugraben, aus der der Wasserstrahl kam, den er vom Berg aus gesehen hat.

Erst schaufelt er die Deckerde weg. Dann, nach wenigen Spatenstichen, trifft er auf eine solide Lehmschicht. Er macht noch ein paar Stiche rechts und links. Alles Lehm.

Grinsend dreht er sich um. »Feines Näschen gehabt, hä?«

»Muss ich neidlos zugeben«, räumt Rufus ein. »Aber das ist nur das eine. Was ist mit dem Weg zurück zum Lager? Wenn die Typen von heute Nacht uns beobachten und sehen, dass wir Markierungen anbringen, dann brauchen sie denen nur zu folgen, und dann haben wir die ruckzuck im Lager. Der Zenturio wird begeistert sein. Und noch was: Gehen wir denselben Weg zurück, den wir gekommen sind?«

»Bist du noch ganz richtig im Kopf?«, mischt sich einer der anderen Legionäre ein. »Dann kämen wir an derselben Stelle vorbei, wo sie uns letzte Nacht entdeckt haben.«

»Außerdem haben wir einen Haken geschlagen«, meldet sich der, der bis jetzt die Peilungen vorgenommen hat, »bis es anfing zu regnen, sind wir immer geradeaus nach Westen marschiert. Ab dann sind wir nach links abgebogen. Also muss es von hier aus einen direkteren und schnelleren Weg zum Lager geben. Wir müssen den Lehm von hier aus demnächst auch ins Lager transportieren. Und da ist jede Meile weniger eine gute Meile.«

Allgemeines zustimmendes Gemurmel. Im Geiste sehen sie sich nämlich schon mit nassem Lehm beladen schwitzend und fluchend durch die Gegend stapfen. Sie wissen, was auf sie zukommt.

DIE NACHRICHT IST ANGEKOMMEN

Moguntiacum, im Prätorium. Justus und Sixtus stehen vor dem Prätor. Justus in militärischer Haltung, Sixtus – krückenbedingt – eher nicht. Er ist inzwischen verarztet worden, das Bein und der rechte Fuß sind geschient und verbunden. Die Krücken sind jetzt etwas bequemer als der im Wald zusammengezimmerte Stock mit Astgabel.

Ohne besondere Anteilnahme betrachtet der Prätor die beiden. Dann zeigt er auf das verletzte Bein.

»Wie lange dienstuntauglich?«

»Fünf oder sechs Wochen, meint der Arzt«, antwortet Sixtus.

Der Prätor schüttelt ungnädig den Kopf.

»*Wie oft* habe ich euch erzählt: ›Jeder Schritt ist wichtig, jeder Schritt kann der letzte sein, besonders in schwierigem Gelände‹? Wie blöd muss man denn eigentlich sein ...?«

»Ich war nicht blöd, wir haben es genau nach Vorschrift gemacht«, verteidigt sich Sixtus, »ich bin genau in der Spur von Justus gelaufen. Der ist ganz normal drüber weggegangen. Aber ich bin halt schwerer –«

»Reicht schon«, der Prätor hebt seine Hand und bremst damit die Verteidigungsrede aus, »sechs Wochen Schmerzen sind Strafe genug. So, nun zu eurem Auftrag: Ich habe die Berichte von Septimus und Zenturio Quintus Agrippa gelesen. Beides gute Leute, gute Arbeit. Das mit den Geiseln war eine glänzende Idee. Da herrscht erst mal Ruhe in der Ecke. Nur für Demosthenes tut es mir leid. Ein gebildeter Grieche bei den Barbaren. Man könnte drüber lachen, wenn es nicht so traurig wäre.« Dann lacht er aber doch ein bisschen schadenfreudig in sich hinein.

Die beiden Pechvögel stehen da und wissen nicht, ob sie dazu etwas sagen dürfen. Besser, sie halten die Klappe.

»Also«, fährt der Prätor selbstherrlich fort, »ich habe heute Morgen sofort einen reitenden Boten nach Rom geschickt, damit das Ding da unten registriert wird und einen Namen bekommt.«

Auch jetzt wissen die beiden nicht, ob sie etwas dazu sagen sollen.

»Die werden doch bestimmt Hilfe brauchen, wenn es da bald richtig zur Sache geht, oder?« Damit wendet er sich wieder den beiden zu.

»Ja«, antworten beide wie aus einem Mund.

»Wenn die den Lehm gefunden haben, brauchen wir was für den Transport. Karren, möglichst Zugtiere. Keine Ahnung, wie weit das Zeug weg sein wird vom Lager«, fährt Justus fort.

Der Prätor nickt zustimmend.

»Und einen Weg dahin müssen wir auch erst freischlagen und bauen«, ergänzt Sixtus, »besser noch: eine Straße.«

»Nicht alles auf einmal«, mahnt ihn der Prätor, »zuerst wird nur ein Transportweg gebaut, eine Straße kommt später. *Wenn* sich da unten alles gut entwickelt.«

»Ein mobiler Brennofen wäre noch wichtig, fürs Erste, bis wir später einen großen bauen können«, macht Justus weiter, »und Fachleute, Ingenieure und so.«

»Schreibt Septimus auch. Dann will ich mal sehen, was sich machen lässt«, sagt der Prätor, in vollem Bewusstsein seiner Machtposition. Er klatscht in die Hände, Panos erscheint.

»Schreib auf«, befiehlt der Prätor. »Order, gegeben an den *Idibus Maiis*. Erste Hilfslieferung: Drei Schiffe mit Transportkarren und Zugtieren. – Zwei Brennöfen. – Fünf Ingenieure. – Fünf zusätzliche Contubernien, das sind noch mal vierzig Mann. Die werden hier abgezogen und unterstehen ab morgen dem Kommando von Quintus Agrippa.« Und mehr zu sich selbst sagt er: »Damit die faulen Säcke hier in der Kaserne mal wieder ordentlich ans Arbeiten kommen. – Den letzten Satz schreibst du nicht. – Dazu Vorräte für die nächsten paar Wochen, Wein und so weiter und so weiter, kennst du ja! – Justus fährt mit den Schiffen. – Warte mal.«

Dann wendet er sich wieder an die beiden: »Anlanden können die doch da, oder?«

»Flaches Ufer, vorgelagerte Insel, kein Problem, aber noch keine Anlegestelle, wir hatten ja bisher noch keine Schiffe«, sagt Justus.

»Gut, dann geht der Transport morgen ab. Und: Justus, du hältst auf dem Weg flussabwärts die Augen offen, ob es in der Nähe einen Steinbruch gibt. Kann man immer gut gebrauchen.« Dann wendet er sich wieder dem Sklaven zu: »Wenn du das ordentlich abgeschrieben hast, sofort wieder hierher damit, dann unterschreibe ich die Order. Jeden Mist muss man schriftlich festhalten. Verdammte Bürokratie! – So, und ihr beide seid entlassen. Für Septimus und Quintus Agrippa schreibe ich noch eine Nachricht, die nimmst du morgen mit, Justus. Um den Rest kümmere ich mich, sobald ich Nachricht aus Rom habe.«

Justus und Sixtus salutieren und verlassen den offiziellen Amtsraum. Die paar ruhigen Tage in der Kaserne, auf die er sich so gefreut hat, kann er sich aus dem Kopf schlagen, denkt Justus.

Zurück ins Elend, an die Grenze des Imperiums. Aber immerhin auf einem Schiff und nicht zu Fuß.

DIE UMBETTUNG

Frühmorgens sieht die Wache im römischen Lager am Rhenus vier Germanen, die einen Tragestuhl schleppen, sich nähern. Der Druide wird gebracht. Sofort wird dem Hauptmann Meldung gemacht. Der wiederum lässt Septimus rufen. Zusammen erwarten sie die Ankömmlinge. Erik hat auch mitbekommen, dass sich etwas tut.

Als er erkennt, wer kommt, rennt er ihnen entgegen und ruft freudig: »Ansgar!«

»Wie geht es dir, Erik?«, fragt der Druide.

»Gut, schau mal, ich kann schon zählen.« Dann nimmt Erik seine Hand und betet stolz die lateinischen Zahlen runter.

Ansgar ist nicht besonders erfreut. »Das habe ich schon befürchtet. Das ging ja noch schneller als erwartet. Dein Vater wird begeistert sein.«

Erik weiß nicht, ob er das als Lob auffassen soll. Ansgar sagt aber nichts weiter und lässt sich ins Lager tragen. Erik trottet wortlos nebenher.

Sowie der Druide bei Septimus und dem Hauptmann angekommen ist, fragt er ohne Begrüßung: »Wo?«

Die beiden gehen voraus und zeigen wortlos auf die Stelle, wo die Gebeine gefunden worden sind.

Ansgar erhebt sich aus seinem Tragestuhl und versucht, sich zu orientieren. Seit die Römer hier eingefallen sind und den Wald gerodet haben, sieht alles ganz anders aus. Völlig fremd.

Er schüttelt den Kopf. »Stand hier nicht eine alte Eiche?«

»Ja«, gibt Septimus zu, »die musste weg.«

Von dem ehemals wildromantischen Hain ist nichts mehr übrig geblieben. Alle Bäume sind gefällt, überall Messstangen, Zelte, Feuerstellen und der Palisadenzaun. Der Boden zerlatscht von vielen Soldatenstiefeln. Mittendrin ein Riesenloch mit den freigelegten Gebeinen.

Ansgar ist entsetzt über das, was er jetzt zum ersten Mal mit eigenen Augen sieht. »Bezeichnet ihr uns nicht als ›Barbaren‹? Ihr schlagt hier alles kurz und klein wegen einer Grenzsicherung. Ist das nicht auch barbarisch?«

Darauf antworten die Römer besser nicht, um die Situation nicht noch weiter zu verschärfen.

»Was soll jetzt geschehen?«, will der Druide wissen.

»Wir werden die Knochen auf einem Tuch lagern und sie an einem anderen Platz wieder in die Erde legen«, antwortet Septimus.

Verständnislos schüttelt Ansgar den Kopf. »Daran lässt sich wohl nichts ändern. Dann fangt an.«

Ein Tuch wird neben die Gebeine gelegt, und zwei Legionäre platzieren die einzelnen Knochen genauso, wie sie gelegen haben, auf dem Tuch. Das Ganze geschieht wortlos. Die restlichen Soldaten des Lagers stehen ruhig und in respektvollem Abstand drum herum. Nachdem alle Knochen umgelegt sind, nehmen vier Legionäre das Tuch an den vier Ecken und marschieren damit aus dem Lagergeviert heraus, ein ganzes Stück in Richtung Süden. Der Zenturio, Septimus und der Druide folgen wortlos. Neben einer ausgesteckten Reihe von Messstangen ist schon eine Grube ausgehoben. Da hinein werden die Überreste des Toten gelegt. Danach wird das neue Grab zugeschaufelt.

»Und was soll an dieser Stelle besser sein als da, wo der Tote bis jetzt gelegen hat?«, will Ansgar wissen.

»Das ist dieselbe Stelle, an der auch wir unsere Toten beerdigen werden. Neben der Straße nach Süden«, antwortet Septimus.

»Stra-ße?«

»Ja, Straße! – Hier, wo diese Stangen stehen«, erklärt Septimus, »wird später eine Straße sein. Mit Steinen gepflastert und Gräben rechts und links, damit das Regenwasser abfließen kann. Solche Straßen durchziehen das ganze römische Reich. Und wir Römer pflegen unsere Verstorbenen rechts und links von diesen Straßen zu begraben, damit wir uns an sie erinnern, wenn wir daran vorbeigehen.«

Verstanden hat Ansgar das nicht so ganz. Erneut schüttelt er den Kopf. »Ihr habt es wenigstens mit Respekt und Würde gemacht. Ihr habt Wort gehalten.«

Damit gibt er seinen Trägern ein Zeichen zum Aufbruch. Kein Wort des Abschieds.

»*Salve*, Ansgar, ich weiß ja, dass das dein Name ist, Erik hat dich so genannt«, ruft Septimus ihm hinterher.

Doch das kümmert den Druiden nicht im Mindesten.

DIE RÜCKKEHR

Am selben Tag im Lager der Römer. Es geht schon auf den Abend zu, da sieht die Wache auf einem Wachtturm im Westen in einiger Entfernung den Lehm-Suchtrupp.

»Rufus, Aemilianus und die anderen sind zurück«, ruft er dem Hauptmann zu.

»Vollzählig?«

»Sieht so aus«, gibt der Wächter zurück. »Ich zähle acht.«

Quintus Agrippa erwartet den Zug. Kaum sind sie im Lager angekommen und haben sich zur Berichterstattung aufgebaut, fragt er: »Nun?«

»Ja, wir haben was gefunden«, antwortet Rufus. Sehr erfreut klingt er allerdings nicht.

»Aber?«

»Es ist ziemlich weit weg. Alles zusammen ungefähr zwanzig Stunden für den Rückweg. Allerdings haben wir eine Menge Zeit gebraucht, um einen direkten Weg von dort nach hier zu finden und zu markieren«, sagt Aemilianus.

»Dann seid ihr Bauernlümmel ja doch für irgendwas zu gebrauchen«, frotzelt der Hauptmann.

Aber er kennt seine Mannschaft. So wie sie da vor ihm stehen, nicht stolz auf den Erfolg, sondern mit gesenkten Köpfen, verschweigen sie ihm doch etwas. Diese Haltung ist nicht nur der Erschöpfung durch den langen Marsch zuzuschreiben. Der Reihe nach schaut er die Männer an.

»Sonst noch was?«, will er wissen. »Etwa Feindberührung?«

»Nein, eigentlich nicht«, beginnt Rufus.

»Also, nicht direkt«, ergänzt Aemilianus.

»Was denn nun, ja oder nein?«, fragt Quintus Agrippa.

Da berichten sie ihm der Reihe nach vom Regen, von Aemilianus' Entdeckung, von der langwierigen Peilung, dem Feldlager, dem nächtlichen Überfall und dem Schuss in die Dunkelheit, der wahrscheinlich jemanden getroffen hat. Wie sie sich versteckt und schließlich die Stelle mit dem Lehm gefunden haben.

»Und danach?«, will der Hauptmann wissen.

»Nichts, absolute Ruhe.«

»Haben sie euch beobachtet?«

»Keine Ahnung. Gesehen haben wir niemanden.«

»Sind sie euch gefolgt?«

»Glaub ich nicht«, sagt der Peiler, »das hätten wir sicher gemerkt.«

»Gemerkt?« Das klingt jetzt ziemlich herablassend von Quintus Agrippa. »Wir haben ja noch nicht einmal hier *gemerkt*, dass sie uns von da drüben aus dem Dorf beobachtet haben. Schon vom ersten Tag an. Die wussten doch schon, dass wir ihr Dorf entdeckt haben, noch bevor wir es mitten in der Nacht umstellt hatten. Sonst hätten sie sich nicht abgesetzt. Im Gegensatz zu uns kennen sich diese Typen hier in ihren Wäldern aus. Die springen von Ast zu Ast wie die Vögel, und wir kriegen es nicht einmal mit.«

Dann atmet er einmal tief durch und zieht ein Resümee.

»Also: Lehm habt ihr gefunden. Das ist sehr, sehr gut. Eine Sorge weniger. Aber ihr habt keine Ahnung, ob ihr dabei beobachtet oder verfolgt worden seid. Und auch nicht, von wem. Das ist sehr, sehr *schlecht*. Die aus dem Nachbardorf werden es nicht gewesen sein. Wegen der Geiseln. Mit so etwas musste man aber fast rechnen, hier in diesem verfluchten Germanien, an der Grenze der zivilisierten Welt. Wir müssen ab jetzt besonders wachsam sein, hauptsächlich nachts. Ab sofort: doppelte Wachen. – Und für euch gibt es heute Abend als Belohnung für den Erfolg einen Extrabecher Wein für jeden.«

Damit dürfen sie wegtreten, ihre Uniformen wieder in

Ordnung bringen und sich ausruhen. Und die Aussicht auf die Extraration Wein ist auch nicht zu verachten.

Die Nacht bleibt trotz der Befürchtungen des Hauptmanns ruhig. Der nächste Tag auch. Mit aller Kraft wird am Brunnen gebaut. Seit er von dem Lehmfund erfahren hat, ist Sosias mit doppeltem Eifer bei der Arbeit. Das Gelände ist nicht allzu schwierig. Viel Sand und Geröll.

Oben hat das Loch schon einen Durchmesser von etwa vierzig Fuß. Nach unten hin wird es immer kleiner, man hofft, endlich auf Grundwasser zu stoßen.

Die einzige Schwierigkeit mit dem lockeren Untergrund ist, dass die Böschungen des trichterförmigen Loches nachrutschen. Mit eingerammten Baumstämmen versuchen sie, das zu verhindern.

Die »Trichtermethode« ist die einzige Möglichkeit, in so einem Gelände zu graben, wenn man vermeiden will, von nachrutschendem Sand und Geröll verschüttet zu werden. Das kann lebensgefährlich sein, aber Sosias ist ein erfahrener Brunnenbauer, dem so schnell kein Fehler unterläuft.

Obwohl es Mai ist, hängt der Himmel in den nächsten Nächten voller Wolken. Nur ab und zu findet der Mond eine kleine Lücke und erhellt die Landschaft rund um das Lager. Vorsichtshalber hat Quintus Agrippa die Wachen wieder verdoppelt. Doch alles scheint ruhig. Den Wachen fällt es schwer, nicht einzuschlafen.

Urplötzlich ist einer an der Westseite hellwach. Er stupst seinen Kumpel an. »Guck mal, dahinten. Da war doch eben noch kein Busch.«

Ein kurzer Mondstrahl erhellt die Gegend. Überall nächtliche Ruhe. Nichts bewegt sich. Dann dunkelt eine Wolke wieder alles ab. Wenige Minuten später blitzt der Mond wieder durch. Da hat der Busch seinen Platz gewechselt. Und daneben ist plötzlich ein zweiter. Da wird den beiden doch ganz mulmig zumute.

»Bleib du hier und pass weiter auf, ich wecke den Hauptmann. Der soll sich das anschauen. Vielleicht gibt der dann Alarm.«

Wenig später erscheint der Zenturio auf dem Wachtturm und lässt sich beschreiben, was die beiden glauben gesehen zu haben.

Bei den nächsten kurzen Mondscheinintervallen wird klar, dass sie nicht geträumt haben. Da sind wirklich Büsche auf dem Vormarsch auf das Lager. Für das Vorrücken benutzen sie immer die dunklen Momente. Quintus Agrippa verlässt den Wachtposten und löst – leise und ohne großes Getöse – Alarm aus.

Dann gibt er die Order zu warten, bis die Büsche möglichst nah sind. Erst dann sollen die Legionäre schießen. Aber so, dass sie niemanden treffen. Es sollen Warnschüsse sein, damit die Angreifer – wer immer das auch sein mag – gewarnt sind, dass sie erwartet werden.

Alle verschanzen sich hinter dem Palisadenzaun und warten. Als die Büsche nahe genug heran sind, gibt der Zenturio leise das Kommando: »Jetzt!«

Ein Pfeilhagel prasselt auf den Boden vor den Büschen. Kurze Zeit verharren sie, dann ziehen sie sich lautlos auf demselben Weg zurück, den sie gekommen sind. Immer dann, wenn die Wolken die Landschaft verdunkeln. Gut geschützt verfolgen das die Wachen. Und es passiert auch nichts weiter, aber alle bleiben wachsam.

»Hat funktioniert«, ist einige Zeit später der einzige Kommentar des Hauptmanns.

Am frühen Morgen erzählt er Septimus von der nächtlichen Begebenheit: »Diese Nacht hatten wir Besuch. Anscheinend ist die Natur lebendig geworden. Da kamen jede Menge Büsche auf das Lager zu. Ziemlich gut getarnt. Ich denke, Germanen.

Möglicherweise die, die unseren Lehmsuchern gefolgt sind. Ging aber glimpflich ab. Wir haben sie mit einem Pfeilhagel empfangen. Aber nur als Warnung. Niemand getötet, niemand verletzt. Probleme brauchen wir auch mit denen nicht, nachdem wir das mit unserem Nachbardorf einigermaßen friedlich hinbekommen haben.«

Septimus nickt. »Ich werde trotzdem im Dorf nachfragen, ob die etwas wissen. Wer das war und was die wollten.«

Und schon macht er sich auf den Weg. Auch diesmal wird er bereits erwartet. Mehrere Krieger, der Dorfälteste und Ansgar empfangen ihn.

Weil der Druide wohl der Einzige ist, der die Sprache der Römer versteht, beginnt er: »Was ist es diesmal? Noch ein Toter?«

»*Ave*, Ansgar, nein. Diesmal habe ich nur eine Frage.«

»Immer noch der Lehm?«

»Nein. Den haben wir schon gefunden, weit weg im Westen. Ich danke dir trotzdem noch mal für deinen Hinweis. Nein, es ist etwas ganz anderes. Letzte Nacht gab es einen geplanten Überfall auf unser Lager. Wisst ihr etwas davon?«

Dabei schaut Septimus die vor ihm stehenden Krieger der Reihe nach an. Ansgar übersetzt seine Frage. Daraufhin schütteln alle verneinend ihre Köpfe.

»Wir waren es nicht«, erklärt Ansgar.

»Das haben wir auch nicht angenommen. Denn wir haben doch ein friedliches Nebeneinander ausgehandelt und Geiseln ausgetauscht. Darauf vertrauen wir. Aber wisst ihr, wer das gewesen sein könnte und was die wollten?«

Wieder übersetzt Ansgar die Frage. Allgemeines Gemurmel, von dem Septimus nichts versteht.

»Wir wissen nichts, und wir haben damit nichts zu schaffen«, antwortet Ansgar, »aber was erwartest du denn? Ihr fallt einfach in unser Land ein und nehmt euch, was euch nicht gehört. Glaubst du im Ernst, dass die Menschen hier euch mit offenen

Armen empfangen? Sie versuchen, euch zu vertreiben und zu verteidigen, was sie haben.«

»Wir sind nur hier, um die Grenzen des Imperium Romanum zu sichern«, entgegnet Septimus.

»Imperium Romanum, phh«, entgegnet Ansgar ungerührt. »Das existiert doch nur, weil ihr alle besetzten Gebiete ausplündert und alle, die euch nicht zu Willen sind, zu Sklaven macht. Je weiter ihr euch ausbreitet, auf desto größeren Widerstand werdet ihr stoßen.«

»Aber alle, die innerhalb unserer Grenzen leben, haben davon Vorteile. Es gibt Straßen, sauberes Wasser, Handel –«

»Vorteile?«, unterbricht ihn Ansgar. »Dadurch, dass sie Abgaben zahlen müssen, bis ihnen das Blut zu den Ohren rausläuft? Wir haben bis jetzt ohne das alles gelebt. – Also: Den Überfall gestern Nacht haben wir nicht gemacht. Und wenn die aus der Gegend kamen, wo ihr den Lehm gefunden habt ... Stämme, die da leben, kennen wir kaum. Und jetzt geh wieder. Mehr habe ich nicht zu sagen.«

»Ich danke dir trotzdem für deine Auskunft«, lenkt Septimus ein. »Kann ich Demosthenes noch sehen?«

»Ja.«

Demosthenes kommt schon auf Septimus zu. »Einen Haarschnitt könnte ich mal gebrauchen, mir wachsen schon die Ohren zu. Vom Bart gar nicht zu reden.«

»Und sonst?«

»Alles wie immer. Das Essen ist gar nicht so schlecht. Aber das Gesöff. Brrr. Die saufen das Zeug bis zum Umfallen. Vielleicht gewöhn ich mich ja eines Tages daran.«

»Ich versuch mal, einen Haarschnitt auszuhandeln. Du hörst von mir. Mach's gut.«

Auf dem Weg zurück fragt Septimus Ansgar: »Demosthenes braucht einen Haarschnitt. Kann da jemand aus unserem Lager kommen und das machen?«

»Er will sich die Haare abschneiden lassen, warum? Weil er jetzt unfrei und eine Geisel ist?« Ansgar versteht das alles nicht. Wenn einem Germanen die Haare abgeschnitten werden, ist er ein Geächteter.

»Es ist bei uns so Sitte, und Demosthenes ist es so gewohnt.«

»Römische Sitten! Von mir aus. Aber sie sollen es außerhalb vom Dorf machen. Und vier Männer werden Demosthenes bewachen.«

»Das geht in Ordnung. Dann werde ich morgen um die Mittagszeit jemanden schicken, der sich darauf versteht. Er kommt allein. Ich danke dir noch mal. *Salve*, Ansgar.«

Am nächsten Tag macht sich Quirinus auf den Weg ins Dorf. Er ist zwar Legionär, aber vorher, in seinem Privatleben, war er Barbier. Und zwar kein schlechter. Er hatte betuchte Kundschaft in Rom, aber dann kam dieser heftige Flirt mit Iphigenie, einer Senatorentochter. Der Vater, einflussreich, war entsprechend sauer.

Das brachte Quirinus eine Dauerstellung bei den germanischen Legionen ein. Aber auch hier war sein Geschick bekannt, was ihm ab und zu einen Sesterz extra zu seinem kargen Sold einbrachte.

Bewacht von vier Germanen kommt ihm Demosthenes bis zum Waldrand entgegen.

»*Ave*, Quirinus, schön, mal wieder einen zivilisierten Menschen zu sehen.«

»*Ave*, Demosthenes, bei dir ist es aber mehr als überfällig.«

»Weiß ich selbst. Mach alles schön kurz. Den Bart auch. Zahlen kann ich dir aber nichts. Siehst du ja selber. Aber frag Septimus. Der ist sowieso schuld, dass ich hier sitze. Da kann er wenigstens mal einen Haarschnitt bezahlen.«

Quirinus macht sich an die Arbeit. Die vier Wächter beobachten die Prozedur verständnislos, aber auch neugierig und belustigt. So etwas haben sie ja noch nie gesehen. Das Haar wird auch nicht ganz abgeschnitten, sondern nur verkürzt. Der Bart auch. Wirklich seltsam, was die Römer so treiben.

»Da fühlt man sich doch gleich wie ein neuer Mensch, oder?«, bemerkt Quirinus, als er mit der Arbeit fertig ist und sein Werk betrachtet.

»Das kannst du laut sagen«, erwidert Demosthenes. »Ich danke dir sehr, jetzt muss ich aber wohl zurück. *Salve* und grüß alle!«

»Mach ich«, ruft Quirinus im Weggehen.

Sowie Demosthenes ins Dorf zurückkommt, beginnen die Kinder zu lachen und mit Fingern auf ihn zu zeigen. Der sieht ja auf einmal ganz anders aus. Sie machen ihre Mütter darauf aufmerksam. Auch die können das Gelächter kaum unterdrücken. Demosthenes bleibt nichts anderes übrig, als freundlich zurückzulächeln.

VERSTÄRKUNG

»Naves tres in Rheno«, drei Schiffe auf dem Rhein, ertönt es am nächsten Tage vom östlichen Wachtturm. Und sobald sie etwas näher gekommen sind: *»Romani«*, es sind unsere.

Quintus Agrippa ist hocherfreut. »Das ging ja wirklich mal schnell.«

Er beordert alle zum Ufer, damit sie beim Landen behilflich sind. Die Stelle, wo die Boote anlegen sollen, ist zwar flach, aber es gibt weder eine Kaimauer noch einen Anlegesteg. Es gibt nicht einmal etwas, um die Schiffe festzumachen.

Andererseits hat der Rhenus nicht weit vom Ufer trotz der vorgelagerten Insel eine starke Strömung. Man muss höllisch aufpassen, dass die Boote beim Entladen nicht abtreiben. Deshalb werden von den hier stationierten Soldaten einige Pflöcke in den Boden geschlagen, an denen man die Boote festbinden kann.

Die Steuerleute manövrieren die Schiffe ans Ufer. Seile werden an Land geworfen und dort an den eingeschlagenen Pflöcken festgemacht. Zuerst großer Begrüßungsjubel. Viele kennen sich von früheren Einsätzen her.

Einer der Ersten, die von den Schiffen ins flache Wasser springen, ist Justus. Sofort geht er zum Zenturio und überreicht ihm die Schriftrolle, die der Prätor ihm mitgegeben hat.

»Wo ist Sixtus?«, will der Hauptmann wissen.

»In der Kaserne«, antwortet Justus, »der hat Pech gehabt, ist in eine Falle getappt. Bein gebrochen, Knöchel auch, sechs Wochen, meint der Arzt.«

Dann gibt er noch einen kurzen Bericht von den abenteuerlichen Umständen ihrer Mission und fügt hinzu: »Und übrigens: Der Prätor hat mir aufgetragen, nach einem Steinbruch Ausschau zu halten. Einen richtigen Steinbruch habe ich zwar nicht gesehen, aber ungefähr eine Tagesreise flussaufwärts gibt es das nächste richtige Felsengebirge. Da könnte man Steine herholen. Später für die Straßen. Sogar mit dem Schiff. Ist alles nicht weit weg vom Wasser.«

»Ausgezeichnet, Justus, bist ein kluger Kerl. Du wirst es noch weit bringen«, quittiert Quintus Agrippa diese Nachricht. »Antreten«, kommandiert er dann, nachdem alle Schiffe gesichert sind.

Die Neuankömmlinge formieren sich.

»Willkommen in der Wildnis. Ihr untersteht ab jetzt meinem Kommando, das hat der Prätor euch bestimmt schon gesagt. Das Wichtigste zuerst: Gleich hier in der Nähe siedeln Germanen.«

Unterdrückter Jubel. Viele freuen sich schon auf ein kleines Kämpfchen oder eine nette Plünderung.

»Ruhe«, mahnt der Hauptmann, »mit denen haben wir einen Frieden ausgehandelt und Geiseln ausgetauscht. Die werden nicht angegriffen. Ihr Besitz ist und bleibt unangetastet. Das gilt ohne jede Ausnahme. Habe ich mich klar ausgedrückt?«

Zustimmendes, aber enttäuschtes Gemurmel.

»Gut, dann alle Mann ausladen.«

Die Schiffe, mit denen die Verstärkung gekommen ist, sind zwar alles flache Lastkähne, aber trotz der niedrigen Bordwände ist es schwierig, die Zugtiere an Land zu bekommen. Sie scheuen, als sie ins Wasser springen sollen. Alles andere wird mit Muskelkraft an Land getragen. Unter vielem Fluchen ist es nach einigen Stunden aber geschafft.

»Jetzt wird's eng«, bemerkt Septimus beim Betrachten der Mengen an Ausrüstungsgegenständen und der Mannschaften, die sich in einem langen Zug auf das Lager zubewegen.

»Kriegen wir hin. Alles nur eine Frage der Organisation«, meint Quintus Agrippa und grinst Septimus selbstsicher an.

Die Ankunft der Verstärkung ist auch den Spähern des Dorfes nicht entgangen. Sie haben alles gemeldet, jetzt sitzen der Dorfälteste, Ansgar und eine Anzahl erwachsener Krieger zusammen und beratschlagen.

Demosthenes, der alles aus einiger Entfernung beobachtet, merkt, dass irgendetwas entscheidend Neues geschehen sein muss. Er wartet, bis sich der Älteste und die Krieger entfernt haben, und geht dann zu Ansgar.

»Warum die ganze Aufregung? Ist etwas passiert?«

»Ja. Es sind neue Römer angekommen, viele, mit Schiffen.«

»Das war zu erwarten.«

»Werden auch die den Frieden einhalten?«

»Davon kannst du ausgehen. Die stehen jetzt unter dem Kommando von Quintus Agrippa. Außerdem ist da Septimus, der Legat. Den kennst du doch, mit dem hast du den Frieden ausgehandelt. Der war bis heute immer sehr zuverlässig. Und ich bin ja auch noch da. Als eure Geisel. Sie werden mich nicht opfern.«

»Und warum so viele?«, will Ansgar wissen.

»Das ist erst der Anfang. Es ist so: Der Platz da oben ist sehr gut geeignet für ein richtig großes Lager. Wenn der Brunnen fertig ist, werden noch mehr kommen. Dann werden feste Unterkünfte gebaut, und noch später wird vielleicht sogar eine richtige Stadt daraus. Hängt noch davon ab, ob Rom den Platz genehmigt, registriert und ihm einen Namen gibt. So ist es überall gegangen, wo wir ein Lager aufgeschlagen haben.«

»Und dann müssen wir weg?«, fragt Ansgar nach, Böses ahnend.

»Müsst ihr überhaupt nicht. Solange ihr uns nicht angreift, bleibt alles wie bisher. Wir werden euch sogar beschützen, wenn *ihr* angegriffen werdet.«

»Ich hoffe, du glaubst das alles selbst, was du da sagst«, zweifelt Ansgar.

»Du wirst es erleben – hoffe ich jedenfalls«, antwortet Demosthenes, auf das Alter des Druiden anspielend.

Im Lager hat sich die Anzahl der Menschen mehr als verdoppelt. Auf den ersten Blick erscheint es so, als würden alle wie in einem Ameisenhaufen durcheinanderrennen. Auf den zweiten Blick wird klar, dass hinter diesem Gewusel durchaus ein Plan steckt. Die Zelte der neu Hinzugekommenen werden exakt ausgerichtet und im rechten Winkel zum *forum*, dem Exerzierplatz, aufgebaut. Für die neuen Zugtiere, meist Ochsen, wird ein Areal innerhalb des Lagers abgetrennt und mit einem Zaun umfriedet.

Quintus Agrippa hat das alles so angeordnet. Jetzt sitzt er in seinem Zelt und liest in aller Ruhe die Schriftrolle des Prätors. Dann begibt er sich zum Zelt von Septimus, wo sich Erik und Septimus gegenübersitzen.

»Tu Septimus es«, dabei zeigt Erik auf Septimus, *»ego Erik sum.«* Beim zweiten Satz zeigt er auf sich selbst.

»Der macht ja schnell Fortschritte«, wundert sich der Zenturio. *»Ego Quintus Agrippa sum«*, erklärt er freundlich. Dann an Septimus gerichtet: »Es gibt Neuigkeiten, müssen wir drüber reden.«

Der Dolmetscher hat begriffen, dass er und Erik jetzt nicht erwünscht sind.

»Komm, Erik, mir gehet amol nach drauße, schaue, was die da so machet. Die zwoi habbe ebbes zu beschwätze.«

Er nimmt den Jungen mit vor das Zelt.

»Ich bin ganz Ohr«, nimmt Septimus den Faden auf.

»Also: Der Prätor hat direkt nach unserem Bericht einen reitenden Boten nach Rom geschickt. Von seiner Seite aus hat er das Ganze befürwortet. Er glaubt, dass es nur eine Frage der Zeit ist, bis der Kaiser das neue Lager genehmigt und ihm einen Namen gibt.«

»Klingt doch nicht schlecht.«

»Weil er das so sieht, hat er uns die Verstärkung geschickt. Da sind auch schon Ingenieure bei. Was schlägst du vor, wie sollen wir weiter vorgehen?«

»Problem Nummer eins ist nach wie vor unser Brunnen. Daraus ergibt sich Problem Nummer zwei: Wie bekommen wir den Lehm hierher? Es fehlt ein Transportweg. Problem Nummer drei: Wie schnell können wir danach die notwendige Anzahl Ziegel brennen? Und um noch etwas ganz anderes mache ich mir Sorgen: Wir sind jetzt hier im Lager doppelt so viele. Wie sieht das mit der Versorgung aus, Korn, Wein und so weiter?«

»Dass die uns bis weit ins nächste Jahr von Moguntiacum aus versorgen müssen, ist dem Prätor klar. Das geht ja auch mit den Schiffen. Was er jetzt schon mitgeschickt hat, reicht für alle zusammen für die nächsten drei Wochen«, antwortet Quintus Agrippa, »danach kommt neuer Nachschub.«

»Wenn noch mehr Schiffe kommen, wäre allerdings zumindest eine vorläufige Anlegestelle gut. Sonst ist das Ausladen jedes Mal ein Abenteuer. Hast du ja eben gesehen.«

»Gut«, fasst Quintus Agrippa zusammen, »dann lass uns Sosias und die Ingenieure zusammenholen und überlegen, wie wir das alles am besten hinkriegen.«

Und so geschieht es. Eine Stunde später sitzen alle zusammen und beratschlagen. Sosias berichtet, dass er hofft, in dreißig, höchstens fünfunddreißig Fuß Tiefe auf Grundwasser zu stoßen. Der dann aufzumauernde Brunnen soll den Standarddurchmesser von fünf Fuß haben. Für die doppelte Brunnenmauer wird er geschätzte dreißigtausend Ziegel brauchen.

Die Ingenieure rechnen. Wenn sie das mit den beiden mobilen Brennöfen machen, dauert das mindestens ein halbes Jahr. Völlig unannehmbar. Die Lösung kann nur darin bestehen, mit den mobilen Öfen so schnell und so viele Ziegel wie möglich herzustellen und damit einen großen Brennofen zu bauen, in dem man auf einen Schlag tausend, besser noch zweitausend Ziegel zur selben Zeit brennen kann.

Auch müssen für den runden Brunnenrand konisch zulaufende *model*, also Formen, angefertigt werden, in denen man dem Lehm vor dem Brennen die richtige Form geben kann.

Sand gibt es hier genug, aber *caementum*, also Zement, muss erst herangeschafft werden. Das geht nur über das Prätorium. Zement muss bestellt werden, denn das Zeug kommt von weit her.

Damit ist *ein* Vorhaben durchdacht.

Sie wenden sich dem Transportweg für den Lehm zu.

Der Weg dahin scheint markiert zu sein, das haben Aemilianus und Rufus jedenfalls behauptet. Und der nächtliche Überfall deutet darauf hin, dass das auch stimmt. Wenn man annimmt, dass der Suchtrupp mit den Markierungsarbeiten pro Stunde eine halbe Meile zurückgelegt hat, sollte der gesamte Weg so an die zehn, zwölf Meilen lang sein.

Alle Anwesenden wissen, dass beim Militär eine genaue Vorgabe existiert, wie viel Meter einer Straße eine Legion an einem Tag, in einer Woche oder in einem Monat zu schaffen hat. Diese Vorschrift gibt es sowohl für flaches Gelände als auch für Sümpfe oder für Wälder.

Aber hier gibt es keine *ganze* Legion, allenfalls neunzig Mann, und der Untergrund ist völlig unbekannt. Markiert ist der Weg vielleicht, aber weder genau untersucht noch vermessen. Führt er nur über Waldboden? Wie viele Bäume sind zu fällen? Sind große Steine zu erwarten oder gar Felsen? Muss feuchter Untergrund entwässert werden? Sind Bäche zu überwinden? Müssen eventuell Brücken gebaut werden? Die Ingenieure kalkulieren mit dem Schlimmsten und fangen wieder an zu rechnen.

Im günstigsten Fall drei Wochen, bei Problemen oder Überfällen mehr, ermitteln sie.

Als Nächstes werden Überlegungen zum Anleger für die Schiffe angestellt. Es muss ja zunächst nicht für die Ewigkeit sein. Eine Reihe kräftiger Pfähle in das Flussbett rammen, untereinander verbinden, höchstens fünfzig Fuß vom Ufer entfernt, Bauholz ist genug vorhanden, die Bäume müssen sowieso gefällt werden. Plattform obendrauf, ordentlichen Steg bis an Land bauen, darin sehen die Ingenieure kein Problem. Das Verfahren ist bekannt, und hier sieht der Rhenus doch ganz harmlos aus. Zumal die vorgelagerte Insel einen Hauptteil der Strömung abhält. Da war der *Danuvius*, die Donau, schon ein ganz anderes Kaliber. Also: kein wirkliches Problem. Es muss nur noch gemacht werden.

Nachdem alle Punkte abgehandelt sind, beschließen sie gemeinsam, als Erstes den Transportweg in Angriff zu nehmen. Der soll im ersten Schritt vermessen und der Untergrund untersucht werden.

Den Vermessern auf dem Fuß folgen wird ein Bautrupp. Der soll den Fahrweg schon so weit und so schnell wie möglich herstellen. Und zwar so, dass er für schwer beladene Karren befahrbar ist. Aus Zeitgründen soll die Rodung der Wälder auch nicht hundertachtzig Fuß breit sein, wie für eine richtige Staatsstraße, sondern nur dreißig Fuß, ausreichend für einen Transportweg. Sollte irgendwann später dort eine »richtige« Straße notwendig werden, könnte man den Ausbau in Angriff nehmen. Im Augenblick kommt es nur darauf an, so schnell wie möglich an den Lehm zu kommen.

»Ich werde euch aber nicht ohne militärischen Schutz losschicken«, beschließt Quintus Agrippa die Diskussion, »denn aus der Gegend kamen ja schließlich unsere nächtlichen Besucher.«

Am nächsten Morgen teilt Quintus Agrippa seine Mannschaften neu auf: Sosias muss an seinem Brunnen weitermachen. Dazu braucht er zwanzig Leute, es müsste aber auch mit fünfzehn gehen. Ohne den Lehm kommt er ohnehin nicht weiter, selbst wenn er früher als erwartet auf die Grundwasserschicht stößt.

Bleiben noch fünfundsiebzig. Das Vermessen können die Ingenieure machen, die Untersuchung des Untergrunds auch. Wenn er zehn bis fünfzehn Mann zur Bewachung und Sicherung der Arbeiten abstellt, bleiben zum Bauen des eigentlichen Weges höchstens sechzig. Klingt nicht besonders erfreulich.

Dazu kommt noch eine andere Schwierigkeit: In den ersten Tagen können alle zurück ins Lager. Aber je näher sie dem Lehm kommen, desto unwahrscheinlicher wird es, dass sie nach der Arbeit noch den Weg zurück schaffen. Wird man wohl unterwegs Lager einrichten müssen. Auch schon für die Versorgung mit Essen und Trinken. Allein bei dem Gedanken, was da alles auf ihn zukommt, wird Quintus Agrippa ganz übel.

Er kann nur hoffen, dass die nächtlichen Besucher die Wegebauer nicht angreifen. Aber was soll er machen, mehr Leute hat er zurzeit nicht.

Seine Überlegungen teilt er Septimus mit. Der hat keine Einwände. Außerdem ist Quintus Agrippa für das Organisatorische zuständig, da hält sich Septimus raus.

Dann also los.

Und so sehen die germanischen Späher im Baum am nächsten Tag einen langen Zug von Legionären mit Wagen und allerlei Gerätschaften vom Lager nach Westen marschieren. Dieses Ereignis wird sofort gemeldet. Und wieder wird Kriegsrat zwischen dem Druiden, dem Dorfältesten und den erfahrenen Kriegern gehalten. Auch das bekommt Demosthenes natürlich mit.

Nachdem sich die Versammlung aufgelöst hat, wendet er sich an Ansgar. »Warum schon wieder so eine Zusammenkunft? Gibt es etwas Neues?«

»Gibt es wirklich. Ein langer Zug von Soldaten ist aufgebrochen in die Richtung, wo die Sonne untergeht. Sollen die die Leute suchen und bestrafen, die sich eurem Lager genähert haben? Wird es jetzt die ersten Toten geben?«

»Glaube ich nicht. Ich vermute etwas anderes.«

»Du *glaubst*. Du *vermutest*.«

»Ja, ich weiß doch, wie so ein Lagerbau funktioniert. Sie haben Lehm gefunden. Den müssen sie ins Lager schaffen. Dazu brauchen sie einen Weg, auf dem man mit Wagen fahren kann. Den sollen die jetzt bauen. Und solange sie nicht angegriffen werden, wird das friedlich ablaufen. Weder Quintus Agrippa noch Septimus sind an kriegerischen Auseinandersetzungen interessiert. Habt ihr doch selbst erlebt. Was anderes ist es, wenn sie angegriffen werden. Was dann geschieht, kann ich nicht vorhersagen.«

Dazu fällt Ansgar auch nichts ein. Er schüttelt nur sorgenvoll den Kopf.

DER WEG ZUM LEHM

Rufus und Aemilianus zeigen den Vermessungsingenieuren die Markierungen, die sie auf ihrem Rückweg angebracht haben. Ungefähr alle hundert Schritte gibt es eine. Weisungsgemäß sind die Zeichen so angebracht, dass man sie nicht sofort entdecken kann. Und so sind Rufus und Aemilianus mehr als hilfreich. Die Vermesser korrigieren die Strecke, sodass ein möglichst gerader Weg entsteht. Entsprechend setzen sie Messstangen. Der nachfolgende Bautrupp rodet das markierte Gelände, fällt Bäume, reißt Sträucher aus, füllt die Wurzellöcher mit Erde und planiert den Untergrund.

Salman, der schon von Anfang an dabei war, notiert alles auf seinen Wachstafeln, um daraus später einen Wegeplan zu machen, den man dann noch später auf eine richtige Karte übertragen kann. Alle Arbeiten laufen mit großer Selbstverständlichkeit. Sie kommen gut vorwärts, alles ist friedlich, denn sie sind noch nicht sehr weit vom Lager entfernt. Die Wachleute haben nichts zu tun, trotzdem müssen sie aufmerksam bleiben.

Auch Sosias buddelt weiter. Jetzt zwar etwas langsamer, weil weniger Leute helfen, aber er hat natürlich eingesehen, warum Quintus Agrippa so entschieden hat.

Ansonsten ist das Lager weitgehend verwaist. Quintus Agrippa und Septimus sind noch da. Und natürlich Erik, die Geisel. Sosehr der auch gebettelt hat, mit den Wegebauern mitgehen zu dürfen, es hat nichts geholfen. Quintus Agrippa und Septimus haben entschieden, dass er im Lager bleiben muss. Nicht auszudenken, was passieren würde, wenn dem Jungen unterwegs irgendetwas zustieße. Als Geisel muss er sicher verwahrt im Lager bleiben. So sitzt Erik jetzt oft am Brunnenrand und lässt sich die Werkzeuge erklären.

Immer seltener muss der Dolmetscher dabei helfen. Erik lernt die lateinischen Begriffe rasend schnell, und es scheint ihm sogar Spaß zu machen.

Auch der Pontifex, der Staatspriester, ist noch da und langweilt sich. Wie die anderen erwartet er sehnsüchtig die Nachricht aus Rom, ob dieser Platz denn nun genehmigt ist und einen Namen erhält. Erst dann kann er wieder in Aktion treten und den Ort den Göttern weihen.

In der Zwischenzeit haben sich drei halbwüchsige Jungen aus dem germanischen Dorf unbemerkt auf den Weg gemacht. Sie wollen sich die römischen Schiffe anschauen, die da im Fluss liegen.

Gut getarnt haben sie sich bis fast ans Ufer vorgearbeitet, da werden sie vom Späher auf dem Baum am Waldrand entdeckt. Der stößt sofort den Ruf eines Raben aus, was »Gefahr« bedeutet. Sofort rennen die drei zurück zum Dorf und müssen sich vom Dorfältesten eine Standpauke anhören. Bedröppelt ziehen sie ab. Auch das hat Demosthenes mitgekriegt. Er fragt Ansgar, was die drei denn angestellt hätten.

»Ach, das sind neugierige Jungen, die sind bei euren Schiffen gewesen.«

»Und? Haben sie etwas kaputt gemacht?«

»Sie sagen, nein.«

»Haben sie denn etwas gestohlen?«

»Sicher nicht! – Sie wollten sich die Schiffe nur anschauen.«

»Was ist dann das Problem?«

»Sie sollen sich von euch und von euren Sachen fernhalten. Wir wollen nicht, dass es zu Zwischenfällen kommt.«

»Aber nur durch Anschauen passiert doch nichts. Das ist nun wirklich kein Problem.«

»Sehen deine Leute das genauso?«

»Wenn ich das nächste Mal Septimus oder Quintus Agrippa

sehe, werde ich mit ihnen darüber reden. Beruhigt euch, alles halb so schlimm.«

In den ersten Tagen kommen die Wegebauer gut weiter. Keine Störungen, keine Überfälle, alles ist ruhig. So ruhig, dass es beinahe schon verdächtig ist. Wo sind die, die den nächtlichen Überfall auf das Lager geplant hatten? Hat die Abschreckung genützt, oder versuchen sie gerade, sich mit anderen Dörfern oder Stämmen zu verbünden, um es mit einer größeren Anzahl von Leuten erneut zu versuchen? Wie viele können sich da zusammenrotten? Und wie viel Zeit brauchen sie dazu? Fragen, die vielen der Legionäre durch den Kopf gehen. Wenn die Germanen, die sich selbstverständlich hier sehr viel besser auskennen, in großer Überzahl angreifen, haben Römer kaum eine Chance, aus dieser Wildnis wieder heil rauszukommen. Und wie gefährlich solche Barbarenhorden sind, hat Varus ja überdeutlich zu spüren bekommen. Bei diesem *proelium teutoburgiensis*, dieser Schlacht im Teutoburger Wald, hat der Kaiser drei komplette Legionen verloren. Hingemetzelt von vereinigten Germanenstämmen. Und der Feldherr Varus hat danach aus Schmach und Verzweiflung Selbstmord verübt. Dieses Ereignis war seitdem für jeden Römer ein Alptraum.

In einer kurzen Pause, in der gerade mal kein Krach vom Fällen der Bäume zu hören ist, ertönen im Wald merkwürdige Geräusche. Die, die sie zuerst wahrgenommen haben, geben den anderen durch Handzeichen ein Signal.

Sofort werden die Arbeiten eingestellt, und alle suchen Schutz hinter Bäumen und Büschen. Mit griffbereiten Waffen lauschen sie so aus ihren Verstecken. Die Geräusche kommen näher. Aber sie klingen nicht so, als würde da jemand versuchen, unbemerkt heranzuschleichen. In unregelmäßigen Abständen knacken Zweige, dann wieder dumpfe Töne von Schritten, dann wieder kurze Pausen und noch etwas, was man nicht einordnen kann: Es klingt wie dumpfes Gemurmel oder Schnaufen.

Wie viele mögen es sein, wenn sie sich so unvorsichtig bewegen? Aufmerksamkeit und Anspannung steigen.

Da bricht aus dem dichten Unterholz ein Wildschwein hervor und steht plötzlich in der schon geschlagenen Schneise. Einer der Wachleute hat es zuerst gesehen und schießt einen Pfeil ab.

Treffer.

Darauf grunzt das Schwein nur wütend und versucht, wieder im Dickicht zu verschwinden. Aber jetzt ist der Jagdtrieb der anderen Legionäre geweckt. Die Aussicht auf ein ausgiebiges Fleischmahl als Abwechslung zur kargen Lagerkost ist zu verlockend. So jagen sie das Tier mit allem, was ihnen zur Verfügung steht, bis sie es zur Strecke gebracht haben.

Erleichterung, dass das kein Angriff war, und Freude über die Aussicht auf ein Festessen halten sich die Waage.

Dann werden die Bauarbeiten wieder aufgenommen und ohne neuen Zwischenfall fortgesetzt.

Am Abend bewegt sich der ganze Trupp wieder auf das Lager zu, auf einem der Transportkarren das erlegte Wildschwein. Großer Jubel bei den Zurückgebliebenen. Später wird das Schwein über dem Feuer am Spieß gebraten, und alle hauen sich die Bäuche voll. Solche Trophäen dürfen die Wegebauer gern öfter mal mit zurück ins Lager bringen.

Nach einer kurzen, aber ruhigen Nacht machen sich alle wieder auf den Weg zu ihrer Baustelle. Der zukünftige Transportweg ist auf dem ersten Abschnitt schon deutlich erkennbar. Das erleichtert den Hinweg zu der Stelle, wo sie gestern aufgehört haben.

Aber was ist das?

Schon aus größerer Entfernung sieht man eine Veränderung.

Sie waren da!

Die gestern noch sauber neben dem Weg aufgeschichteten gefällten Bäume liegen kreuz und quer verstreut herum. Sieht aus, als hätten Germanen hier einen Hinterhalt gebaut. Gedacht haben werden sie sich dabei Folgendes: Wenn die Legionäre wütend die Stämme wieder beiseiteschaffen, hätte man sie alle an einer Stelle versammelt. Und abgelenkt durch die Schufterei wären sie auch. Ein guter Augenblick, um sie zu überfallen.

Aber der Bautrupp durchschaut die Absicht und bleibt stehen. Um nicht den Verdacht zu erwecken, dass sie die Falle bemerkt haben, nehmen die Legionäre ihr Handwerkszeug auf und tun so, als würden sie an dieser Stelle weiterarbeiten. Gleichzeitig wird ein Bote ins Lager zum Zenturio geschickt. Der soll sich die Sache anschauen und entscheiden, wie man weiter vorgeht.

Der Hauptmann erscheint zusammen mit Septimus und hat als Verstärkung alle mitgebracht, die bis jetzt beim Brunnenbau beschäftigt waren.

»Dann tun wir denen doch mal den Gefallen«, beginnt Quintus Agrippa. »Wir verhalten uns so, als hätten wir nichts gemerkt. Wir überlisten sie. Alle zusammen sind wir etwa neunzig Mann. Die Ingenieure und Vermesser gehen im Schutz der Wachleute wieder nach vorn, mit Karren und Gerät. Aber: alle Waffen griffbereit, Helme fest, Rüstungen an, unter den Mänteln versteckt. Dreißig Mann genügen. Den Rest teilen wir auf. Dreißig Mann gehen auf der linken Seite des Weges ungefähr hundert Fuß weit tief in den Wald und parallel zu den Vermessern nach vorn. Möglichst unauffällig natürlich. Die restlichen dreißig Mann machen das Gleiche auf der rechten Seite des Weges. Den beiden Abteilungen, die durch den Wald gehen, geben wir einen Vorsprung, denn die kommen nicht so schnell vorwärts, wenn das unbemerkt gelingen soll.«

Allgemeines, zustimmendes Gemurmel erhebt sich, dann verziehen sich die beiden Abteilungen, die unbemerkt durch den Wald gehen sollen, rechts und links in die Büsche.

Nachdem sie verschwunden sind, sagt Quintus Agrippa: »Unsere ›Freunde‹ hocken sicher oben in den Bäumen und konzentrieren sich auf den Bautrupp. Wichtig bei dieser ganzen Aktion ist, dass wir mindestens einen von denen schnappen, damit wir rausbekommen, wer sie sind, wo sie herkommen und was sie vorhaben. Und besonders für die, die gerade erst aus der Kaserne gekommen sind: möglichst keine Toten. Das würde unsere Situation hier verschärfen, nur den Hass schüren und uns nicht weiterhelfen. Alles klar?«

Alle nicken.

»Soll ich mit?«, will Septimus wissen.

»Nein, du gehst zurück ins Lager«, antwortet Quintus Agrippa, »ich gehe mit dem Bautrupp. Wenn wir bis zum Abend nicht zurück sein sollten, musst du schauen, wie du klarkommst. Drück uns die Daumen.«

Septimus macht sich auf den Rückweg. Eine Weile wartet Quintus noch, dann gibt er den Befehl. »Also los!«

Der Bautrupp setzt sich in Bewegung, in mäßigem Tempo, wie zur Arbeit, nicht wie zu einem Kampf. Es sieht nach einer lockeren Ordnung aus, aber das scheint nur so. In der Mitte gehen die Ingenieure und Vermesser, ziehen Wagen und Gerät. Außenrum sind die Wachtposten mit ihren schussbereiten Manuballistas. Um keinen Verdacht zu erregen, unterhalten sich alle miteinander.

Allmählich kommt die verwüstete Baustelle näher.

»Die haben aber ganz ordentlich aufgeräumt«, lässt sich Quintus Agrippa vernehmen. »Ab jetzt absolute Aufmerksamkeit, auf jedem Baum kann einer hocken.«

Das hätte er aber gar nicht sagen müssen, das ist allen sowieso klar.

Sie nähern sich den durcheinanderliegenden Bäumen und beginnen murrend mit den Aufräumarbeiten. Kaum legen sie die ersten Stämme auf die Seite, kommt ein Speer geflogen. Nur haarscharf verfehlt er einen der Träger. Sofort schießt einer der Wachmänner einen Pfeil in die Richtung, aus der der Speer kam. Aber der Pfeil landet hörbar in einem Baumstamm.

Fast im selben Augenblick hört man einen Schmerzensschrei von der anderen Seite der Schneise.

»Ausschwärmen«, ruft Quintus Agrippa nur, und schon verschwinden alle im umliegenden Dickicht. Man hört kurzes Kampfgetümmel, dann tritt einer der Legionäre auf die Baustelle. »Ich hab einen, hab ihm einen Pfeil in den Hintern geschossen, da ist er vom Baum gefallen.«

Ein zweiter erscheint, der auch einen gefesselten Germanen hinter sich herzieht.

»Hier ist noch einer, die anderen sind abgehauen«, sagt ein dritter, der gerade aus dem Wald erscheint.

Von allen Seiten kommen nun alle auf der Wegschneise zusammen. Dem verwundeten Germanen, der dabei unverständliches Zeug flucht, wird der Pfeil aus dem Hintern gezogen.

Auch Quintus Agrippa taucht auf. Er blutet.

»Nicht so schlimm«, meint er, »ein Speer hat mich nur gestreift. Glück gehabt, nur einen Schritt weiter links, und er hätte mich voll erwischt. – Zurück zum Lager, und dann wollen wir mal hören, was die drei zu sagen haben. An den Füßen zusammenbinden, die Hände fesseln und dann ab nach Hause.«

Den Spähern vom germanischen Nachbardorf entgeht natürlich nicht, dass die ganze Truppe diesmal viel früher zurückkommt als sonst und dass sie drei Gefangene dabeihat. Der Älteste und Ansgar werden unterrichtet. Ansgar befürchtet wieder das Schlimmste und sucht Demosthenes auf.

»Deine Leute sind ungewöhnlich früh zurückgekommen

und haben drei Gefangene mitgebracht«, beginnt er. »Was hat das zu bedeuten? Werdet ihr sie töten?«

»Keine Ahnung«, erwidert Demosthenes. »Ich weiß ja nicht einmal, was vorgefallen ist. Aber ich hoffe nicht.«

Im römischen Lager sind jetzt alle, die an der Baustelle waren, zurück. Die drei gefangenen Germanen sitzen stumm und aneinandergebunden mitten auf dem Forum. Der Übersetzer wird geholt. Septimus und Quintus Agrippa stehen vor den Gefangenen und beginnen mit der Befragung.

»Frag sie, wer sie sind und wo sie herkommen«, fordert Quintus Agrippa den Dolmetscher auf.

»Verstandet ihr mi?«, beginnt der.

Keine Reaktion bei den dreien. Septimus und Quintus Agrippa schauen sich an. Es war ja zu erwarten, dass die Gefangenen sich nicht kooperativ verhalten würden. Septimus gibt dem Dolmetscher ein Zeichen, fortzufahren.

»De Remer wollet wisse, wer ihr seid un was ihr wollet.«

Wieder keine Reaktion.

Septimus wendet sich an den Dolmetscher. »Mach ihnen klar, was sie erwartet.«

»Ha, ihr habt die Remer angriffe, als die eich nix g'macht habbe. Jetzt seid ihr G'fangene. Die kennet eich jetzt nach Rom schicke un als Sklave uff'm Sklavemarkt verkaufe. Des isch net luschtig. Oder se bringet eich glei hier um, wenn eich des lieber isch. Machet halt 's Maul uff.«

Wieder nichts. Da gibt Septimus Quintus Agrippa ein Zeichen. Der Hauptmann zeigt auf einen der herumstehenden Legionäre. Der tritt vor, zieht sein Schwert, geht auf den nächstsitzenden Germanen zu, greift in sein dichtes Haar, zieht daran den Kopf hoch und holt mit dem Schwert aus. Da hebt der Germane seine Hand, soweit das die Fesselung zulässt. Der Zenturio gibt dem Legionär ein Handzeichen, innezuhalten.

»Willsch ebbes sage?«, fragt der Dolmetscher.

Der Gefangene nickt. Da lässt der Legionär den Haarschopf los.

Als es immer noch nicht weitergeht, setzt der Dolmetscher nach: »No sag's halt!«

»Ich bin Gerbert, das sind Segimer und Ahnfried.« Die beiden anderen scheinen es gar nicht gut zu finden, dass ihre Namen preisgegeben werden.

»Seid ihr au dabei g'wä vor a paar Nächt, bei dera G'schicht mit dene Büsch?«, will der Dolmetscher wissen.

Gerbert nickt.

»Un was habt ihr wolle?«, fährt der Dolmetscher fort.

»Euch vertreiben«, gibt der Germane wütend zurück.

»Vertreibe? D' Remer?« Der Dolmetscher lacht gehässig. »Des habet scho ganz andere versucht. Des wird nix. Habter des denn net g'merkt? Wenn die hätte wolle, hättet die eich alle z'sammeschieße kenne mit ihre Pfeile. Nah g'nug dran waret ihr ja. Des sollt nur a Warnung sei: ›Haut ab, mir habbe eich entdeckt.‹ Wie bleed seid ihr denn? D' Remer wolle hier koin Krieg. Die baue hier e Lager, um d' Grenz ze sichere.«

»Aber das ist unser Wald«, muckt Gerbert auf.

Auch wenn sie nichts verstehen, merken Septimus und Quintus Agrippa, dass der Dolmetscher weiterkommt. Sie winken ihn zu sich und schärfen ihm ein, dass er unbedingt herausfinden muss, wie viele sie sind und wo das Dorf liegt.

Außerdem wollen sie wissen, ob das der gleiche Stamm ist, der für den nächtlichen Überfall auf den Lehm-Suchtrupp verantwortlich war. Der Dolmetscher solle sich ruhig Zeit lassen mit der Befragung. Und wenn er alles Wichtige erfahren habe, solle er sich melden.

Dann ziehen sich die beiden in das Zelt von Quintus Agrippa zurück. Diesem barbarischen Gestammel müssen sie nicht zuhören. Lieber beraten sie, wie sie weitermachen sollen.

»Wäre gut, wenn wir mit denen auch so eine Art Frieden aushandeln könnten wie mit unserem Nachbardorf«, sagt Septimus. »Zur Not auch wieder mit Geiseln. Aber wir haben niemanden mehr, den wir denen zum Austausch anbieten könnten.«

»Nehmen wir halt nur einseitig eine Geisel von denen«, wendet Quintus Agrippa ein, »schließlich haben die *uns* angegriffen, nicht wir *sie*. Eine völlig andere Situation als mit unserem Nachbardorf.«

»Aber das können wir nicht mit den dreien da draußen aushandeln. Da brauchen wir schon den Dorfältesten, den Stammesältesten oder so was. Vielleicht haben die ja auch einen Druiden, der unsere Sprache spricht. Würde die Sache erleichtern. Wie kommen wir an den ran?«, fragt Septimus laut.

»Was hältst du von Folgendem«, erläutert Quintus Agrippa seine Idee. »Wir lassen die drei nach der Befragung wieder laufen. Sozusagen als Zeichen unseres guten Willens. Sie sollen in ihr Dorf zurückgehen und mit dem Ältesten – oder wem auch immer – wieder hierherkommen. Den Weg kennen sie ja. Das Risiko dabei: Sie verschwinden auf Nimmerwiedersehen, und wir können uns auf den nächsten Angriff vorbereiten.«

»Klingt jedenfalls besser als drei tote Germanen und auf jeden Fall ein weiterer Angriff, nur noch entschlossener und mit noch mehr Wut. Warten wir erst mal ab, was die drei so alles zu erzählen haben.«

Danach hängen beide schweigend ihren Gedanken nach und überlegen, was sich aus der augenblicklichen Situation entwickeln könnte.

Eine Stunde später erscheint der Dolmetscher im Zelt und berichtet.

In dem Dorf, das sie »Frehem« nennen – was wohl so viel bedeuten soll wie »freies Heim« –, leben mehr Menschen als Legionäre im Lager. Wohl nicht sehr weit von der Stelle entfernt, wo der Lehm ist. Sie betreiben Landwirtschaft, haben

Vieh und gehen auf die Jagd. Sie wissen nicht, was die Römer hier suchen, und wollen sie vertreiben.

Das mit dem Überfall auf den Lehm-Suchtrupp waren sie auch. Einer ist von dem Pfeil am Bein verletzt worden, aber nicht schwer. Sie haben wohl auch schon Kontakt mit einem anderen Dorf weiter westlich aufgenommen, um mit denen zusammen gegen die Römer zu kämpfen. Normalerweise sind die beiden Dörfer untereinander verfeindet, aber wenn es gegen die Römer geht, halten sie zusammen.

Dass der nächtliche Pfeilhagel nur eine Warnung sein sollte, haben sie nicht begriffen. Sie dachten, die Römer zielen schlecht. Das hat sie nur noch mehr in der Absicht bestärkt, sich mit dem anderen Dorf zusammenzutun. Sie scheinen wild entschlossen, das Lager hier zu überrennen.

»Hört sich nicht gut an«, meint Septimus, »aber Tote und ein Gemetzel können wir ganz und gar nicht gebrauchen, wenn es vorwärtsgehen soll. Versuchen wir es erst einmal so, wie Quintus Agrippa vorgeschlagen hat.«

Dann erklärt er dem Dolmetscher, dass er den drei Gefangenen die Freilassung als »großherzige Geste« des römischen Volkes verkaufen soll, »Gnade vor Recht«, könnte man sagen, dass sie als Gegenleistung dafür aber mit dem Dorfältesten zurückkommen müssen, um einen Frieden auszuhandeln. Denn die Römer wünschten keinen Krieg. So ungefähr soll er den Vorschlag den Gefangenen schmackhaft machen.

»Und ich habe noch eine Idee«, nimmt Septimus den Faden wieder auf. »Doppelt genäht hält besser. Ich werde mal mit Ansgar reden.«

Dann erheben sich alle. Quintus Agrippa geht mit dem Dolmetscher nach draußen auf das Forum, um die Germanen mit den besprochenen Instruktionen freizulassen, Septimus macht sich auf den Weg ins Nachbardorf.

EINE SCHWIERIGE SITUATION

Kurze Zeit später sieht der Späher im Baum, wie sich die drei Gefangenen, die sich ängstlich umschauen, ob ihnen nicht doch von hinten ein Pfeilhagel folgt, vom Lager entfernen, während Septimus sich auf das Dorf zubewegt.

»Nun, Römer?«, fragt ihn Ansgar bei seiner Ankunft.

»*Salve*, Ansgar«, erwidert Septimus, »dir ist sicher nicht entgangen, dass wir drei gefangene Germanen hatten, die wir wieder freigelassen haben.«

»Ich weiß. Ihr habt sie nicht getötet. Warum?«

»Wir wollen hier keinen Krieg.«

»Hört sich merkwürdig an, aus dem Munde eines Römers.«

»Wir sind hier, um die Grenze des Imperiums gegen Angriffe von der anderen Seite des Rhenus zu sichern. Auf dieser Seite des Flusses soll Friede herrschen. Wir müssen die Gegend hier nicht mit Leichen pflastern, wenn es auch anders geht. Quintus Agrippa hätte die nächtlichen Angreifer mühelos vernichten können. Hat er aber nicht. Er hat seinen Pfeilhagel so eingesetzt, dass niemand getötet wurde. Nur als Warnung. Und diese drei Gefangenen hätten wir auch ohne Weiteres umbringen können. Schließlich haben sie uns angegriffen. Wir haben sie nur deswegen festgenommen, um herauszubekommen, wer sie sind, wo sie herkommen und was sie vorhaben. Jetzt haben wir sie in ihr Dorf zurückgeschickt. Sie sollen mit dem Ältesten wiederkommen, damit wir mit dem einen ähnlichen Frieden aushandeln können wie mit euch.«

»Und du glaubst daran, dass sie zurückkommen?«

»Ich hoffe es. Ich hoffe es sehr!«

»Die werden nicht in ihr Dorf gehen und bestimmt nicht zurückkommen.«

»Wieso?«

»Sie haben nicht gekämpft, sie haben sich gefangen nehmen lassen, sie gelten als Feiglinge. Der Dorfälteste wird sie verstoßen, er wird sie nicht einmal anhören. So würde das jedenfalls bei uns sein«, erwidert Ansgar.

Aus dem Mund von Ansgar zu hören, dass ein Germane, der nicht bis zum Tod kämpft und sich gefangen nehmen lässt, von seinem Stamm verstoßen wird, überrascht Septimus doch sehr. Das wusste er bisher noch nicht. Es macht ihm schlagartig die Entschlossenheit klar, mit der die Barbaren kämpfen. Aber wie soll er da Ansgar für sein Anliegen erwärmen?

Nachdenklich schaut er den Druiden einige Sekunden lang wortlos an. Zweifelnd an seiner eigenen Idee fragt er: »Und wie geht es danach weiter? Sie haben sich schon mit einem anderen Dorf zusammengetan, um uns zu vertreiben.«

»Siehst du? Das war vorauszusehen!« Für Ansgar ist das eine Selbstverständlichkeit.

Septimus malt sich in Gedanken aus, was sich daraus ergeben könnte.

»Und dann? Nächster Angriff? Dann wahrscheinlich mit Toten?«

»War doch nur eine Frage der Zeit.« Für einen Druiden aus germanischer Sicht eine zwangsläufige Entwicklung.

Für einen Moment ist Septimus sprachlos. Dann ändert er seine Verhandlungstaktik und versucht, Ansgar aufgrund der bisherigen eigenen Erfahrungen doch noch für seinen Plan zu gewinnen.

»Aber Ansgar, wir haben doch auch mit euch eine Vereinbarung getroffen. Haben wir euch angegriffen?«

»Bis jetzt nicht, nein.«

»Haben wir euch ausgeplündert, euer Vieh gestohlen, euer Dorf angezündet?«

»Nein.«

»Haben wir euren Lehm genommen?«

»Nein.«

»Hat sich daran etwas geändert, seitdem die neuen Legionäre angekommen sind?«

»Nein.«

»Haben wir uns bis jetzt an alle Abmachungen gehalten?«

»Ja, wir aber auch.«

»Siehst du. Und wir leben nebeneinander, ohne dass etwas passiert. Wir können sogar miteinander reden. – Übrigens noch mal: Wieso sprichst du eigentlich unsere Sprache?«

»Lass gut sein. Ich verstehe dich. Es ist eine lange, alte Geschichte.«

Jetzt versucht Septimus – nach dem eben Gehörten –, Ansgar mit seinen eigenen Argumenten zu überzeugen.

»Was glaubst du«, fährt Septimus also fort, »was los ist, wenn die aus Frehem uns angreifen, und ihr verbündet euch *nicht* mit denen? Dann seid *ihr* die Feiglinge, und sie greifen euch an, dann müssen wir euch beschützen. Denn auch das haben wir versprochen. Wir müssten euch alle in unser Lager holen. Aber ob dann euer Dorf in Flammen aufgeht, weiß kein Mensch. Hast du darüber schon mal nachgedacht?«

Einen langen Augenblick schaut Ansgar Septimus an, ohne etwas zu sagen. Aber die Botschaft scheint angekommen zu sein. »Wie heißt das Dorf, wo die herkommen?«

»Frehem oder so ähnlich, haben die Gefangenen gesagt.«

»Und das andere Dorf?«

»Haben sie nicht gesagt.«

Nachdenkliches Schweigen. Nach einer Weile sagt Ansgar: »Frehem hab ich schon mal gehört, aber mit denen haben wir nichts zu schaffen. Was willst du tun, wenn die nicht zurückkommen?«

Ansgar scheint den Ernst der Lage erkannt zu haben, deswegen legt Septimus schnell nach: »Weiß ich noch nicht. Aber ich hätte eine Idee, wie wir sie dazu bringen könnten, doch zurückzukommen.«

»Und die wäre?«

»Dazu müsste ich dich um einen Gefallen bitten.«

Nun ist das Erstaunen bei Ansgar.

»*Ich* soll *dir* einen Gefallen tun. Wie käme ich dazu?«

»Es läge in eurem eigenen Interesse.«

»Und was stellst du dir vor?«

Jetzt rückt Septimus mit seinem Anliegen raus.

»*Ihr* könntet doch einen Boten zu diesem Dorf schicken. Und der könnte denen sagen, dass ihr mit uns einen Vertrag ausgehandelt habt, dass sich beide Seiten an die Verabredungen halten und dass ihr hier weiter unbehelligt leben könnt. Sozusagen von Barb… von Germane zu Germane«, korrigiert er sich ganz schnell. »Hat vielleicht mehr Gewicht, als wenn ein Römer das sagt.«

Wenn er bis jetzt einigermaßen geneigt schien, wird Ansgar augenblicklich wieder schroff.

»Was ihr da oben mit unserem Hain anstellt, nennst du ›unbehelligt weiterleben‹?«

»Es ist der beste Platz für das Lager, aber auch das Einzige, was euch ärgert!«

In diesem Moment tritt Demosthenes zu den beiden. »Ich habe lateinische Stimmen gehört. Habt ihr Streit? Gibt es Probleme? *Salve*, Septimus.«

»Weiß ich noch nicht«, antwortet Septimus, »wir sind gerade dabei, einen Weg zum Lehm zu bauen. Da haben Germanen aus einem anderen Dorf versucht, uns in einen Hinterhalt zu locken, und angegriffen. Wir haben drei Gefangene gemacht, sie ausgefragt und danach zurückgeschickt, um mit diesem Stamm eine Art Frieden zu schließen. Ich habe Ansgar gebeten, ob er nicht einen Boten schicken kann, der bestätigt, dass das hier ganz gut klappt.«

»Ja, und?«

»Ich bin nicht sicher, ob Ansgar das machen will.«

Demosthenes schaut Ansgar an, ob er auf seinem Gesicht irgendeine Reaktion feststellen kann, aber Ansgars Miene bleibt verschlossen. Möglicherweise kann Demosthenes die festgefahrene Situation ein wenig entschärfen, wenn er das Thema wechselt.

»Übrigens, da fällt mir noch was ein«, sagt er nach einer längeren Schweigepause etwas scheinheilig, »neulich waren ein paar Jungen hier aus dem Dorf bei unseren Booten. Die wollten sie sich anschauen. Dafür haben sie mächtigen Ärger bekommen.«

»Warum?« Septimus versteht nicht ganz, warum Demosthenes das gerade jetzt zur Sprache bringt.

Demosthenes erzählt die Geschichte weiter. »Sie sollen sich von unseren Sachen fernhalten, hat der Älteste bestimmt, damit es nicht zu einem Zwischenfall kommt.«

Septimus hat gerade ganz andere Sorgen. »Wenn sie nichts kaputt machen und nichts klauen, können sie sich unsere Boote anschauen, so lange sie wollen.«

»Hab ich dir nicht gesagt, das ist kein Problem«, wendet sich Demosthenes wieder betont freundlich an Ansgar.

Der Druide schaut einen Moment lang wortlos zwischen Demosthenes und Septimus hin und her, dann sagt er zu Septimus: »Ich werde über deine Bitte nachdenken und mich mit den anderen beraten, aber ich werde dir nichts versprechen.«

»Denk gut nach, Ansgar, bitte.«

»Dass ich das noch erleben muss, dass ein Römer ›bitte‹ zu mir sagt«, meint Ansgar, dann verschwindet er.

Demosthenes und Septimus lässt er einfach stehen. Hat dieser geschickte Themenwechsel von Demosthenes irgendetwas bewirkt?

Zweifelnd schauen sie sich an.

EIN REITENDER BOTE AUS ROM

In Moguntiacum betritt ein Legionär das Amtszimmer des Prätors, salutiert und meldet: »Ein reitender Bote aus Rom.«

»Soll reinkommen!«

Der Legionär verschwindet wieder, kurz darauf erscheint der Bote in der Tür, eingestaubt und verschwitzt von der langen Reise.

»*Salve*, Prätor.«

»Sei mir auch gegrüßt, mein Sohn, was hast du?« Es klingt wie immer ein wenig überheblich.

»Eine Botschaft vom Kaiser.«

»Hab ich schon drauf gewartet, dann gib mal her!«

Der Bote übergibt eine Schriftrolle.

»Wie lange warst du unterwegs?«, fragt der Prätor nach. Das soll fürsorglich klingen, aber in Wirklichkeit interessiert es ihn nicht im Geringsten.

»Neun Tage«, antwortet der Legionär, stolz auf seine Leistung, »mit kaiserlicher Vollmacht, also *cursus publicus*, und mit jeder Menge Pferdewechsel.«

»Da warst du ja ziemlich schnell.« Irgendetwas muss der Prätor darauf ja sagen. »Gut, dann geh erst mal in die Bäder, ruh dich aus und lass dich mit allem Nötigen versorgen. Ich schau mir in der Zwischenzeit an, was der Kaiser befiehlt.«

Der Bote salutiert und verlässt das Amtszimmer. Der Prätor erbricht das kaiserliche Siegel, rollt die Schriftrolle auseinander und vertieft sich in die Lektüre.

IM LAGER AM RHENUS

Im römischen Lager weiß natürlich noch niemand, dass inzwischen eine Botschaft vom Kaiser im Prätorium eingetroffen ist. Und auch nicht, was sie beinhaltet.

Sosias buddelt mit seinen Helfern weiter am Trinkwasserbrunnen. Er ist jetzt schon bei achtzehn Fuß Tiefe angekommen. Nachrutschender Sand und Kies sind im Moment seine größten Probleme. Bis hierher hat er alles noch gut abstützen können, ob das aber auch weiterhin gelingt, ist noch nicht klar. Vielleicht muss er sich eine andere Lösung einfallen lassen.

Septimus und Quintus Agrippa sitzen zusammen im Zelt des Hauptmanns und überdenken die derzeitige Situation. Septimus hat von seinem Zusammentreffen mit Ansgar erzählt. Ob der als »Nachbarschaftshilfe« irgendetwas unternimmt, ist völlig ungewiss. Nach dem Gespräch mit Ansgar ist ebenso ungewiss, ob die freigelassenen Germanen überhaupt zu ihrem Dorf zurückkehren und mit ihrem Dorfältesten reden werden.

»Und was ist, wenn die sich mit dem anderen Dorf schon zu einem Angriff auf unser Lager verabredet haben?«, beendet Quintus Agrippa das nachdenkliche Schweigen. »Wie machen wir dann weiter? Den Wegebau erst mal vergessen? Alle zurück ins Lager? Die Befestigungen verstärken, um gegen so einen Angriff besser geschützt zu sein? Und wie viele werden das sein? Greifen sie am Tag an oder in der Nacht?«

Auf diese Fragen hat Septimus auch keine plausible Antwort. »Nach dem letzten Abenteuer vermute ich, dass sie es nachts versuchen werden.«

»Würde ich jedenfalls auch so machen«, sagt Quintus Agrippa, »aber wir *wissen* es nicht. – Und wenn sie uns mit

Brandpfeilen die Zelte und alle Vorräte in Flammen schießen, wie lange können wir das durchhalten?«

»Sag du es mir, darin hast du mehr Erfahrung.«

»Sag ich dir, wenn du mir sagen kannst, wie viele es sind und wie sie vorgehen werden.«

»Keine Ahnung!«

»Eben! Wir wissen *nichts*«, überlegt Quintus Agrippa weiter. »Nimm einfach mal an, aus jedem Dorf kommen hundert Mann, zusammen dann also zweihundert. Und die schießen uns alles in Brand, die Zelte, die Vorräte. Der Brunnen ist noch nicht tief genug, wir hätten nicht mal genug Wasser zum Löschen. Wir hier im Lager sind alle zusammen etwas mehr als neunzig Mann. Hinter uns das brennende Lager und vor den Palisaden die zu allem entschlossenen Barbaren. Nach was klingt das für dich?«

»Nach reichlich Durcheinander. Aber könnten wir nicht die Vorräte und alles, was brennt, vergraben?«, fragt Septimus.

»Wie denn? Und wo denn so schnell?«

»Ein großes Loch haben wir doch schon, den Schacht für den Brunnen. Wenn wir da alles reinpacken, das Ganze von oben mit Baumstämmen abdecken, Erde drauf, da brennt nichts, dann hätten wir den Rücken wenigstens schon mal frei«, denkt Septimus laut nach.

»Keine schlechte Idee«, gibt Quintus Agrippa zu.

»Und wenn wir uns einen Wasservorrat anlegen? Transportwagen haben wir, leere Weinfässer auch, und im Rhenus ist Wasser genug. Wird zwar nicht für ewig reichen, aber besser als nichts«, denkt Septimus weiter.

»Wär schon mal ein Plan«, stimmt Quintus Agrippa zu. »Der müsste nur noch funktionieren. Tote wird es dabei aber auf jeden Fall geben, und das wollten wir doch vermeiden.«

Da wissen beide wieder nicht weiter und versinken in Schweigen.

»Das Problem ist«, nimmt Quintus Agrippa den Faden noch

mal auf, »dass das Überraschungsmoment diesmal auf deren Seite ist. Wenn es ohne Verluste abgehen soll, müsste man sie überraschen, sie in einen Hinterhalt locken, eine Falle bauen, aber wo und wie?«

Septimus steht auf, läuft im Zelt herum, soweit der Platz das zulässt, um besser nachdenken zu können. »Lass uns noch mal ganz von vorne anfangen«, sagt er. »Was wollen sie, was ist ihr Ziel?«

»Ist doch klar: Sie wollen uns vertreiben. Wenn nötig, auch umbringen.«

»Haben die eine Ahnung, wie viele wir sind?«

»Wenn die freigelassenen Gefangenen in ihr Dorf zurückgehen, vielleicht, wenn nicht, dann können sie nur raten.«

Septimus ist bei dieser Antwort stehen geblieben, hat mit dem Kopf genickt, jetzt setzt er seine Wanderung fort. »Und was wäre«, spinnt er den Faden weiter, »wenn wir gar nicht im Lager sind?«

»Wie stellst du dir das denn vor?«

»Nimm mal an, es ist dunkel, es sind Wachen auf den Wachttürmen, es brennt ein Lagerfeuer, vielleicht sogar etwas größer als gewöhnlich, damit man es von außen auch gut sehen kann. Du, als Germane, kommst jetzt angeschlichen. Was denkst du?«

»Alles normal, die Römer schlafen, bis auf die Wachen.«

»Genau! Und was machst du als Nächstes?«

»Ich versuche, die Wachen auszuschalten. Und schon habe ich die ersten Toten.« Die ganze Zeit schon schaut Quintus Agrippa Septimus auf seiner Wanderung nach, nun nervt ihn das. »Entschuldige, Septimus, kannst du aufhören, rumzurennen? Das macht mich ganz verrückt.«

»Klar.« Einen Augenblick lang bleibt er tatsächlich stehen, aber dann treiben ihn seine Gedanken doch wieder weiter. »Im Prinzip hast du natürlich recht. Aber wenn die Wachen nun gar keine richtigen Wachen sind?«

»Jetzt kann ich dir nicht mehr folgen.«

Da setzt sich Septimus auf einen Hocker, genau Quintus Agrippa gegenüber, und unterstreicht seinen Vorschlag mit entsprechenden Handbewegungen.

»Stell dir vor, wir bauen aus Holz ein paar Gestelle, hängen eine Rüstung drüber, Helm obendrauf, Speer in die Hand, und stellen die auf die Wachttürme.«

»Du meinst so etwas wie eine Vogelscheuche. Aber das glaubt doch kein Mensch, nicht mal ein Barbar, wenn die sich nicht bewegen.«

»Wozu haben wir Ingenieure im Lager. Die sollen sich was einfallen lassen, dass sich die Gestalten ab und zu bewegen, sich umdrehen oder so.«

»Mhm.« Mehr fällt Quintus Agrippa dazu nicht ein. Er bleibt skeptisch.

Aber Septimus ist nicht zu bremsen, und er spinnt seinen Gedankenfaden weiter.

»Du schaltest also die Wachen aus, die kippen von den Türmen. Was machst du danach?«

Quintus Agrippa denkt nicht mal eine Sekunde lang nach und antwortet mit dem militärisch Nächstliegenden.

»Wenn dadurch kein Alarm ausgelöst wird, schicke ich einen Späher vor, der über die Palisaden schauen soll, was dahinter los ist.«

Jetzt kommt Septimus richtig in Fahrt.

»Und was sieht der? Alle Zelte sind zu, alle schlafen. Nur zwei sitzen am Feuer, bewachen es und träumen vor sich hin. Die sind aber auch nicht echt. Was machst du als Nächstes?«

»Alle Mann rund um das Lager verteilen, dann – auf ein Zeichen – alle über die Palisaden. So leise wie eben möglich. Und dann mit Gebrüll die Zelte stürmen und alle im Schlaf überraschen.«

»Genau! Mit wie vielen Verlusten müsstest du rechnen?«

»Mit wenigen! Wenn überhaupt! Die in den Zelten wären einfach überrumpelt.«

»Richtig. Würdest du bei so einem Vorgehen vorher Brandpfeile in das Lager schießen?«

Quintus Agrippa kommt sich bei diesem Frage-und-Antwort-Spiel fast so vor wie bei einer Lehrstunde in der Militärschule, ganz automatisch antwortet er: »Ganz sicher nicht, denn dadurch würde bestimmt Alarm ausgelöst werden.«

»Siehst du?«

»Aber werden die Barbaren genauso denken wie Anführer einer römischen Truppe?«, gibt Quintus Agrippa zu bedenken.

Doch Septimus fährt ungerührt fort: »Wenn sie selbst Tote vermeiden wollen, und das wollen die ganz sicher, wahrscheinlich. Denn dumm sind sie nicht. Hast du ja gesehen, wie sie sich an unser Lager rangeschlichen haben.«

»Mhm«, grunzt Quintus Agrippa, »klingt überzeugend. Dann hätten wir sie alle *im* Lager. Aber wo sind wir?«

Da beginnt Septimus erneut mit seiner Wanderung durch das Zelt. »Wir drehen den Spieß einfach um: Diesmal sitzen wir in den Bäumen rund um das Lager.«

»Das, mein lieber Septimus«, erwidert Quintus Agrippa, »ist nach allem, was bis jetzt noch einigermaßen logisch klang, nun wirklich Unsinn!« Jetzt wirkt er trotz seines Respekts gegenüber Septimus doch ein wenig ungehalten. »Du vergisst, dass wir den Platz hier schon weitgehend gerodet haben. An der Seite zu unserem Germanendorf steht gar nichts mehr, und an den anderen Seiten sind die nächsten Bäume auch schon ziemlich weit weg. Dazu sind wir im Klettern nicht halb so geschickt wie die Barbaren. Und wie lange willst du da oben hocken? Eine Nacht, zwei Nächte oder noch länger? Du weißt ja nicht, wann die kommen. – Das wird nix!«

Quintus Agrippa schüttelt den Kopf. Dann denkt er eine Weile nach. »Gut, wir hätten sie dann alle im Lager. Aber sie werden ganz schnell sehen, dass die Zelte leer sind, dass da niemand ist. Sie werden merken, dass wir ihnen eine Falle gestellt haben, und sie werden versuchen, das Lager so schnell wie möglich wieder zu verlassen. Vielleicht fangen sie auf dem Rückweg noch an, alles an sich zu reißen, was ihnen wertvoll erscheint. Wie kann man sie daran hindern, abzuhauen, ohne dass es Tote gibt?« Er gibt sich die Antwort selbst. »Man müsste ihnen einen Schrecken einjagen, der sie bis ins Mark trifft. Aber wie?«

Während seiner Wanderung durch das Zelt hat Septimus den Hauptmann nicht aus den Augen gelassen und ihm aufmerksam zugehört. »Feuer«, meint er nach einem Moment des Nachdenkens, »vor Feuer haben alle Menschen Angst.«

»Willst du etwa das Lager anzünden?«

»Bestimmt *nicht*! Das gäbe ja auch wieder jede Menge Tote! – Gerade das wollen wir doch vermeiden.«

»Was denn dann?«

»Man müsste so eine Art Feuerwand bauen, rund um das Lager, weit genug entfernt, dass der Palisadenzaun kein Feuer fängt, aber doch so groß, dass man einen Schrecken davor bekommt und sich nicht traut, hindurchzurennen.«

Quintus Agrippa hat in seinem Soldatenleben nun schon so einiges erlebt, auch ungewöhnliche Aktionen, aber das hält er für undurchführbar, für ein Hirngespinst. »Wie willst du das denn anstellen? Das Feuer müsste doch in kürzester Zeit richtig hoch brennen und dann an allen Seiten gleichzeitig. Und wenn es regnet? Oder wenn das Holz feucht ist und nicht sofort brennt? Funktioniert nicht!« Er schüttelt den Kopf. Die zweifellos blühende Phantasie von Septimus funktioniert in der harten Wirklichkeit nicht.

Aber Septimus kommt schon wieder mit etwas Neuem. »Warte, warte, warte! Weißt du, dass Birkenrinde sehr gut brennt, auch wenn sie nass oder feucht ist?«

»Wieso?«

»Keine Ahnung, wieso, aber sie tut es. Kannst du selber ausprobieren. Wachsen ja genug Birken hier rundum.«

»Ja, und?«

Erneut setzt sich Septimus auf den Hocker, genau gegenüber von Quintus Agrippa, und redet eindringlich auf ihn ein. »Stell dir vor, wir heben einen kleinen Graben aus. Vielleicht dreißig Fuß vor der Palisade. Wegen der Entfernung können wir die Ingenieure noch mal zurate ziehen. In den Graben legen wir Birkenrinde, Birkenholz und noch anderes leicht brennbares Zeug. Dann brauchen wir das nur noch anzuzünden, und du hast dein Feuer. Da rennt keiner durch.«

»Septimus, du solltest zu den Märchenerzählern gehen. Ich glaub dir kein Wort. Das kann und wird nicht funktionieren, das ist Unsinn.«

»Komm mit«, beharrt Septimus, »dann zeige ich dir das mit der Birke schon mal. Danach reden wir weiter.«

Etwas widerwillig folgt Quintus Agrippa Septimus aus dem Zelt. Septimus führt ihn ins Gestrüpp und sucht eine Birke. Dann nimmt er ein Messer, schneidet ein Stück von der Rinde ab und hält die frische, feuchte Rinde kurz an ein Stück Glut im Lagerfeuer. Die Birkenrinde beginnt sofort, lichterloh zu brennen.

»Na?«, fragt Septimus.

»Das ist doch nicht möglich.« Quintus Agrippa traut seinen eigenen Augen nicht.

»Siehst du doch!«

»Funktioniert das auch bei größeren Mengen?«

»Sag mir einen Grund, warum nicht. Das ist einfach Natur.«

»Dann lass uns mal zu den Ingenieuren gehen«, schlägt Quintus Agrippa halb überzeugt vor.

Sie erklären den Ingenieuren, was sie sich bis jetzt zusammengesponnen haben. Die hören zuerst etwas ungläubig zu.

Aber je weiter Quintus Agrippa und Septimus ins Detail gehen, desto größer wird ihre Aufmerksamkeit.

Für die Vogelscheuchen-Wachen haben sie sofort eine Lösung parat. Mit einem Gewicht auf der einen und einem Wasserbehälter auf der anderen Seite, der aus einem großen Wasserfass gespeist wird, sollte das kein Problem sein. Wenn der Wasserbehälter voll ist und die »Wache« nach der einen Seite gedreht hat, muss man nur einen Mechanismus anbauen, dass der Wasserbehälter sich selbst auskippt, dann dreht sich der »Wachmann« wieder zurück. Wird das Gewicht in dem Wasserbehälter wieder größer, dreht er sich in die andere Richtung. Man merkt förmlich, welchen Spaß es ihnen bereitet, sich dafür die Mechanik auszudenken. Auf ein Wachstäfelchen zeichnen sie dafür unter großem Gelächter schon mal einen Bauplan. Das ist doch mal was anderes, als immer nur Wege zu vermessen.

Danach erläutert Septimus den Plan mit der Feuerwand. Die Idee, Birkenrinde zu verwenden, überzeugt die Ingenieure. Sie steuern noch einige Vorschläge bei, wie man das Feuer schnell anfacht. Sie schlagen mit Öl bestrichenes Holz vor, dünnes Reisig, eventuell auch Pech oder Wachs. Den Effekt müsste man vorher aber mal ausprobieren, meinen sie. Und so ziehen sie auf die dem Germanendorf abgewandte Seite, einige herbeigerufene Legionäre heben einen kleinen Graben aus, und dann experimentieren sie mit allen zur Verfügung stehenden Mitteln. Nach einigen Versuchen haben sie eine Lösung gefunden, wie sie schnell ein hoch brennendes Feuer hinbekommen.

»So könnte das tatsächlich funktionieren«, sinniert Quintus Agrippa, er ist selbst überrascht, dass das alles so weit klappt. »Es bleiben aber noch ein paar entscheidende Fragen: Erstens, wie bekommen wir das Feuer zum Brennen? Bis jetzt haben wir das mit einem Stück Glut aus dem Lagerfeuer gemacht. Zweitens, wie schnell geht das an allen vier Seiten? Drittens, wo sind wir, und wie zünden wir von da aus das Feuer an? Viertens und letztens, angenommen, das mit dem Feuer klappt wirklich und die Barbaren rennen tatsächlich nicht durch, wie halten wir sie auf, ohne dass es Tote gibt?«

»Fangen wir mit dem letzten Punkt an: Wir müssen in jedem Fall außerhalb des Feuers sein, im Wald versteckt«, denkt Septimus laut nach. Es freut ihn, dass er Quintus Agrippa und die Ingenieure Schrittchen für Schrittchen von seinem Plan überzeugen konnte. »Und wenn das Feuer brennt, müssen wir mit unseren Hörnern einen Riesenlärm machen. Das geht allen durch Mark und Bein, die Wirkung kennen wir ja. Die werden einen Moment lang starr vor Schreck sein. Dann lassen wir den Dolmetscher sagen, dass sie umzingelt sind, und nach dem Anführer rufen. Wenn der sich meldet, sagen wir, dass wir keine Toten wollen. Sie sollen mit uns einen Frieden aushandeln, so wie mit denen in unserem Nachbardorf.«

Wieder sieht der erfahrene Quintus Agrippa das kritisch. »Das alles klingt zu einfach, um wahr zu sein.«

»In einem gebe ich dir recht«, gibt Septimus zu, »was das Anzünden des Feuers angeht, da sehe ich auch noch Schwierigkeiten: Brandpfeile werden nicht gehen, denn es ist dunkel, und da kann niemand richtig zielen. Außerdem müssten wir, um die Pfeile anzuzünden, irgendwo im Wald ein Feuer haben. Das würden die Barbaren sehen. Da haben wir auch noch ein Problem.«

»Ich komm noch mal zurück auf die Birkenrinde«, mischt sich Marcus, einer der Ingenieure, ein. »Wenn wir lange Streifen daraus machen und die auch in einen flachen Graben legen, dann müssten die doch von unseren Verstecken aus vorwärtsbrennen bis zu dem eigentlichen Graben, wo die Feuerwand entstehen soll. Müssten wir auch noch ausprobieren und schauen, wie lange das dauert.«

Ohne lange weitere Diskussion geht die ganze Gruppe in den noch nicht gerodeten Wald rund um das Lager. Quintus

Agrippa sucht Stellen aus, wo sich eine größere Menge Legionäre verstecken können. Dann weist er die Soldaten an, mit ihren Spaten von da aus einen flachen Graben auszuheben. Nur so tief, dass noch genügend Luft für die Flammen hineinkommt. Andere werden damit beauftragt, schmale Rindenstreifen zu schneiden und die aneinanderzubinden. Nachdem die in die flache Rinne gelegt worden sind, werden sie – wieder mit einem Stück Glut vom Lagerfeuer – angezündet. Die Flamme züngelt tatsächlich an der Rinde entlang, aber es dauert eine ganze Weile, bis sie am Ende angekommen ist.

Sie alle können ganz gemütlich nebenhergehen.

»Das geht zwar, aber es dauert«, überlegt Quintus Agrippa, im Kopf stellt er sich den gedachten Ablauf der ganzen Aktion vor. »Könnte nur funktionieren, wenn wir den Anfang der Birkenrinden genau in dem Augenblick anzünden, wenn gerade alle über die Palisaden klettern. Und dann hoffen, dass sie einige Zeit brauchen, um die Zelte zu stürmen. Dass sie in ihrem Wüten nichts merken.« Wenn er sich den zeitlichen Ablauf vorstellt, kommen ihm doch einige Zweifel, ob es nicht zu lange dauert, bis die Zündflammen den Graben für die eigentliche Feuerwand erreichen. »Eine allerletzte Möglichkeit bleibt noch: vier Leute mit kleinen Fackeln loszuschicken, die die Feuerwand an allen vier Ecken anzünden. Wenn auch das nicht klappt ... sieht's schlecht aus. Dann wird es Tote geben, in jedem Fall.«

Es bleiben viele Risiken, da sind sich alle einig. Werden die Germanen sich genauso verhalten, wie die Römer es erwarten? Wird das mit dem Feuer klappen? Und, angenommen, es funktioniert alles so wie geplant, wird der Stammesälteste oder der Anführer sich auf eine Verhandlung einlassen? Und wenn nicht? Werden sie überhaupt kommen? Und wenn ja, wann? Eine Entscheidung muss getroffen werden.

»Sollen wir es trotzdem so versuchen?«, wendet Quintus Agrippa sich an die anderen.

»Es ist von allen schlechten Möglichkeiten die beste«, meint Septimus.

»Dann tun wir mal so, als wenn sie schon heute Nacht kämen«, beschließt Quintus Agrippa.

Darauf gehen sie wieder zurück ins Lager. Kurz darauf müssen alle antreten, und der Hauptmann gibt Anweisungen, was vorzubereiten und zu erledigen ist: Vorräte müssen zu den Verstecken im Wald, kleine, tiefe Löcher müssen dort ausgehoben werden, in denen man kleine Feuer unterhalten kann, ohne dass es von außen zu sehen ist. Die Gräben für die Feuerwand und die Zündgräben für die Birkenrinde müssen gegraben und erstere mit dem Brennmaterial befüllt werden. Außerdem werden vier Leute ausgesucht, und es wird ausprobiert, wie schnell sie von ihrem Versteck an den vier Ecken der geplanten Feuerwand sein können, um diese anzuzünden. Anspannung bei allen.

ÜBERRASCHENDER BESUCH

Noch während die Vorbereitungen für den zu erwartenden Angriff laufen, meldet sich die Wache vom östlichen Wachtturm: *»Naves in Rheno«*, und nach einer Pause etwas erschrocken hinterher: *»Germani.«*

Quintus Agrippa wird benachrichtigt, und er eilt zum Wachtturm.

»Das haben wir grade noch gebraucht, jetzt kommen die auch schon über den Fluss«, erklärt er ärgerlich. »Wie viele sind es?«, fragt er die Wache.

»Kann ich noch nicht genau sehen«, antwortet der Legionär auf dem Turm, »vielleicht zehn Männer, jedenfalls zwei Boote.«

»Zwei Contubernien sofort mit mir zum Ufer«, befiehlt er, »und sagt Septimus Bescheid!«

Sechzehn Mann setzen sich die Helme auf, greifen zu Schild und Waffen und machen sich mit Quintus Agrippa auf den Weg. Septimus läuft hinterher.

Sie beobachten, wie die Germanen geschickt am Ufer landen und ihre Boote neben den römischen Schiffen festbinden. Ihr Anführer zeichnet sich durch eine etwas wertvollere Kleidung aus. Er steigt aus, geht an Land und hebt die Hand zum Gruß.

»*Ave*, ich bin Gernot«, sagt er in holprigem Latein, »bist du Quintus Agrippa?«

»Ja, bin ich.«

»Dann habe ich eine Botschaft für dich.« Gernot greift unter sein Wams und holt eine Schriftrolle hervor, die er Quintus Agrippa übergibt.

Der Hauptmann bricht das Siegel auf – eindeutig ein römisches, schon das erstaunt ihn – und überfliegt den Text. Wie kommen Germanen an ein Schriftstück mit einem römischen

Siegel? Alle stehen erwartungsvoll da, aber Quintus Agrippa macht keinerlei Anstalten, sich wieder den Germanen zuzuwenden. Er sieht aus, als sei ihm der Schreck in die Glieder gefahren.

»Das muss ich noch einmal lesen, damit ich das alles richtig verstehe. Septimus, komm mal her und lies mit.«

Sie gehen ein paar Schritte zur Seite, stecken die Köpfe zusammen und studieren das Dokument. Quintus hält die auseinandergezogene Schriftrolle mit ausgestreckten Armen. Ab und zu schauen sie sich gegenseitig ungläubig an. Dann deutet Quintus Agrippa mit dem Kopf auf das Ende des Dokuments.

»Unterschrieben ist das Ganze übrigens von meinem Vetter dritten Grades, Marcus Agrippa. Und der hat offenbar eine entsprechende Anweisung vom Kaiser erhalten«, murmelt er resigniert.

Die Legionäre stehen immer noch kampfbereit herum und warten auf Befehle. Bis auf Gernot, der am Ufer steht, sind die Germanen in ihren Booten geblieben.

»Dann sind die da wohl eine Abordnung von diesen Ubiern. So werden sie doch in diesem Dokument genannt«, sagt Septimus mit einem fragenden Blick auf die Ankömmlinge.

Gemeinsam treten sie zu Gernot.

»Ihr seid also Ubier?«, beginnt Quintus Agrippa.

»Ja«, entgegnet dieser knapp.

»Und ihr seid *Amici Populi Romani*, so steht es jedenfalls in diesem Brief?«, fragt Septimus ungläubig nach.

»Schon seit vielen Jahren. Deswegen haben wir auch immer wieder Kriege mit unseren Nachbarstämmen. Und um diese dauernden Kämpfe zu unterbinden, hat der Kaiser angeordnet, uns auf diese Seite des Flusses umzusiedeln«, antwortet Gernot.

»Eine Anordnung des Kaisers also!« Quintus Agrippa schüttelt verständnislos den Kopf.

»Aber wie soll das gehen? Wir haben hier auch ohne euch

schon mit einer Menge Schwierigkeiten zu kämpfen. Mit *einem* Dorf haben wir Frieden geschlossen, aber da sind noch andere, die uns vertreiben wollen. Die Gegend hier ist alles andere als friedlich. Wir können euch auch keinen Platz zuweisen, wo ihr bleiben könnt. Und richtigen Schutz können wir euch auch noch nicht garantieren, dafür ist unser Lager noch nicht genügend fortgeschritten«

»Wir werden uns die Stellen, wo wir uns niederlassen können, selber suchen«, erwidert Gernot, »und dass es nicht immer friedlich zugeht, das kennen wir.«

»Wie viele seid ihr denn?«, will Septimus wissen.

»Eine ganze Reihe von Dörfern sind es schon.«

»Und wie wollt ihr euch ernähren?«

»Das soll nicht eure Sorge sein, darum kümmern wir uns schon selbst«, antwortet Gernot selbstbewusst. »Das Land hier ist fruchtbar, und wir sind erfahrene Bauern. Ihr müsst uns nur erlauben, dass wir hierherkommen dürfen.«

»Es ist eine Anweisung des Kaisers! Was sollten *wir* dagegen haben *dürfen*?«, fasst Septimus zusammen. Aber vorstellen kann er sich das alles nicht.

»Und wann soll diese Umsiedlung beginnen?«, will Quintus Agrippa wissen. Auch er ist ratlos, aber gegen den Willen des Kaisers ist er machtlos.

»Sobald wir wieder zu Hause sind«, antwortet Gernot seelenruhig. »Aber wir werden nicht alle zur selben Zeit kommen. Ein Dorf nach dem anderen. Und wir kommen in friedlicher Absicht, wir sind schließlich ›Freunde des römischen Volkes‹.«

»Dann wünsche ich euch eine gesunde Heimreise und hoffe auf eine friedliche Nachbarschaft in Zukunft«, beendet Quintus Agrippa das Gespräch. Was soll er sonst noch sagen?

»Wir danken euch. Wir sehen uns bald wieder, und ihr werdet sehen, wir werden uns gut vertragen, *salve*.«

Gernot verbeugt sich und steigt zurück in sein Schiff. Die

beiden Boote entfernen sich augenblicklich. Mit großer Geschicklichkeit die Strömung des Flusses ausnutzend, setzen sie zum anderen Ufer über.

Quintus und Septimus schauen ihnen nach.

»Das hat uns gerade noch gefehlt«, seufzt Quintus Agrippa. »Jetzt auch noch ganz neue fremde Stämme hier auf der Seite. – ›Freunde des römischen Volkes‹, dass ich nicht lache! – Und wenn die mit anderen Stämmen, die hier leben, aneinandergeraten? Dann haben wir uns ganz neue Auseinandersetzungen und Kämpfe eingehandelt. Da darf ich gar nicht drüber nachdenken.«

»Vielleicht wird alles nicht so schlimm«, versucht Septimus ihn zu trösten.

SCHLECHTE NACHRICHTEN

Demosthenes ist kaum wiederzuerkennen. Anstatt seiner eigenen Kleidung trägt er jetzt eine »germanische« Hose und ein wollenes Wams. Wäre da nicht sein pechschwarzes geschnittenes Haar und der gestutzte Bart, man könnte ihn für einen Stammesangehörigen halten. Er ist als Geisel zur Untätigkeit verdammt und vertreibt sich die Zeit damit, mit einigen Kindern zu spielen. Die haben ihn offensichtlich schon ins Herz geschlossen. Abwechselnd werfen er und die Kinder Steine in einen Kreis, der mit einem Stock in den Boden geritzt ist. Immer großes Gejohle, wenn ein Stein tatsächlich im Kreis landet und nicht davor oder dahinter liegen bleibt.

Da taucht der Druide auf, er wirkt ziemlich aufgeregt.

»Demosthenes, unser Späher hat Boote über den Fluss kommen sehen, mit Germanen. Was hat das zu bedeuten?«

»Ich habe keine Ahnung. Ich habe auch nichts davon mitbekommen. Das können nur Quintus Agrippa oder Septimus beantworten. Frag ihn, wenn er das nächste Mal kommt.«

»Wann wird das sein?«

»Auch das kann ich dir nicht beantworten.«

»Kannst du es nicht in Erfahrung bringen?«, hakt Ansgar nach. »Da oben im Lager ist etwas im Gange, es herrscht großer Aufruhr.«

»Dazu müsste ich mit ihnen sprechen, aber ich bin ja als Geisel bei euch. Ich kann doch nicht einfach so ins Lager marschieren, das ist gegen die Abmachungen.«

»Wir geben dir eine Wache mit, dann kannst du gehen.«

»Ist das so wichtig für dich?

»Ja.«

Kurze Zeit später sieht die Wache im römischen Lager fünf Germanen sich nähern. Vier außenrum, einer in der Mitte. Das wird sofort gemeldet.

Quintus und Septimus erwarten die Ankömmlinge.

»Was führt euch her?«, ruft Septimus ihnen entgegen.

»*Ave*, Septimus«, ruft der, der in der Mitte geht.

»Demosthenes? Bist du das?« Septimus kommt aus dem Staunen gar nicht mehr heraus. »Wie siehst du denn aus?«

»Ganz schön fremd, was? – Aber im Ernst: Meine eigenen Sachen waren mittlerweile so dreckig, dass die Frauen im Dorf sie waschen wollten. Schließlich sollen sie mich ja ehrenvoll und meinem Stand entsprechend behandeln. Und in der Zwischenzeit habe ich etwas Geliehenes an. Das Zeug ist übrigens wärmer als unsere Sachen, besonders nachts.«

»Nicht zu fassen«, sagt Quintus Agrippa erstaunt. »Ich hätte dich nicht erkannt!«

»Was bedeutet denn dein Besuch bei uns, und das auch noch unter Bewachung?«, will Septimus wissen und umarmt seinen alten Freund.

»Ansgar ist beunruhigt. Seine Späher haben Boote über den Fluss kommen sehen, und außerdem soll hier großer Aufruhr sein.«

»Die sind ja immer verdammt gut informiert«, kommentiert Quintus Agrippa diese Auskunft.

»Klar, die trauen uns kein bisschen, haben wir ja schon öfter gemerkt«, sagt Demosthenes. »Also stimmt das alles?«

»Ja und nein«, antwortet Septimus. »Ja, es waren Boote da. Denn es gibt eine Anordnung des Kaisers, dass Ubier – so nennen sie sich – auf diese Seite des Rhenus umgesiedelt werden sollen.«

»Ooh!«, entfährt es Demosthenes.

»Und nein«, fährt Septimus fort, »hier herrscht kein Aufruhr, wir bereiten uns nur auf einen Angriff der Dörfer vor, von denen wir die drei Gefangenen hatten. Weißt du übrigens, ob Ansgar irgendetwas unternommen hat? Ob er Boten geschickt hat?«

»Wenn ja, hab ich davon nichts mitbekommen«, antwortet Demosthenes. »Und wie soll das gehen mit der Umsiedlung?«

»Weiß ich auch nicht«, meint Quintus Agrippa ratlos. »Der Anführer hat gesagt, sie suchen sich ihre Plätze selber.«

»Und wenn die sich nun genau die Stelle aussuchen, wo *unser* Dorf liegt?« Demosthenes klingt nun ebenfalls besorgt.

»Hab ich auch schon drüber nachgedacht«, sagt Septimus. »Dann müssen wir sie daran hindern, denn wir haben ja ausgehandelt, dass deren Besitz unangetastet bleibt. Man kann nur hoffen, dass diese Ubier einsichtig sind und sich andere Stellen suchen, sonst …«

Die möglichen Folgen lässt er offen.

Demosthenes überlegt, was diese Neuigkeiten bedeuten. »Und wann rechnet ihr mit einem Angriff?«

»Im schlimmsten Fall schon heute Nacht«, sagt Quintus Agrippa, »deswegen die ganzen Vorbereitungen. Wir wollen versuchen, das ohne Tote hinzukriegen. Aber es ist ein gewaltiges Risiko. Wünsch uns Glück!«

»Das sind ja rundum tolle Aussichten«, fasst Demosthenes das Gehörte zusammen, »na, dann werd ich mal wieder …«

Er umarmt seinen Freund Septimus und wendet sich zum Gehen. Umringt von seinen Bewachern verlässt er das römische Lager.

Im Dorf der Germanen wird er schon von Ansgar erwartet.

»Nun?«

»Keine guten Neuigkeiten«, beginnt Demosthenes seinen Bericht. »Erstens: Der Kaiser hat eine Anordnung erteilt, dass Stämme von der anderen Seite des Flusses hierher umgesiedelt werden sollen. Die Boote waren eine Abordnung, die die Nachricht überbracht hat. Und zweitens: Das Lager erwartet einen

Angriff der Männer aus Frehem mit ihren Verbündeten – oder wie das Dorf auch heißt. Deswegen die ganze Aufregung da oben.«

»Wieso kann der Kaiser so eine Anweisung geben und über ein Land verfügen, das ihm gar nicht gehört?«, regt sich Ansgar auf.

»Er kann es, weil er der Kaiser ist.«

»Römer!« Ansgar ist aufgrund dieser Neuigkeiten sehr wütend. »Und jetzt kommen die über den Fluss und vertreiben uns.«

»Werden sie nicht machen können. Wir, die Römer, haben schließlich garantiert, dass euer Besitz unangetastet bleibt. Damit der Vertrag gültig ist, bin ich als Geisel bei euch. Mein Leben hängt daran. Schon vergessen?«

»Das war nicht gegen dich gerichtet.« Es klingt fast wie eine Entschuldigung aus dem Munde Ansgars. »Aber du kannst dir doch vorstellen, dass wir uns Sorgen machen.«

»Klar«, erwidert Demosthenes, »aber über etwas anderes solltest du dir im Augenblick mehr Sorgen machen. Was geschieht mit eurem Dorf, wenn wirklich ein Angriff auf das Lager stattfindet? Oder habt ihr etwa Boten nach Frehem geschickt?«

Ansgar seufzt tief. »Ich hab es versucht, aber die Mehrheit des Dorfes war dagegen. Sie wollten sich nicht auf eure Seite schlagen.« – Pause. – »Dann werde ich jetzt wohl eine Versammlung zusammenrufen müssen, um zu überlegen, was zu tun ist.«

EINE GELUNGENE VORSTELLUNG

Während rundherum die Vorbereitungen für den erwarteten nächtlichen Überfall in vollem Gange sind, ertönt mitten im Lager plötzlich ein übermütiges Lachen. Eine Gruppe von Ingenieuren probiert gerade den ersten Vogelscheuchen-Wächter aus. Sie amüsieren sich köstlich.

Aus etlichen hölzernen Stangen haben sie ein Gestell gebaut, ihm eine Rüstung übergestülpt, einen Schild und einen Speer angebracht. Oben einen Helm drauf und eine Gesichtsmaske. Die ganze Puppe dreht sich unten auf einem Dorn. Zwei Seile sorgen für die Bewegung. An einem Seil ist ein Wassertopf angebracht, an dem anderen hängt ein schwerer Stein. Im Moment läuft der Wassertopf voll. Er wird gespeist aus einem großen Fass. Langsam dreht sich der »Wächter« mit. Jetzt stößt der Wassertopf auf eine Querstrebe, kippt um, und das Wasser fließt raus. Schlagartig zieht der Stein die Puppe zur anderen Seite, so als würde der Wächter sich zackig umdrehen. Danach fließt wieder Wasser in den Topf, und die Wache dreht sich langsam zurück.

»Holt Quintus und Septimus, die sollen sich das mal anschauen«, meint einer der Ingenieure unter Gelächter.

Die beiden werden gerufen und schauen sich das Ergebnis an.

»Wirkt ziemlich echt«, meint Septimus, »sicher noch echter aus größerer Entfernung.«

»Jetzt müssen wir nur noch ausprobieren, ob der auch umkippt, wenn man einen Speer oder einen Pfeil drauf abschießt«, meint Quintus Agrippa.

Aus einiger Entfernung wirft ein Legionär einen Speer auf den Schild. Scheppernd kippt die Figur von ihrem Dorn und landet auf dem Boden.

»Nicht schlecht«, lobt Quintus Agrippa, »brauchen wir allerdings vier Mal. Für jeden Wachtturm einen.«

»Kein Problem, Zenturio, bauen wir gerne, macht richtig Spaß«, gibt der Ingenieur lachend zurück.

»Und zwei, die das Feuer bewachen, brauchen wir auch noch.«

»Müssen die sich bewegen?«, will der Ingenieur wissen.

»Nein, die müssen nur dahocken und vor sich hin dösen.«

»Wird gemacht, Chef.«

UNGEWISSHEIT

Nach der von Ansgar einberufenen Versammlung sieht man einen Zug der Dorfbewohner, beladen mit allem, was ihnen wertvoll ist, auf dem Weg zu der Höhle, in der sie sich schon einmal versteckt hatten.

»Wir wissen nicht, ob die aus Frehem unser Dorf kennen und ob sie wissen, wo es liegt«, erklärt Ansgar Demosthenes, »deswegen werden wir die Frauen, die Kinder und das Vieh wieder in der Höhle unterbringen, die du ja schon kennst. Da sind sie sicher. Alle wehrfähigen Männer bleiben mit dem Ältesten hier, rund um unser Dorf verteilt. Zum Teil auf den Bäumen, zum Teil in anderen Verstecken. Dir als unserer Geisel darf nichts passieren. Du gehst also mit den Frauen. Auch ich werde mit in die Höhle kommen, ich bin zu alt zum Kämpfen. Was hier los ist, erfahren wir von unseren Spähern.«

»Glaubst du denn, dass sie angreifen werden?«, fragt Demosthenes.

»Ich denke schon. Für *die* habt ihr drei Gefangene gemacht. Entweder sind sie tot oder werden noch festgehalten, denken sie. Denn dass die zurück zu ihrem Dorf gegangen sind, daran glaube ich nicht. Also werden sie die Gefangenen entweder befreien oder die Toten rächen wollen. So denken die, damit müsst ihr rechnen. Wenn uns das Gleiche passiert wäre, würden wir uns ähnlich verhalten. Und für unser Dorf kann ich nur hoffen, dass sie sich auf euer Lager konzentrieren und nicht nach uns suchen.«

Dann macht Ansgar ein Zeichen, vier Männer kommen mit dem Tragestuhl, und der Druide setzt sich hinein.

»Komm, Demosthenes, begleite mich zur Höhle.«

HILFE IST UNTERWEGS

Der Prätor sitzt hinter seinem Tisch, wühlt in den Schriftrollen, die vor ihm auf dem Tisch liegen. Ihm gegenüber sitzt der Schreibsklave mit Stilus und Wachstäfelchen, er wartet darauf, dass der Prätor etwas diktiert.

»Sag mal, Panos, hast du schon mal etwas von U-bi-ern gehört?«

»Nein, Herr.«

»Das ist vielleicht ein Schlamassel.«

»Soll ich das schreiben, Herr?«

»Natürlich nicht, jetzt schreib: ›*Salve*, Quintus Agrippa. Ich ernenne dich hiermit zum *primus pilus*, zum höchsten Zenturio, denn ich muss dir zur Unterstützung weitere zwei Zenturien schicken. Der *princeps* der zweiten Zenturie wird Camillus Verus sein, der *hastatus* der dritten Valerius Vacer. Du hast damit den Oberbefehl über drei Zenturien. Die Unterstützung wirst du brauchen, denn der Kaiser hat deinen Vetter Marcus Agrippa angewiesen, den Volksstamm der Ubier auf die linke Seite des Rhenus umzusiedeln. Dein Lager soll wegen der Umsiedlung der Fremden ein großes Lager werden. Der Kaiser gibt ihm den Namen ›Castra ad Ubiorum‹. Es soll später ein Verwaltungszentrum werden. Die beiden Zenturien schicke ich morgen mit Schiffen los. Dazu entsprechend neue Vorräte. Sorge dafür, dass ein brauchbarer Landeplatz gebaut wird, denn ab jetzt muss ich euch laufend mit Nachschub versorgen. Eine weiße Kuh und einen Stier schicke ich mit, damit der Pontifex den Platz für die spätere Stadtmauer markieren kann, denn ab jetzt ist euer Lager amtlich registriert. Sende die leeren Schiffe zurück. Gegeben an den *nonis Sextilis*‹ und so weiter und so weiter, kennst du ja. – Wenn du das sauber abgeschrieben hast, kommst du damit zu mir zurück, dass ich unterschreiben kann.«

Der Schreibsklave verschwindet umgehend, um sich an die Arbeit zu machen.

»Und schick mir Camillus Verus und Valerius Vacer her, mit denen muss ich noch reden«, ruft der Prätor ihm hinterher.

EIN GUTER PLAN

Es wird langsam dunkel. Die Vorbereitungen um das römische Lager herum sind so weit abgeschlossen. Quintus Agrippa dreht noch eine Runde und überprüft alles. Die meisten Legionäre sind schon in den Wald zu den Verstecken gegangen. Nur drei müssen noch bleiben. Zwei, um das Lagerfeuer zu unterhalten, damit es ordentlich brennt, und einer, der auf einen der Bäume geschickt werden soll, um Ausschau zu halten.

»Zieh deine Rüstung aus, damit du auf dem Baum nicht so klapperst. Und wenn du etwas Verdächtiges siehst, mach es wie die Barbaren: Du ahmst den Ruf eines Raben nach. Dann wissen wir in den Verstecken, dass sich etwas tut. Das ist auch für euch, die ihr am Feuer seid, das Zeichen, so schnell es geht über die Palisaden zu klettern und zu uns in die Verstecke zu rennen. Aber dabei in Deckung bleiben. – Alles klar?«

Die drei salutieren und nicken.

»Und wenn ich jetzt draußen bin, sofort das Tor hinter mir schließen und verrammeln.«

Mit diesen Worten verlässt Quintus Agrippa das Lager und begibt sich in den Wald. Die beiden, die sich um das Feuer kümmern sollen, schließen das Lagertor, der dritte macht sich auf den Weg zu seinem Beobachtungsbaum.

Seine Sorgen begleiten Quintus Agrippa auf dem Weg zu den Verstecken. Werden die Barbaren in dieser Nacht angreifen? Wird der ganze, wirklich etwas abenteuerliche Plan aufgehen?

Von den Ereignissen im Prätorium ahnt er natürlich nichts.

Im Wald angekommen, hockt er sich neben Septimus.

»Jetzt können wir nur noch abwarten«, murmelt er resigniert.

Die ganze Lagerbesatzung hat es sich so bequem wie möglich gemacht, soweit das auf dem Waldboden überhaupt geht. Die Männer dösen vor sich hin. An richtigen Schlaf ist nicht zu denken. Dafür sorgen schon die Ameisen. Es kann ja auch jederzeit losgehen.

Zum Glück für den Wachtposten auf dem Baum scheint ein heller Mond, er hat einen guten Überblick über das Vorfeld des Lagers. Unbequem ist es in seiner Astgabel aber dennoch. Und abgelöst, wie sonst bei einer normalen Wache, kann er auch nicht werden. Er muss die ganze Nacht allein da oben durchhalten. Es ist schwer, aufmerksam zu bleiben und nicht einzunicken.

Von seinem Beobachtungsposten aus kann er nicht nur die Umgebung überblicken, sondern ebenfalls gut in das Lager hineinsehen. Seine beiden Kameraden kümmern sich dort um das Feuer und langweilen sich. Nur hin und wieder füllen sie die Wasserfässer nach, aus denen die Behälter für die Bewegung der »Wachen« auf den Türmen gespeist werden. Neben ihnen befinden sich die beiden Feuerwache-Attrappen. Ansonsten sieht er nichts. Und das bleibt die ganze Nacht so.

Kein Angriff, nichts Verdächtiges, nur absolute Ruhe, bis auf das Knacken des Lagerfeuers und ab und an die scheppernden Bewegungen der »Wachen« auf den Türmen.

Sobald das erste Tageslicht die Gegend ein wenig erhellt, gibt Quintus Agrippa den Befehl: »Alle zurück ins Lager. Jetzt kommen sie nicht mehr. Die Feuerstellen löschen, aber die Gruben dafür so lassen, die brauchen wir in den nächsten Nächten wieder. Die Vorräte zurück ins Lager. Legt euch alle noch ein paar Stunden aufs Ohr. Dienstbeginn ist heute später.«

Mit eingeschlafenen Gliedmaßen steigt der Wachmann steif von seinem Beobachtungsbaum, die anderen Lagerinsassen trotten müde ins Lager. Die Vorräte, die sie für die Nacht mitgenommen hatten, schleppen sie zurück.

Auf dem Rückweg wendet sich Quintus Agrippa an Septimus. »Tief durchatmen. *Eine* Nacht haben wir überstanden, aber was machen wir jetzt? Weiter an dem Weg zum Lehm zu bauen erscheint mir zu gefährlich. Könnte sein, dass sie da wieder im Wald auf uns warten. Und die gleiche List können wir nicht noch einmal anwenden. Aber nur rumsitzen und abwarten ist auch keine Lösung. So kommen wir nicht voran. Was denkst du?«

Einige Augenblicke lang geht Septimus nachdenklich schweigend neben ihm her. »Den Wegebau würde ich auch erst mal lassen. Sehe ich genauso wie du. Sosias kann an seinem Brunnen weitermachen. Jetzt sogar wieder mit der vollen Mannschaft. Aber alles, was mit Ziegelbrennen zu tun hat, können wir im Augenblick vergessen.«

»Sosias kann weiterbuddeln, stimmt. Den könnten wir fragen, ob er nicht sogar noch ein paar mehr Leute gebrauchen kann. Vielleicht kommt er dann schneller vorwärts bei der ganzen Abstützerei. Hat er eigentlich mal gesagt, was er denkt, wie lange er noch braucht?«

»Zu mir nicht«, entgegnet Septimus.

Dann herrscht erst mal wieder Schweigen.

Quintus Agrippas Gedanken gehen zurück zu dem Tag, an dem die Verstärkung angekommen ist, als sie mit den Ingenieuren zusammengesessen und beratschlagt haben, was sie in welcher Reihenfolge zu erledigen hätten. Plötzlich hat er es wieder, er bleibt stehen.

»Aber etwas anderes Sinnvolles können wir tun: einen Anleger für Schiffe bauen. Das ist nicht weit vom Lager, alles im Blickfeld, und im Ernstfall können alle schnell zurück.«

»Dann hätten wir schon mal weniger Probleme beim Ausladen«, stimmt Septimus ihm zu, »vielleicht sogar noch einen

Weg vom Anleger nach hier oben planieren, das würde den Transport erleichtern.«

»Fangen wir gleich damit an, wenn die anderen ausgeschlafen haben. Dann hängen sie wenigstens nicht untätig im Lager rum.«

DIE ABFAHRT DER SCHIFFE

Beim ersten Tageslicht, so hat Gaius Hortensius, der Prätor von Moguntiacum, befohlen, soll der Transport beladen werden. Aber es sind halt zehn Schiffe und eine Menge Zeug, das an Bord gebracht werden muss: Zelte, Vorräte, allerlei Gerät und die beiden Tiere für die Weihezeremonie. Dazu hundertsechzig Mann.

Gern fährt keiner, denn schließlich werden sie aus der sicheren Kaserne in die Wildnis abkommandiert. Und was sie da erwartet, weiß niemand. Entsprechend schleppend geht die Beladung vonstatten, trotz der Antreiberei durch die beiden Zenturios. Die Männer leisten Dienst nach Vorschrift. Gerade so langsam, dass sie noch nicht bestraft werden können.

Und so blinzelt die Sonne schon über den Horizont, als die Schiffe endlich vom Hafen ablegen. Alle hoffen, dass der Tag nicht allzu heiß wird, denn sie müssen die ganze Strecke rudern. Auch wenn es flussabwärts geht, eine Plackerei wird es trotzdem werden.

Ungefähr sechsundneunzig römische Meilen sind es bis zu dem neuen Lager am Rhenus. Die Strömung des Flusses beträgt im Durchschnitt etwa vier Meilen pro Stunde. Selbst mit kräftigen Ruderschlägen würden sie mit diesen voll beladenen Schiffen allenfalls einen Weg von sechs oder sieben Meilen pro Stunde zurücklegen können. Schwierigkeiten bei Stromschnellen oder unsichtbaren Felsen unter Wasser sind dabei nicht berücksichtigt. Das hat der *gubernator*, der Steuermann des ersten Schiffes, so ausgerechnet.

Die Strecke ist also unter gar keinen Umständen an einem Tag zu schaffen. Sie werden, selbst wenn alles gut geht, unterwegs mindestens einmal haltmachen müssen. Spätestens wenn es anfängt, dunkel zu werden. Am besten auf irgendeiner Insel im Fluss, möglichst einer in der Mitte, denn auf einer Insel ist ein Überfall von irgendwelchen Barbaren am wenigsten wahrscheinlich. Darüber hinaus kann man sich auf einer Insel besser verteidigen als auf den Booten. Aber da muss man auch rechtzeitig eine geeignete finden.

Die ganze Fahrt über sollen sie nach Möglichkeit in der Flussmitte bleiben, hat der Steuermann des ersten Schiffes angeordnet. Die restlichen Boote sollen jeweils im Kielwasser des vorausfahrenden bleiben, denn in der Flussmitte ist die Gefahr, dass sie von Pfeilen oder anderen Geschossen von den Ufern aus getroffen werden können, am geringsten.

Hier oben, in der Gegend von Moguntiacum, sind die beiden Ufer weitgehend unter Kontrolle. Aber je weiter sie nach Norden kommen, desto unübersichtlicher wird es. Überall nur Berge und dichte Wälder. Wer weiß schon, welcher komische Stamm auf dem rechten Ufer wohnt und gerade wieder mal einen Krieg gegen einen anderen Stamm führt. Da käme so ein langer Zug von römischen Schiffen, beladen mit allerlei wertvollen Sachen, gerade recht. Man wird die Augen offen halten müssen.

DIE SCHILDKRÖTE

Von den Sorgen ihrer Kollegen auf dem Fluss ahnen die Römer im Lager nichts. Auch nicht davon, dass Quintus Agrippa schon bald das Kommando über drei Zenturien haben wird. Den Hauptmann treibt weiter die Frage um, ob und wann die Germanen aus Frehem und Umgebung angreifen werden.

Den ganzen Tag über sind seine Leute dabei, den Schiffsanleger zu bauen. Unter der Anleitung der Ingenieure geht die Arbeit zügig voran.

Sosias hat für seinen Brunnen wieder die gleiche Anzahl von Leuten wie vorher. Mehr kann er nicht gebrauchen. Die würden sich auch in dem nach unten immer enger werdenden Trichter eher im Weg stehen. In etwa einer Woche, schätzt Sosias, müsste er auf eine wasserführende Schicht stoßen.

So bleiben etwa sechzig Legionäre für das Einrammen der Pfähle ins Flussbett. Mehr als dreißig Fuß weit müssen sie gar nicht vom Ufer weg. Da ist das Wasser so tief, dass ein voll beladenes Schiff dort schwimmen und festmachen kann.

Schon am Nachmittag nimmt das Ding Gestalt an. Die in zwei geraden Reihen parallel nebeneinander ins Wasser führenden Pfähle sind bereits durch Längsbalken untereinander verbunden. Fehlen nur noch die Querhölzer obendrüber, die die Entladeplattform und den Steg zum Ufer bilden sollen.

Erik ist fasziniert vom Fortgang der Arbeiten und schaut gespannt zu. Seine Fortschritte in der fremden Sprache sind jetzt schon so weit gediehen, dass er Fragen an die Soldaten stellen kann. Geduldig erklären die ihm, was sie machen und wozu das gut ist. Seit er ihre Sprache versteht und spricht, haben sie ihn richtig gern.

Niemand ahnt, dass dieser Anleger, der für *ein* Schiff gedacht ist, schon bald an seine Grenzen stoßen wird. Dann nämlich, wenn der Konvoi aus zehn Schiffen hier eintrifft. Aber damit rechnet natürlich niemand. Morgen, spätestens übermorgen wird die Anlegeplattform fertig sein.

Und weil jetzt nur noch ein Teil der Mannschaft mit dem Zuschneiden und Befestigen der Querhölzer beschäftigt ist, fängt der Rest damit an, einen Weg nach oben zum Lager anzulegen. Sobald die Dämmerung einsetzt, ruft Quintus Agrippa alle zurück ins Lager. Sie sollen noch ordentlich die *cena*, das Abendessen – nach dem Frühstück bei den Legionen die zweite wichtige Mahlzeit des Tages –, genießen, bevor sie wieder in den Wald in die Verstecke verschwinden müssen.

Danach die gleiche Prozedur wie in der vorigen Nacht: ein Späher auf den Baum, zwei, die das Feuer in Gang halten und nach dem Letzten, der das Lager verlassen hat, das Tor schließen sollen. Wieder Warten in den Verstecken, wieder scheint ein heller Mond, und wieder tut sich nichts.

»Wahrscheinlich ist es denen zu hell«, denkt Quintus Agrippa laut nach, »vielleicht warten sie auf eine dunklere Nacht. Dass man sie nicht so leicht entdecken kann.«

»Zumindest ist bis jetzt noch nichts passiert«, gibt Septimus zu bedenken, »und schlechter als vorher stehen wir auch nicht da, immerhin haben wir bald einen Anleger.«

So vergeht eine zweite, ereignislose Nacht in angespannter Untätigkeit.

Nach dem *prandium*, dem Frühstück, das wieder im Lager eingenommen wird, gehen die Arbeiten an Anleger und Verbindungsweg zum Lager weiter. Das geht alles routiniert und präzise vonstatten. Trotzdem wirkt Quintus Agrippa den ganzen Tag über angespannt. Das merkt auch Septimus. Er spricht den Hauptmann darauf an.

»Was treibt dich um, Quintus?«

»Wie viele Nächte soll das noch so weitergehen?«, entgegnet der Hauptmann ärgerlich. »Der Anleger ist fast fertig, der Weg zum Lager auch. So weit, so gut, aber was machen wir morgen, übermorgen und die Zeit danach? Es ist mir einfach zu gefährlich, weiter an dem Weg zu bauen. Aber ohne den Lehm kommen wir an keiner Stelle vorwärts. Wir können keine Ziegel brennen. Ohne Ziegel können wir keinen großen Brennofen bauen, und ohne Brennofen wird das mit dem Brunnen nichts, auch wenn Sosias bald auf Grundwasser stößt. Die Vermesser sitzen rum, die Ingenieure und die Straßenbauer auch. Und ich seh keine Lösung.«

Septimus zuckt die Schultern, er hat auch keine Idee.

»Und noch etwas ganz anderes macht mir Sorgen«, fährt Quintus Agrippa fort, »dir ist doch auch schon aufgefallen, dass die Tage langsam kürzer werden. Dann wird es schnell nass und kalt hier in dieser verdammten Gegend. Wir müssen bald damit anfangen, feste Unterkünfte zu bauen, erst mal aus Holz. Denn wenn es hier richtig kalt wird, überleben wir das in unseren Zelten nicht. Aber solche Hütten zu bauen hat keinen Sinn, solange das Lager hier nicht vom Kaiser genehmigt und registriert ist.«

»Wie lange ist es eigentlich her, dass wir unseren Bericht an den Prätor geschickt haben?«, fällt Septimus plötzlich ein.

»Bestimmt vierundzwanzig, fünfundzwanzig Tage. Rom ist eben sehr, sehr weit weg.« Und sehnsüchtig fügt Quintus Agrippa hinzu: »So ein richtiges römisches Bad mit *caldarium*, *frigidarium* und Massage würde ich auch gerne mal wieder von innen sehen.«

»Gehörte früher auch zu meinen Gewohnheiten, spätestens jeden zweiten Tag war ich in einem Bad, aber hier? Nicht mal ordentliches Trinkwasser«, meint Septimus wehmütig.

»Ich habe schon mal überlegt, ob ich Justus noch einmal nach Moguntiacum schicken soll, auf dem Landweg. Ob der Prätor schon etwas weiß. Wir sitzen hier rum, es gäbe so viel zu tun, und wir können nichts machen«, setzt Quintus Agrippa seinen Gedankengang fort.

»Ich weiß nicht, ob das so eine gute Idee ist«, gibt Septimus zu bedenken, »das dauert auch wieder mindestens vier Tage hin, die gleiche Zeit zurück, alles zusammen Minimum acht Tage. Und du erinnerst dich doch, was den beiden unterwegs passiert ist. Durch das Unglück mit der Falle haben Justus und Sixtus mehr als die veranschlagten vier Tage gebraucht. Die hatten mehr Glück als Verstand. Und dann sind wir immer noch nicht schlauer als jetzt. Lass uns doch einmal andersherum rechnen: Vor fünfundzwanzig Tagen sind Justus und Sixtus losgezogen. Alles zusammen haben sie sechs Tage bis zum Prätorium gebraucht. Bleiben noch neunzehn Tage. Der Prätor hat sofort einen Boten nach Rom geschickt. Hat er jedenfalls geschrieben. Der Bote nach Rom braucht – je nach Wetter – zehn bis elf Tage. Bleiben wohlwollend gerechnet noch neun. Selbst wenn der Bote dann sofort zum Kaiser vorgelassen wurde und der im selben Moment sein *placet* gegeben hätte, braucht der Bote zurück wieder die gleiche Zeit. Wieder zehn oder elf Tage. Im günstigsten Fall kann der Prätor also gestern, heute oder morgen eine Nachricht aus Rom erhalten haben. Von da zu uns noch mal vier Tage. Und das auch nur im besten Fall. Es bleibt uns also nichts anderes übrig, als noch ein paar Tage zu warten.«

»So herum gerechnet hast du natürlich recht«, gibt Quintus Agrippa resigniert zu, »aber die Warterei zerrt an den Nerven. Bereiten wir uns also auf die nächste Nacht im Wald vor.«

»Du könntest noch etwas anderes tun, wenn es dir nicht zu gefährlich erscheint«, sagt Septimus.

»Nämlich?«

»Jetzt ist es noch hell. Du könntest einen Spähtrupp losschicken, der sich anschaut, ob sich an der Baustelle auf der Straße zum Lehm etwas verändert hat. Ob die Barbaren noch einmal da waren. Könnte ein Hinweis darauf sein, ob sie angreifen werden oder auch nicht.«

»Alles besser als nur rumsitzen«, pflichtet ihm Quintus bei und lässt alle, die nicht beim Anleger und beim Brunnenbau beschäftigt sind, antreten.

Drei Zelteinheiten sucht er aus, vierundzwanzig Mann. Die sollen in vier Sechserreihen unter dem Schutz einer »Schildkröte« vorrücken. Bei der Schildkröte werden die Legionäre nach vorn, zur Seite und nach oben durch ihre großen Schilde geschützt. Kaum ein Pfeil oder ein Speer geht da durch. Zwischen den Schilden vor der Brust und denen über den Köpfen ist nur ein kleiner Sehschlitz, durch den man nach vorn schauen kann. Aber der Marsch unter der Schildkröte ist anstrengend, weil alle immer im Gleichschritt gehen müssen. Außerdem ist es heiß. Normalerweise wird das nur gemacht, wenn man auf eine belagerte Stadt zumarschiert und mit einem Pfeilhagel rechnen muss. Deswegen wird es auch immer und immer wieder geübt.

Diesmal geht es zwar nicht gegen eine Stadtmauer, aber wer weiß, ob die Germanen nicht wieder in den Bäumen hocken. Es bietet einfach die beste Chance, im Falle eines Überfalls ohne Verletzungen zurückzukommen.

»Und nur so weit, bis ihr die ersten Veränderungen seht. Es geht nicht darum, festzustellen, wie viel sie verwüstet haben, sondern nur darum, ob sie überhaupt da waren«, schärft Quintus Agrippa ihnen ein, »und bei den ersten Anzeichen sofort zurück zum Lager. Keine Kämpfe! Alles klar?«

Die Männer salutieren, machen sich bereit und marschieren los. Durch die großen Schilde, die fast bis zum Boden reichen, können sie nur kürzere Schritte machen. Entsprechend langsam kommen sie vorwärts. Quintus Agrippa und Septimus verfolgen den Zug mit den Augen.

Der Spähtrupp ist noch nicht sehr weit gekommen, noch lange nicht bis zu der Stelle, an der sie das Wildschwein erlegt haben, da bietet sich der Mannschaft ein grauenvolles Bild. Alle Baumstämme, die schon zweimal sauber neben dem Weg aufgestapelt waren, sind wieder kreuz und quer über die Wegschneise verstreut. Löcher, die schon eingeebnet waren, sind wieder aufgerissen. Die Germanen haben wirklich gewütet.

Und dann macht's plötzlich »plonk«, und ein Pfeil steckt in einem der Frontschilde.

»Zurück«, kommandiert der Anführer augenblicklich.

Noch langsamer als beim Vorwärtsgehen bewegt sich die Schildkröte rückwärts. Etliche Pfeile folgen. Einige prallen an den Dächern ab, andere bleiben in den Fronten hängen.

Das macht das Tragen der Schilde nicht leichter, denn jeder Pfeil vergrößert das Gewicht der sowieso schon schweren Schilde.

Trotzdem ziehen sich die Legionäre diszipliniert zurück. Erst in Sichtweite des Lagers lösen sie die Formation auf und marschieren vorwärts weiter.

EINE WEISSE KUH UND EIN STIER

Quintus und Septimus erwarten sie schon.

»Sehr weit seid ihr ja nicht gekommen.«

»Nicht mal bis zur Hälfte der Schneise, die wir schon geschlagen haben. Und sie haben ganze Arbeit geleistet. Alles, was wir schon so gut wie fertig hatten – total zerstört. Baumstämme kreuz und quer, Riesenlöcher, es sieht grausam aus«, gibt der Anführer Auskunft.

»Damit wissen wir in jedem Fall, dass sie nicht aufgegeben haben. Sie sind da. Sie sind sogar schon näher an unser Lager rangerückt. Bedeutet, sie werden bestimmt angreifen. Sie warten bloß noch auf einen günstigen Augenblick«, fasst Quintus Agrippa die Situation zusammen.

»Davon müssen wir wohl ausgehen«, stimmt ihm Septimus zu. »Jetzt macht mir doch noch etwas anderes Sorgen: Nimm einmal an, unser Plan klappt aus irgendeinem Grund nicht, und es kommt doch zu Kämpfen. Was machen wir mit Erik? Nicht auszudenken, wenn dem etwas passiert.«

»Entsetzlicher Gedanke«, sagt Quintus, »aber was können wir tun?«

Septimus denkt einige Augenblicke lang nach. »Ich kann mir eigentlich nur zwei Möglichkeiten vorstellen«, sagt er dann, »entweder wir verstecken ihn irgendwo so hoch in einem Baum, dass er von unten nicht zu entdecken ist, oder wir geben ihn zeitweise wieder zurück an sein Dorf. Wenn wir ihn hier verstecken, die Germanen uns überrennen und keiner von uns übrig bleiben sollte, müsste er nur warten, bis sie abgezogen sind, und sich dann alleine zu seinem Dorf durchschlagen. Dann wäre er frei. Wenn wir ihn vorher in sein Dorf zurückgeben, würden wir damit schon zugeben, dass wir mit einer Niederlage rechnen. Beides keine gute Lösung, aber etwas Besseres fällt mir nicht ein. Ist ja auch nur ein Gedanke, falls unser Plan schiefgeht.«

»Na, na, na, jetzt siehst du aber allzu schwarz«, entgegnet Quintus Agrippa, »wir gehen bis jetzt davon aus, dass die List klappt und es keine Toten geben wird. Wenn etwas schiefgeht, werden wir kämpfen müssen. Und das werden wir auch. Wir sind schließlich immer noch eine römische Zenturie. Wir sind besser ausgerüstet, und mit einer Überzahl von Gegnern sind wir auch schon früher fertiggeworden. Außerdem sind wir ja auf den Angriff vorbereitet, auch wenn es nicht ohne Verluste abgehen wird. Erik bleibt in jedem Fall –«

Noch ehe er den Satz beenden kann, ertönt vom östlichen Wachtturm der Ruf: »*Naves in Rheno – Romani*, es kommt Verstärkung, *decem naves*, zehn Schiffe!«

»Doch schneller als erwartet. Jupiter sei Dank«, seufzt Quintus Agrippa.

Und schon rennt er los zum neuen Anleger. Septimus und etliche Soldaten hinterher. Aus der Entfernung sehen sie bereits, dass sich auf einem der Schiffe etwas Weißes befindet. Es könnte eine Kuh sein.

»Siehst du auch, was ich sehe?«, stupst Septimus Quintus Agrippa an.

»Wenn das wirklich eine weiße Kuh ist, dann muss irgendwo auch noch ein Stier sein, dann ist unser Lager vom Kaiser genehmigt und registriert. Dann sind wir offiziell«, freut sich der Hauptmann.

Langsam kommen die Schiffe näher. Geschickt steuert der Gubernator des ersten den Anleger an. Die Ruderer heben auf Kommando alle Ruder aus dem Wasser. Und schon im Näherkommen ruft der Steuermann enttäuscht: »Ist das alles, was ihr hier zum Ausladen habt?«

»Mecker bloß nicht rum. Sei froh, dass es den Anleger überhaupt schon gibt, ist gerade erst fertig geworden«, ruft ihm Quintus Agrippa entgegen.

Missmutig grummelt der Steuermann noch etwas vor sich hin, macht dann das Schiff aber fest.

Der Erste, der von Bord springt, ist der Princeps, der Zenturio der zweiten Zenturie. Er übergibt Quintus Agrippa nach der Begrüßung die Schriftrolle des Prätors.

Quintus Agrippa bricht sofort das Siegel auf und liest.

Einiges weiß er schon, anderes ist ihm neu. Zum Beispiel, dass er ab sofort den Befehl über drei Zenturien hat. Er ruft Camillus und Valerius, die beiden neuen Zenturios zu sich, macht sie mit Septimus bekannt und beschreibt die gegenwärtige Situation.

»Ich freue mich wirklich, dass ihr hier seid. Denn wir haben Hilfe dringend nötig.«

Dann setzt er sie in Kenntnis von dem »Frieden« mit dem Nachbardorf, den Geiseln, dem bevorstehenden Angriff der anderen Dörfer, dem Stillstand beim Wegebau, der List mit der Feuerwand und der Anweisung des Kaisers, dass es möglichst ohne Leichen abgehen soll.

»Seid also willkommen im Chaos, aus dem nach dem Willen des Kaisers nun das ›Castra ad Ubiorum‹ werden soll«, schließt er.

»Etwas weiter flussaufwärts, bei der Fahrt hierher«, erzählt Camillus, »haben wir schon ein paar Flöße und Boote am rechten Ufer gesehen, auf die alles Mögliche aufgeladen wurde. Im ersten Moment dachten wir, dass es sich um einen Überfall handelt. Aber alle waren friedlich, keine Pfeile, sie winkten nur und ließen sich bei ihrem Tun nicht stören. Diese Ubier scheinen also schon auf dem Weg zu sein.«

»Wo war das genau, und wie viele waren es?«, will Quintus Agrippa wissen.

»Ein paar Stunden aufwärts, da ist so ein kleiner Fluss, der von rechts in den Rhenus mündet, keine Ahnung, wie der heißt, alle zusammen mit den vielen Kindern vielleicht achtzig bis hundert«, antwortet Valerius.

»Warten wir ab, wie *das* weitergeht.« Quintus nimmt die Situation wieder in die Hand. »Kümmern wir uns erst mal um das Wichtigste: Ihr seid mit zehn Schiffen gekommen. Die auszuladen ist im Moment nicht besonders schlau. Ins Lager bringen können wir die Vorräte nicht. Denn wenn der Überfall der Barbaren kommt, wären sie da nicht sicher. In ihrer Wut könnten sie alles zerstören oder vernichten, und wir müssten hungern. Die Sachen in den Wäldern zu verstecken kostet zu viel Zeit. Das Beste wäre, alles außer dem persönlichen Gepäck und den Waffen auf den Schiffen zu lassen.«

»Aber die Tiere, die weiße Kuh und der Stier, müssen dringend an Land. Die waren die ganze Fahrt über schon sehr unruhig. Die müssen sich mal bewegen können und was fressen«, wendet Camillus ein.

»Völlig richtig«, stimmt ihm Quintus Agrippa zu, »die stecken wir zu unseren Mulis und den Zugtieren. Für die haben wir sowieso schon ein Versteck im Wald gebaut. Müssen wir ihnen nur die Mäuler zubinden, damit sie durch ihr Geblöke das Versteck nicht verraten. Zu fressen und Wasser gibt's da auch. Den Rest lassen wir auf den Schiffen. Drei Boote liegen da noch vom letzten Transport, und eure zehn dazu macht zusammen dreizehn. Die müssen wir dicht an dicht oberhalb und unterhalb vom Anleger festmachen und mit Ästen und Gebüsch abdecken, damit sie nicht gesehen werden. Was ihr an Vorräten für das Abendessen braucht, nehmt runter und bereitet die Mahlzeit unten am Ufer. Da fällt es nicht auf, dass Verstärkung gekommen ist. Den Uferstreifen kann man nur von unserem Lager aus sehen. Für die Bande aus Frehem ist er nicht einsehbar. Camillus bereitet trotzdem eine Bewachung vor, und der Rest kommt nach dem Essen zu uns in die Verstecke im Wald. Und erledigt das alles ohne großen Lärm.«

»Sollten wir deinen Plan nicht noch einmal überdenken?«, wendet Valerius ein. »Jetzt, wo wir deutlich in der Überzahl sind, wäre es doch ein Leichtes, diese Deppen zu überwinden.«

»Im Prinzip hast du recht«, steigt Septimus in das Gespräch ein, »aber dabei wird es zwangsläufig Tote geben. Die Nachricht darüber verbreitet sich dann wie ein Lauffeuer und wird andere Stämme dazu bringen, sich erneut zusammenzuraufen, um gegen uns vorzugehen. Es entsteht neuer Hass auf uns, es wird neue Kämpfe geben und wieder neue Tote. Unser Ruf als Besatzungsmacht ist ja auch alles andere als glänzend. Das weißt du doch selber. Der Kaiser hat mir ausdrücklich befohlen – Quintus hat es eben schon einmal gesagt –, den ganzen Lagerbau hier so friedlich wie eben möglich voranzutreiben. Der Kaiser will auf dieser Seite des Rhenus in jedem Fall Frieden, auf der anderen Seite des Flusses hat er schon Ärger genug. Kannst du daran erkennen, dass er diese Ubier als ›Freunde des römischen Volkes‹ hierher umsiedeln lässt. Kann man nur wünschen, dass das auch so verläuft, wie er sich das vorstellt, und dass die hier nicht Streit mit den schon Ansässigen vom Zaun brechen.«

Für Camillus und Valerius ist es kaum vorstellbar, sich mit Germanen anders als im Kampf auseinanderzusetzen. Und sich vor Barbaren sogar noch zu verstecken, das passt gar nicht in ihr Weltbild. Aber weil Quintus Agrippa nun den Oberbefehl hat, fügen sie sich schicksalsergeben. Sie geben die notwendigen Befehle an ihre Zenturien, und darauf beginnt ein geschäftiges Gewusel rund um die Schiffe.

Etliche der neu angekommenen Legionäre meckern rum.

»Toller Empfang, erst zwei Tage rudern, dann kein vernünftiges Essen, kein Wein, nicht mal ’n ordentliches Lagerfeuer und pennen auf dem Waldboden. Oh, wie ich dieses beschissene, kalte Germanien liebe!«

IN DER HÖHLE

Die Bewohner des Germanendorfes, die sich nun seit zwei Tagen und zwei Nächten in der Höhle versteckt halten, sitzen mehr oder weniger untätig herum. Außer Demosthenes und Ansgar sind es hauptsächlich Frauen und Kinder. Tagsüber sind einige auf die Felder gegangen, um nach dem Rechten zu sehen. Auch die Tiere mussten gefüttert werden. So konnten die Frauen und Kinder draußen auch mal frische Luft schnappen. In der Höhle ist es stickig und, abgesehen vom Schein des Feuers, finster. Alles andere als behaglich. Durch die Späher im Baum wissen sie, dass bisher noch kein nächtlicher Überfall auf das Lager stattgefunden hat. Sie wissen auch, dass neue Schiffe mit noch mehr Soldaten angekommen sind, dass diese aber nicht ins Lager gegangen, sondern irgendwo im Wald verschwunden sind. Gerade hat ein aufgeregter Bote Ansgar diese neue Nachricht überbracht.

Der Druide wendet sich an Demosthenes. »Es sind wieder Schiffe mit neuen Soldaten gekommen. Sie haben die Boote aber nicht ausgeladen, und die Soldaten sind wie vom Erdboden verschwunden. Was hat das zu bedeuten?«

Demosthenes denkt einen Augenblick lang nach, dann fragt er zurück: »Hat euer Späher zufällig gesehen, ob auf den Schiffen eine weiße Kuh war?«

Davon hat der Bote bisher nichts gesagt, Ansgar weiß es nicht, er fragt also nach. Der Bote nickt und erklärt, dass der Späher noch nie vorher so ein strahlend weißes Tier gesehen hätte.

Da lächelt Demosthenes wissend. »Dann ist es jetzt amtlich. Der Kaiser hat den Lagerplatz also registriert und genehmigt. Ich nehme an, er hat ihm auch einen Namen gegeben. Zu der weißen Kuh gehört noch ein Stier. Diese beiden bilden ein Gespann und werden einen Pflug ziehen. Mit diesem Pflug wird der Staatspriester einen Graben um das ganze Lager ziehen. An vier Stellen wird er den Pflug aus dem Boden heben. Da werden später die Tore des Lagers sein. Mit diesem Akt wird das Lagerviereck den Göttern geweiht und unter ihren Schutz gestellt. Du wirst uns also noch lange als Nachbarn haben.«

»Und die neuen Soldaten? Warum sind die verschwunden?«, will Ansgar wissen.

»Die sollen beim Aufbau des Lagers helfen. Und dass sie verschwunden sind, hängt wohl mit dem Plan von Quintus Agrippa zusammen. Mehr kann ich nicht sagen. Durch deine Späher weißt du mehr als ich. Ich weiß immer nur das, was du mir erzählst. Ich bin ja nicht dabei, wenn Quintus und Septimus etwas planen. Ich sitze hier bei euch und kann nur überlegen, was es zu bedeuten haben *könnte*.«

Das sieht auch Ansgar ein.

DER ERNSTFALL

Ein Teil der neu angekommenen Schiffe ist schon unter Ästen und Zweigen verborgen. Etliche Legionäre schleppen noch weiteres Grünzeug heran, um die Tarnung zu komplettieren. Etwas abseits am Ufer sind die Müller und Bäcker dabei, Korn zu mahlen und das Brot für die Abendmahlzeit herzustellen.

Wolken ziehen auf. Möglich, dass es später sogar noch regnet. Quintus Agrippa und Septimus schauen nach oben.

»Vielleicht scheint der Mond heute Nacht nicht so hell wie in den letzten beiden Nächten«, sinniert Quintus Agrippa, »könnte sein, dass sie das ausnutzen wollen. Überprüfen wir alles lieber noch einmal.«

Wortlos umrundet er zusammen mit Septimus und den beiden neuen Zenturios den Graben, in dem die Feuerwand entstehen soll. Alles ist vorbereitet. Trotzdem schauen sich Camillus und Valerius zweifelnd an. Kann dieser verrückte Plan überhaupt gelingen?

»Also noch mal«, beginnt Quintus Agrippa, »erst das Feuer, dann mit den Signalhörnern Lärm machen, danach das Lager mit viel Getöse umstellen, nach dem Hornsignal sollen auch die Wachen von den Booten mit nach oben kommen, dann kommt unser Dolmetscher mit der Ansprache. Dann sehen wir weiter. Sollte es zu Kämpfen kommen: die Burschen kampfunfähig machen: ja, umbringen: nein! – Fesseln und liegen lassen, bis alles vorbei ist. Klarer Befehl, ihr wisst also, was zu tun ist.«

Jetzt wendet er sich an Camillus. »Was hast du für die Bewachung der Schiffe geplant?«

»Je Schiff vier Leute, gut versteckt unter dem Gestrüpp, aber jederzeit kampfbereit.«

»Also etwas mehr als eine halbe Zenturie«, rechnet Agrippa

im Kopf nach. »Gut, sollte reichen. Hoffen wir jedenfalls mal. – Geht jetzt zu euren Leuten. Wir sehen uns später im Wald.«

Die beiden salutieren und machen sich auf den Weg zu ihren Einheiten. Septimus schaut ihnen nach.

»Die beiden würden lieber draufhauen, hab ich das Gefühl.«

»Klar, versteh ich, würde ich auch manchmal gerne«, erwidert Quintus Agrippa, »passt leider nicht zu den Befehlen des Kaisers.«

Ohne weitere Worte gehen sie zu den Verstecken im Wald. Alle schon dort wartenden Legionäre sind gut getarnt. Quintus Agrippa kontrolliert noch einmal die Feuergruben, in denen winzige Feuer brennen. Sie sind nicht einmal aus kurzer Entfernung zu sehen. Frische Fackeln liegen, für den Ernstfall, daneben. Dann kauern sich Septimus und Quintus Agrippa nebeneinander in ihre mittlerweile schon angestammte Kuhle. Die Wolkendecke ist inzwischen immer dichter geworden.

»Dritte Nacht!«, flüstert Quintus Agrippa. »Ich wünschte, sie würden endlich kommen. Diese dämliche, unnütze Warterei macht einen fertig.«

Schemenhaft können sie aus ihrem Versteck die Vogelscheuchen-Wachen im Widerschein des Lagerfeuers sehen. Trotz ihrer mechanischen Bewegungen sehen sie ziemlich echt aus. Auch in dieser dritten Nacht funktioniert das mit den Bewegungen einwandfrei. Die Ingenieure haben gute Arbeit geleistet. Eine Stunde vergeht, dann noch eine und wieder eine – nichts.

Als Septimus schon vermutet, dass auch in dieser Nacht nichts geschehen wird, hört man plötzlich einen Raben krächzen.

Schlagartig sind alle hellwach und angespannt. Kommen die Germanen jetzt tatsächlich? Dann muss es sich erweisen, ob sie sich so verhalten, wie ein römischer Zenturio es sich gedacht hat.

Kurz darauf kriechen die beiden, die das Lagerfeuer bis jetzt unterhalten haben, auf das Versteck von Septimus und Quintus Agrippa zu.

»Wir haben den Ruf eines Raben gehört, es scheint sich was zu tun«, melden sie.

Quintus Agrippa nickt nur und gibt ihnen ein Zeichen, sich ebenfalls zu verstecken.

Danach kehrt wieder Ruhe ein.

Nach einer gefühlt endlosen Weile hört man plötzlich Geschepper. Man kann es nicht genau erkennen, aber es hört sich so an, als sei einer der mechanischen Wachleute vom Turm gekippt. Danach wieder Ruhe.

In kürzeren Abständen scheppert und klappert es ein zweites, ein drittes und ein viertes Mal. Dann wieder absolute Stille.

»Das waren wohl unsere ›Wächter‹. Bis jetzt haben sie genau das gemacht, was du vorausgesagt hast«, flüstert Septimus Quintus Agrippa zu.

»Wenn sie bis jetzt noch keinen Verdacht geschöpft haben, müsste bald ein Späher auftauchen, um einen Blick ins Lager zu werfen«, flüstert der zurück.

Und in der Tat sieht man schemenhaft eine Gestalt vorsichtig oben über die Palisaden schauen und sofort wieder verschwinden. Und wie aus dem Nichts klettern plötzlich jede Menge dunkle Gestalten lautlos über die Palisaden.

Noch ein Augenblick Stille, dann ertönt ein vielstimmiges Gejohle aus dem Inneren des Lagers.

»Jetzt das Feuer!«, befiehlt Quintus Agrippa leise.

Geduckt huschen Legionäre auf die vier Kanäle mit der Birkenrinde zu und zünden diese an. Wie schon beim Versuch vor ein paar Tagen brennen sie ganz gemächlich vor sich hin, und es wird eine Weile dauern, bis die Zündflammen den Graben für die eigentliche Feuerwand erreicht haben.

Quintus Agrippa geht das zu langsam. Er befürchtet, dass die Germanen bald erkennen, dass sie in einer Falle stecken.

Und so schickt er zusätzlich noch Leute mit Fackeln los. Sie sollen den Graben für die Feuerwand nicht nur an den vier Ecken, sondern auch noch an Stellen zwischendrin anzünden. Denn wie schnell werden die Germanen ihren Fehler erkennen und wieder zu flüchten versuchen? Die Fackelträger hasten und stolpern so schnell es geht zum Graben und legen Feuer. Und so brennt in weniger als einer Minute die ganze Feuerwand lichterloh.

Im Lager riechen die Germanen zuerst den Brandgeruch, im nächsten Moment sehen sie hinter den Palisaden den Lichtschein des rasch größer werdenden Feuers. Das wütende Eindreschen auf die Zelte weicht der Panik.

Im selben Moment entsteht eine Kakofonie, hervorgerufen durch sämtliche *bucinae* und andere Blasinstrumente, die die Römer zur Verfügung haben. Ein Höllenlärm. Dazu rennen jetzt alle Legionäre aus den Verstecken auf das Lager zu, verteilen sich rund um die Feuerwand und schlagen mit ihren Schwertern auf ihre Schilde. Es ist ohrenbetäubend.

Vereinzelt versuchen einige Germanen, die Lagertore zu öffnen und zu fliehen, lassen diese Absicht aber rasch wieder fallen, sobald sie sich der Feuerwand und den dahinterstehenden Legionären gegenübersehen. Sie schreien sich ihre Wut aus dem Leib. Einige werfen auch Speere, die aber ihre Ziele verfehlen.

Da gebietet Quintus Agrippa Ruhe. Sofort hören alle Lurenbläser auf, und die Legionäre stellen das Schlagen auf die Schilde ein. Einen Moment lang wird es ruhiger, nur noch die umzingelten Germanen im Lager brüllen Unverständliches. Sie erkennen die Ausweglosigkeit ihrer Situation, was sie nicht weniger wütend macht.

Quintus Agrippa kann es selber kaum glauben: Bis hierher hat dieser aberwitzige Plan tatsächlich geklappt. Jetzt kommt der zweite, der schwierigere Teil, nämlich mit diesen Typen einen »Frieden« auszuhandeln. Er schaut sich nach Septimus um, das überlässt er lieber dem Legaten.

Septimus winkt den germanischen Dolmetscher heran. »Sag ihnen, was sie erwartet«, fordert er ihn auf.

»Ha«, ruft der Dolmetscher ins Lager. »Jetzt seider umzingelt. Da kommt koiner von eich raus. Ihr habt koi Schangs. Schauet eich amol um. Do isch z'erscht amol des Feier, un dahinter stehet d' Legionäre. Un des sinn doppelt so viele wie ihr.«

Wütendes Geschrei brandet ihm entgegen.

»Ja, brüllet ihr nur, des ändert nix.«

»Wir werden kämpfen und lieber sterben, als uns den Römern zu unterwerfen«, brüllt da einer zurück.

»Bischt du der Anführer von dera Versammlung do? Wie bled misset ihr eigentlich sei? Zwoimol scho habt ihr versucht, gege d' Remer ahz'komme, zwoimol hat's nix bracht. Die Nacht mit dene wandernde Büsch hat net klappt. Als wenn d' Remer net besser schieße könntet. Des sollt a Warnung sei. Un d'r Überfall auf d' Stroßebauer hat eich drei Leit koscht. Läbet die ieberhaupt no, un sinn die bei eich? Kämpfe wolleter also. Auf oin von eich kommet zwoi von de Remer. Do goht koiner vom Platz. Un eier Dorf, des kenneter vergesse. I hoff, eire Fraue un Kender fendet des au gut. Du Schreihals, der do äbe vom Kämpfe g'schwätzt hat, komm amol nach vorn, dass mer schwätze kennet. D' Remer wollet eich gar net umbringe, des hättetse in dere Nacht mit dene Büsch scho lang mache kenne. Die wollet hier Friede.«

»Hier gibt es keinen Frieden«, ruft der von eben zurück, »wir werden kämpfen und euch vertreiben!«

Jetzt schaut der Dolmetscher Septimus fragend an: Wie soll er weitermachen?

»Dann warten wir erst mal ab, was sie als Nächstes vorhaben«, antwortet der Legat.

»Na machet halt, waser wellet«, ruft der Dolmetscher ins Lager rüber.

Danach hört man nur noch das Knacken und Knistern des Feuers, ansonsten herrscht angespannte Ruhe auf beiden Seiten.

»Sie werden beraten, was sie tun sollen«, meint Quintus Agrippa, »ich nehme an, sie werden einen Ausbruchsversuch wagen. Vielleicht warten sie auch darauf, dass die Feuer ausgehen.«

Und wirklich: Die Feuerwand brennt nicht mehr ganz so hoch wie zu Anfang.

»Aber da können sie lange warten«, knurrt Quintus Agrippa grimmig. Dann befiehlt er: »Jeder Dritte im Glied raustreten, Holz holen und ins Feuer nachlegen! – Und wenn sie kommen, nur auf die Beine und die Füße zielen«, erinnert er seine Soldaten.

Der Befehl wird umgehend ausgeführt, und so sieht man, wie immer neues Brennholz in die Feuerwand geworfen wird. Sonst geschieht nichts. Beide Seiten stehen sich feindselig abwartend gegenüber.

Ohne Ankündigung fliegen auf einmal Speere und Pfeile aus dem Lager auf die Legionäre zu. Die Germanen haben sich offenbar hinter den Palisaden verschanzt und versuchen, die Römer zu treffen. Geschickt weichen die Legionäre den Geschossen aus oder fangen sie mit ihren Schilden ab. Nur ein paar wenige bekommen Kratzer ab, für Legionäre nichts Ungewöhnliches.

Nach der ersten Angriffswelle ruft der Dolmetscher ins Lager: »Wie lang kennet ihr des durchhalte, bis ihr koine Speer und Pfeil mehr habt?«

Als Antwort kommt nur wütendes Gebrüll. Und der Lichtschein vom Feuer innerhalb des Lagers wird größer. Daneben sieht man ein zweites Feuer hinter der Palisadenwand züngeln, dann noch ein drittes.

»Jetzt sind sie völlig von Sinnen«, kommentiert Quintus Agrippa diese Aktion der Germanen, »jetzt zünden sie alles an, was ihnen in die Hände fällt. Die wollen uns zu einem Gegenangriff provozieren.«

»Und, machst du das?«, will Septimus wissen.

»Kein Gedanke«, entgegnet der Hauptmann verächtlich, »die sind eigentlich doch gar nicht blöd. Aber jetzt verhalten sie sich wie trotzige kleine Kinder. Die denken, wenn sie alles verbrennen, werden wir wütend und greifen an. Tun wir aber nicht, wir warten einfach nur ab. Die merken noch nicht mal, in was für eine Situation sie sich selbst gebracht haben. Irgendwann wird es denen da drinnen zu heiß, und wenn sie nicht geröstet werden wollen, müssen sie raus. Wir brauchen nur Geduld.«

Nicht lange danach fliegt das Lagertor auf, und mit wildem Geschrei stürzen die Germanen heraus. Mit vorgehaltenen Schilden und drohend gereckten Schwertern. Sie rennen auf die Feuerwand zu.

Weisungsgemäß zielen die Legionäre mit ihren Pfeilen nur auf die Beine und Füße. Die Krieger in den vorderen Reihen werden getroffen. Einige stolpern, andere fallen hin. Die dahinter Rennenden kommen darüber zu Fall. Der Ausbruch kommt zum Stillstand. Unter schmerzvollem Geschrei werden die Verwundeten von den anderen zurück ins Lager geschleift. Dann schließt sich das Tor wieder.

»Wenn sie noch ein bisschen Verstand haben, ergeben sie sich jetzt«, meint Septimus zu Quintus Agrippa.

»Werden sie nicht machen«, entgegnet der. »Lieber sterben sie, als sich zu ergeben. Stures Germanenpack eben! Die werden es noch mal versuchen.«

»Obwohl sie gesehen haben, was passiert?«

»Getroffen haben wir vielleicht zehn oder zwölf. Zu wenige. Die fühlen sich immer noch stark. Sie werden es wieder versuchen, verlass dich drauf.«

»Sollen wir sie nicht wenigstens noch mal auffordern, sich zu ergeben?«

»Versuchen kannst du's ja.«

Septimus gibt dem Dolmetscher ein Zeichen.

»He, ihr da drübe ... ergäbet eich halt. Bis jetzt hat's no koine Tote gäbe. Seid doch net bleed. G'winne könnet ihr eh net.«

Als Antwort wird das Lagertor zum zweiten Mal aufgestoßen. Und wieder stürmen die Germanen brüllend heraus. Aber diesmal haben sie sich eine andere Taktik ausgedacht. Sie kommen nicht als geschlossene Gruppe, jeder rennt sofort im Zickzack in eine andere Richtung. So sind sie als Ziel nicht so leicht auszumachen.

Aber die Übermacht der römischen Pfeile ist zu groß. So werden die meisten von ihnen getroffen und fallen zu Boden. Einige wenige versuchen es trotzdem, mit Pfeilen in den Beinen, todesverachtend, auf die Feuerwand zu zu rennen und sich schwertschwingend hindurchzuwerfen. Nur dreien gelingt es. Da angekommen, werden sie von den Legionären ergriffen, entwaffnet und gefesselt. Bei einem haben die Haare Feuer gefangen, bei einem anderen die Beinkleider. Diese Brände werden sofort erstickt.

Die Verletzten, die sich zwischen Feuerwand und Lager befinden, versuchen humpelnd oder kriechend wieder die schützenden Lagerpalisaden zu erreichen. Die Unverletzten helfen ihnen dabei. Sie werden von den Legionären nicht weiter beschossen.

Die entwaffneten und gefesselten Frehemer werden zu Quintus Agrippa und Septimus gebracht und vor ihnen auf den Boden geworfen. Drei sind es auch diesmal wieder.

»Frag sie nach dem Namen des Anführers«, weist der Hauptmann den Dolmetscher an.

Der fragt auch mehrmals, bekommt aber keine Antwort. Mit schmerzverzerrten Gesichtern liegen die Germanen da. Die Pfeile stecken immer noch in ihren Beinen.

»Habt ihr irgendetwas anderes erwartet?«, fragt Quintus

Agrippa und schaut zwischen Septimus und dem Dolmetscher hin und her. »Die sind von Natur aus stur, und jetzt sind sie auch noch wütend, weil wir sie gefangen haben. Sie wollen es unbedingt auf die harte Tour. Sag ihnen, wir werden sie von den Pfeilen befreien. Aber es gibt zwei Möglichkeiten: Entweder wir machen es so, dass sie wenig Schmerzen haben, oder es kann ziemlich schmerzhaft werden. Sie haben die Wahl.«

»Also, die werdet eich jetzt d' Pfeil aus de Fieß ziehe. Wenn ihr den Name von eirem Ahfihrer nennt, wird's weniger zwicke, wenn ehr nix saget, werdet d' Schmerze größer, 's liegt bei eich.«

Und schon macht sich einer der Legionäre daran, den ersten zu behandeln. Der liegt gefesselt da und kann sich nicht wehren. Der Legionär dreht ihn so zu sich um, dass er gut an den Pfeil herankommt. Dann nimmt er einen Stein vom Boden und haut damit auf das Pfeilende, sodass die Spitze durch das Bein fährt und auf der anderen Seite herausschaut.

Und obwohl das einen stechenden Schmerz verursacht, verzieht der Germane nur das Gesicht und gibt gurgelnde Töne von sich, sagt aber nichts.

»No, fallt dir jetz der Name von eirem Ahführer ei?«, will der Dolmetscher wissen.

Der Gefangene schweigt.

Da schneidet der Legionär vorn die Pfeilspitze ab und zieht den Pfeilschaft nach hinten aus der Wunde. Auch das geht nicht schmerzlos vonstatten. Aber der Gefangene sagt kein Wort und spuckt nur wütend aus.

Während der Legionär die Blutung mit einem festgezogenen Lederriemen stoppt, wendet der Dolmetscher sich an den Zweiten. »So, des war jetz die freundliche Art. Wenn er nix secht, werdet die Schmerze beim Näxschte a bissle schlimmer werde.«

Schon macht sich der Legionär an den zweiten Patienten. Sowie er den Pfeil berührt, stöhnt der Gefangene vor Schmerz.

Dieser Pfeil muss eine besonders empfindliche Stelle getroffen haben.

»Na sag halt ebbes«, meint der Dolmetscher lakonisch.

»Segestes«, murmelt der Gefangene unter Schmerzen.

»Was hasch g'sagt?«, fragt der Dolmetscher nach.

»Se-ges-tes heißt der Anführer«, wiederholt der Germane widerwillig.

»Hättsch des glei g'sagt, hättsch net so viel Schmerze habbe misse.«

»Dann ruf den Anführer mal mit seinem Namen, vielleicht hilft das ja«, sagt Quintus Agrippa.

»He, Se-gesch-tes«, ruft der Dolmetscher ins Lager hinüber, »mer wisset, dass du der Ahfihrer bisch, jetzt komm halt amol raus. Wie viel Leit willsch denn noh verliere? Bis jetzt habet d' Remer nur uff d' Fieß g'schosse, Tote hat's no koine gäbe. Moinsch, d' Remer kennet net besser ziele? Aber die wollet koine Leiche, die wollet Friede. Komm raus, dass mer schwätze könnet. Dir bassiert nix.«

Fast im selben Moment erhellt ein greller Blitz die Szene, und sofort darauf ertönt ein furchterregender Donner. Der Blitz muss unmittelbar in der Nähe eingeschlagen sein. Ein trockener Blitz, denn noch regnet es nicht einmal. Dieses Gewitter hatte sich nicht angekündigt. Abgesehen davon, dass sich ab dem späten Nachmittag schon dicke Wolken zusammengeschoben hatten. Es gab keine Windböen und kein Grummeln vorher, und selbst wenn, niemand hätte es wahrgenommen bei dem Lärm der Blasinstrumente und dem Radau der Schwerter auf den Schilden. Außerdem waren alle auf den Angriff konzentriert.

Der Schrecken ist allen gleichermaßen in die Glieder gefahren, den Legionären wie den Germanen. Nach einem Augenblick der allgemeinen Erstarrung öffnet sich langsam das Lagertor. Beide Arme weit von sich gestreckt erscheint ein

Germane. Der Kleidung nach der Anführer. Nach zwei, drei Schritten bleibt er stehen.

»Ich bin Segestes. – Donar hat gesprochen: Er zürnt uns.«

Der Dolmetscher übersetzt das für Quintus Agrippa und Septimus.

»Frag ihn, was er damit meint«, weist Septimus den Dolmetscher an.

»Was willsch denn damit sage?«, ruft der Dolmetscher.

»Sich gegen den Zorn von Donar aufzulehnen ist ein Frevel. Wir werden nicht weiterkämpfen. Die Gunst der Götter ist auf eurer Seite.«

Nachdem auch das ins Lateinische übersetzt worden ist, schauen sich Quintus Agrippa und Septimus fragend an. Mit dieser überraschenden Wende hat keiner gerechnet.

Quintus Agrippa ist grundsätzlich misstrauisch gegenüber allem, was nicht römisch ist, und gibt die Anweisung: »Dann sollen sie einzeln und ohne Waffen vor das Tor kommen und sich da aufstellen. Die Verletzten können im Lager bleiben.«

Nachdem der Dolmetscher auch das übersetzt hat, kommen tatsächlich einzelne Germanen langsam vor das Tor und stellen sich nebeneinander. Ihre Waffen haben sie im Lager gelassen.

»Ist das jetzt eine Falle, oder geben die tatsächlich auf?« Septimus kann kaum glauben, was er da sieht.

»Wissen wir bald«, meint Quintus Agrippa. »Hier vorne einen Teil der Feuerwand löschen«, befiehlt er den Soldaten. »Aber alle bleiben in schussbereiter Position. Zwei Mann nach vorne, jeden dieser Brüder einzeln an den Händen fesseln und nach hier draußen schaffen. Dann alle zusammentreiben und bewachen. Wenn alle hier sind, ein Spähtrupp ins Lager, überprüfen, was da drinnen los ist.«

Einige Männer reißen ein Stück aus der Feuerwand heraus. Es entsteht eine Lücke von einigen Fuß. Durch diese Schneise gehen zwei Legionäre Richtung Lager, fesseln den ersten Germanen und bringen ihn nach draußen vor die Feuerwand. Der Gefangene lässt das widerstandslos über sich ergehen. Die anderen greifen nicht ein. Während die Legionäre mit gespannten Manuballistas abwarten, dauert es eine geraume Weile, bis alle draußen sind.

Dann fängt es an zu regnen. Quintus schickt den Spähtrupp ins Lager. Den Spähern bietet sich ein Bild der Verwüstung. Die Germanen haben wirklich ganze Arbeit geleistet. Die meisten Zelte sind zerstört, etliche brennen. Einige Verletzte mit Pfeilen in den Beinen liegen herum.

Ein äußerlich unverwundeter Germane windet sich in Krämpfen am Boden. Er steht anscheinend unter Schock, aber er lebt noch.

Bei genauerem Hinsehen entdeckt der Spähtrupp, dass der Blitz einen der Wachttürme getroffen haben muss. Der Punkt des Einschlags und die Brandspuren sind deutlich zu erkennen. Der am Boden liegende Germane wurde wohl nicht direkt getroffen – sonst würde man auch bei ihm Einschlags- oder Brandspuren sehen –, er befand sich aber wahrscheinlich irgendwo in der Nähe und hat etwas abbekommen. Ob und wie sehr er verletzt wurde, lässt sich nicht feststellen. Auch nicht, ob er überleben oder sich erholen wird.

Vom Regen durchnässt erstattet der Spähtrupp Bericht. Als die Legionäre von dem Germanen mit seinen Zuckungen berichten und die Vermutung äußern, dass das irgendwie mit dem Blitz zusammenhängen muss, meint Quintus Agrippa nur: »Gebt ihm zu trinken, mehr können wir nicht für ihn tun.«

Als Nächstes sollen die Feuerwand und die Brände im Lager so weit wie möglich auseinandergerissen werden, damit sie runterbrennen. Den Rest wird der Regen erledigen. Die verwundeten Germanen sollen unter Bewachung von ihren unverletzten Kumpanen in den Wald gebracht werden. Im Wald, so vermutet Quintus Agrippa, wird der Regen besser auszuhalten sein als ungeschützt im Freien. Mittlerweile plästert es nämlich richtig.

Während sich alle nach und nach unter den Bäumen zusammenfinden, weist Septimus den Dolmetscher an, herauszufinden, was zu dem plötzlichen Sinneswandel der Germanen geführt hat.

Der Dolmetscher hockt sich neben Segestes und fragt ihn aus. Der Anführer der Germanen gibt nur widerwillig und zögernd Auskunft.

Die Übrigen versuchen frierend, sich gegen den Regen zu schützen. Es wird eine lange, feuchte Nacht.

RÄTSELHAFTE LEERE

Beim allerersten Morgenlicht ist der germanische Späher vom Beobachtungsbaum am Waldrand bei Ansgar in der Höhle aufgetaucht und berichtet ihm aufgeregt von seinen neuesten Beobachtungen. Das ganze Lager sieht abgebrannt aus, an einigen Stellen qualmt es sogar noch, und es ist kein Mensch zu sehen. Es sieht deutlich so aus, als hätte ein Angriff stattgefunden. Der letzte Späher, der bis tief in der Nacht dort oben gesessen hatte, hatte berichtet, dass alles ruhig und normal sei. Deswegen hatte der Stammesälteste keine Ablösung hochgeschickt. So hatten sie von dem eigentlichen Überfall, trotz des Lärms, nichts mitbekommen. Die Schiffe, die gestern angekommen sind, liegen immer noch im Fluss, berichtet der Späher am frühen Morgen, verborgen unter Gestrüpp, aber auch da ist niemand zu sehen. Sind die Römer etwa weg? Geflohen? Oder haben die Germanen sie vertrieben, vielleicht sogar getötet? Was das alles bedeutet, kann der Späher nach seinen Beobachtungen nicht abschätzen, auch Ansgar hat keine Erklärung. Also begibt er sich zu Demosthenes, beschreibt ihm, was der Späher berichtet hat, und bittet ihn um eine Beurteilung der Lage.

»Dass niemand zu sehen ist, bedeutet nicht unbedingt, dass auch niemand mehr da ist«, denkt Demosthenes laut nach, »und dass das Lager verbrannt aussieht, zeigt nur, dass es in der letzten Nacht einen Angriff gegeben hat. Aber ich kann mir beim besten Willen nicht vorstellen, dass die Germanen die Legionäre überwältigt haben könnten. Oder dass unsere Leute abgezogen sind. Schließlich ist doch auch noch Verstärkung angekommen.« Nachdenklich geht Demosthenes auf und ab. Er versucht sich vorzustellen, was sich da oben abgespielt haben könnte.

»Und was ist mit Erik? Wo ist er? Oder ist ihm etwas zugestoßen, wenn es im Lager gebrannt hat?«, fragt Ansgar nach.

»Erik geht es ganz sicher gut«, entgegnet Demosthenes ruhig, »eine Geisel genießt bei uns obersten Schutz. Um den brauchst du dir keine Sorgen zu machen. Auch mein Leben wäre ja verwirkt, wenn ihm etwas zustoßen würde. Aber um auf deine Frage zurückzukommen: Es muss etwas Außergewöhnliches vorgefallen sein. Was, kann ich dir nicht sagen. Schick deine Späher zurück. Sie sollen das Lager weiter beobachten. Dann wissen wir mehr. Ich wette, sobald es richtig hell ist, werden die Soldaten wieder auftauchen.«

EINE MILDE STRAFE

Bei Einbruch der Dämmerung. Alle Römer hocken noch im Wald in ihrem Unterschlupf. Der Regen hat nachgelassen. Mehr oder weniger nass sind sie trotzdem. Der Dolmetscher kauert jetzt bei Septimus und Quintus und berichtet, was Segestes ihm – immer nur widerwillig – anvertraut hat.

Es war wohl so, dass die Germanen sich gerade zu einem neuen Ausbruchsversuch zur anderen Seite des Lagers hin entschlossen hatten, als der Blitz einschlug. Der traf zwar einen der Wachttürme, aber gleichzeitig fiel einer der germanischen Krieger, der in der Nähe stand, wie tot um. Segestes sah das und deutete es als eine Strafe der Götter. Weiteren göttlichen Zorn wollte er nicht auf sich laden und entschloss sich, den Kampf aufzugeben. So weit der Bericht des Dolmetschers.

»Wenn mir jemand so eine Geschichte erzählen würde, ich würde sie nicht glauben.« Quintus Agrippa schüttelt den Kopf.

»Würde ich auch nicht, wenn ich es nicht selbst erlebt hätte«, stimmt Septimus ihm zu.

»Sollte das wirklich ein Fingerzeig der Götter gewesen sein?« Zweifelnd blickt Quintus Agrippa Septimus an.

»Dazu können wir ja später den Staatspriester befragen, ob wir das glauben sollen«, entgegnet der. »Lass uns zuerst das Nächstliegende tun. Es wird langsam hell, lass uns nachsehen, wie es im Lager bei Tageslicht aussieht.«

Quintus Agrippa schickt nach den beiden anderen Zenturios und den Ingenieuren. Zusammen begibt sich die Gruppe ins Lager, um die Schäden zu begutachten. Der vom Blitz getroffene Wachtturm ist nicht mehr zu gebrauchen, er muss abgerissen werden. Der Brunnenschacht ist mit allem möglichen Zeug zugemüllt. Die Zelte sind zerstört. Alles, was brennbar war, ist abgefackelt worden. Es sieht wirklich schlimm aus. Wortlos schreiten sie das Gelände ab, schließlich bleibt Quintus Agrippa stehen und fasst das Gesehene zusammen.

»Schlimmer, als ich erwartet habe. Es könnte aber noch schlimmer sein. Etwas Gutes hat das Ganze: Der Zeitpunkt für diese Verwüstung hätte kaum besser sein können.«

»Jetzt sprichst du in Rätseln.« Septimus schaut den Hauptmann fragend an.

»Überhaupt nicht«, sagt Quintus Agrippa, »du hast doch auch den Brief des Kaisers gelesen: Wir sind jetzt offiziell. Wir haben einen Namen. Die Grenzen für ein großes Lager müssen wir sowieso neu vermessen. Eine weiße Kuh und einen Stier haben wir auch geschickt bekommen. Also soll der Staatspriester das Gelände den Göttern weihen. Das ist das eine. Das andere: Unsere Zelte sind hin. Nicht schön, aber nicht zu ändern. Du erinnerst dich, dass ich schon vor ein paar Tagen gesagt habe: Wir müssen bald feste Winterquartiere bauen, denn es wird Herbst und kalt. Diese Nacht war schon ein kleiner Vorgeschmack davon, was auf uns zukommt. Wir bauen die wetterfesten Unterkünfte gleich an die richtige Stelle, wenn das große Lager vermessen ist. Dann haben wir auch sofort einen Plan für den cardo maximus und den *decumanus*, also für die beiden zukünftigen Hauptstraßen, das Forum und die *insulae*, die Wohngebiete. Bis die Holzhäuser stehen, müssen wir bei den beiden neuen Zenturien unterschlüpfen. Die haben ihre Zelte ja noch auf den Schiffen. Wird ein bisschen eng werden, spornt aber die Zimmerleute an, schneller zu arbeiten, damit wir möglichst bald ordentliche Unterkünfte haben.«

Anerkennend nickt Septimus. »Alle Achtung, Quintus, was würden wir ohne deine Erfahrung machen. Wie lange hast du daran schon rumgedacht?«

»Eine Nacht ist lang, und nachdenken kann man auch im

Regen«, entgegnet der Hauptmann lakonisch. Und an die Ingenieure gewandt sagt er: »Marcus, wie lange braucht ihr, um die Fläche des großen Lagers zu vermessen? Ich gehe von der Standardgröße, zweitausendzweihundertfünfzig mal tausendneunhundertfünfzig Fuß, aus.«

»Müsste ziemlich schnell gehen«, meint der Ingenieur. »Wir haben ja schon alles Mögliche eingemessen, also haben wir bereits eine Menge fester Punkte. Salman hat alles genauestens aufgeschrieben, der Rest ist Fleißarbeit. In einem, höchstens in zwei Tagen sollte das zu schaffen sein.«

»Mit Toren, Hauptstraßen und Forum?«, fragt Quintus Agrippa nach.

»Aber sicher«, lautet die Antwort.

»Das ist die erste gute Nachricht des heutigen Tages.« Quintus Agrippa klingt erleichtert. »Dann hol mal eure Leute zusammen und fangt an, so schnell es geht.«

»Bin schon auf dem Weg!«

Dann zu Septimus: »Auf ein Wort. Lass uns ein paar Schritte gehen.«

Sie lassen die beiden neuen Zenturios stehen.

»Es klingt für dich jetzt vielleicht ein wenig merkwürdig«, beginnt Quintus Agrippa, »aber wir müssen darüber reden, wie wir mit den Germanen umgehen. Wir haben sie nicht *besiegt*, weder im Kampf noch durch eine List. Sie haben aufgegeben, weil sie es als ›Zeichen der Götter‹ gesehen haben. Abgesehen von einem ›Frieden‹ müssen sie eine Strafe bekommen. Schließlich haben sie uns schon zwei Mal angegriffen und zwei Mal unseren Weg zum Lehm ruiniert. Aber welche? Wenn wir sie zu hart bestrafen, ziehen wir dann den Zorn der Götter auf uns? Das würde ich gerne den Staatspriester fragen.«

»Habe ich eben doch schon vorgeschlagen, du erinnerst dich? Ich denke, wir sollten auf seinen Rat hören.«

Sie gehen zu den beiden Zenturios zurück, und Quintus Agrippa weist sie an, alle aus dem Wald zu holen. Sie sollen sich auf der freien Fläche versammeln, die vor dem Weg zum Lehm liegt. Die Germanen sollen sie gefesselt lassen und bewachen. Unter gar keinen Umständen sollen sie die Vermesser bei ihrer Arbeit stören, damit die schnell vorankommen. Wenn sie zurück sind, werden Septimus und er entscheiden, was weiter mit den Gefangenen geschehen soll.

Dann begeben sie sich zum Staatspriester. Der harrt immer noch im Wald in seinem Versteck aus.

»Hochverehrter Pontifex«, sagt Septimus, »wir haben eine Frage an dich als Kundigen in der Welt der Götter: Die Germanen haben aufgehört zu kämpfen, weil sie den Blitzeinschlag als ein Zeichen gesehen haben. Sie dachten, sie hätten den Zorn der Götter auf sich geladen. Eine Strafe müssen sie bekommen, weil sie uns nun mehrfach angegriffen haben. Kann es denn sein, dass *uns* dann der Zorn der Götter trifft, wenn wir sie zu hart bestrafen? Immer angenommen, der Blitz war wirklich ein göttlicher Fingerzeig.«

»Wer kann schon wissen, was die Götter denken?«, antwortet der Pontifex ausweichend. »Was schwebt euch denn als Bestrafung vor?«

»Erstens will der Kaiser auf dieser Seite des Flusses Frieden«, antwortet Septimus, »wir werden sie also nicht töten. Wir werden sie auch nicht als Sklaven nach Rom schicken. Am besten wäre, wenn wir sie dazu verdonnern, alle Schäden wieder in Ordnung zu bringen, die sie an unserem Weg zum Lehm angerichtet haben. Zweitens müssen sie sich dazu verpflichten, keine weiteren Angriffe vorzunehmen. Und damit sie sich daran auch halten, würde ich einseitig Geiseln nehmen. Den Rest würde ich in ihre Dörfer zurückschicken.«

»Das klingt sehr vernünftig, es ist mehr als gerecht, beinahe schon eine Gnade. So würde ich denen das auch klarmachen:

dass auch *wir* das als Zeichen der Götter gesehen haben und sie deswegen mit einer milden Strafe davonkommen. Ich kann mir nicht vorstellen, was die Götter daran auszusetzen hätten.«

Dann breitet er seine Arme aus, wendet den Blick zum Himmel und spricht: »Jupiter und allen Göttern sei Dank.«

Er wendet sich wieder Quintus und Septimus zu. »Wir sollten Jupiter dazu noch ein ordentliches Dankopfer darbringen.«

»Machen wir, wenn wir den Göttern das Lager weihen. Und wir danken dir für deinen Rat.«

In der Zwischenzeit haben die beiden neuen Zenturios die gefangenen Germanen aus dem Wald geholt und sie weisungsgemäß auf dem freien Platz neben dem Lager versammelt. Viele von ihnen sind verletzt. Die Pfeile wurden entfernt, die Wunden notdürftig versorgt. Nur einer sitzt teilnahmslos herum und starrt vor sich hin. Es ist der, der beim Einschlag des Blitzes in der Nähe des Wachtturms gestanden hat. Er hat seither noch kein Wort gesprochen, aber er lebt. Und immerhin nimmt er wahr, wenn jemand ihm Wasser reicht, und er trinkt. Die krampfartigen Zuckungen haben nachgelassen. In einem großen Haufen sitzen sie alle schicksalsergeben auf dem Boden, immer noch gefesselt, rundherum Legionäre, die sie bewachen.

Septimus und Quintus Agrippa nähern sich der Gruppe. Septimus winkt den Dolmetscher zu sich.

»Sag ihnen, Segestes soll aufstehen.«

»Se-gesch-tes, jetz steh amol uff!«, übersetzt der.

Umständlich erhebt sich der Anführer.

»Nehmt ihm die Fesseln ab«, befiehlt Septimus und blickt zu Quintus Agrippa. Der nickt nur, und schon nähern sich zwei Legionäre und schneiden die Fesseln auf.

»Was ich jetzt sage«, fährt Septimus an den Dolmetscher gewandt fort, »übersetzt du Wort für Wort, und vergewissere dich, dass er das auch wirklich verstanden hat.«

Der Dolmetscher nickt zum Zeichen des Einverständnisses heftig.

»Ich bin Septimus, römischer Legat mit besonderer kaiserlicher Vollmacht. Ihr habt uns jetzt mehrmals angegriffen und deswegen den Tod verdient.«

Der Dolmetscher übersetzt das. Angstvolles Gemurmel bei den Gefangenen.

Septimus macht eine bedeutungsvolle Pause, bevor er fortfährt. »Aber auch wir sehen in dem Blitzeinschlag ein Zeichen der Götter, und auch wir wollen nicht ihren Zorn heraufbeschwören. Deswegen werden wir euch nicht töten.«

Wieder eine Pause, die ihre Wirkung nicht verfehlt. Wieder übersetzt der Dolmetscher. Jetzt klingt das Gemurmel etwas hoffnungsvoller.

»Der Kaiser wünscht auf dieser Seite des Flusses Frieden. Deshalb werden wir euch auch nicht nach Rom schicken und auf dem Forum als Sklaven verkaufen. Bedankt euch bei den Göttern.«

Übersetzung, Schweigen.

»Und als Beweis, dass wir hier Frieden wollen, könnt ihr sogar in eure Dörfer zurückkehren, wenn ihr zwei Bedingungen erfüllt.«

Erwartungsvolle Stille setzt ein.

»Erstens: Ihr greift uns in Zukunft nicht mehr an und versprecht, euch friedlich zu verhalten. Und zweitens: Ihr bringt alles wieder in Ordnung, was ihr an unserem Weg zerstört habt. Besprich das mit deinen Männern.«

Nachdem der Dolmetscher auch das übersetzt hat, beginnt ein längerer, heftiger Wortwechsel unter den Gefangenen. Septimus, Quintus Agrippa und alle anderen verfolgen den Disput, ohne auch nur das Geringste davon zu verstehen. Schließlich wendet sich Segestes mit einer Antwort an den Dolmetscher.

»Sie nehmen die Bedingungen an«, übersetzt der ins Lateinische.

»Gut«, sagt Septimus, »damit sie sich aber auch an ihre Versprechungen halten, müssen sie uns fünf Geiseln stellen, die auf der Stelle ihr Leben verlieren, wenn sie sich nicht an ihr Wort halten.«

Auch das übersetzt der Dolmetscher wieder. Erneute Wortwechsel unter den Gefangenen. Dann wendet sich Segestes wieder an den Dolmetscher. Die Römer sollen sich fünf Männer aussuchen.

Septimus hatte während der Diskussion schon ein paar Männer im Blick, die sich besonders lautstark hervorgetan hatten. Mit großer Sicherheit die Meinungsführer. Auf die zeigt er jetzt mit dem Finger. Sie sollen aufstehen, sie sollen die Geiseln sein. Sie gehorchen, wenn auch unter lauten Unmutsäußerungen.

Danach geht Septimus auf Segestes zu und streckt seine Hand aus, um den Vertrag zu besiegeln.

»Wenn ihr euch an die Bedingungen haltet, werdet ihr von uns nichts zu befürchten haben. Wir werden euch weder berauben noch vertreiben. Ihr könnt in Ruhe in euren Dörfern leben. Hier soll Frieden herrschen. Vielleicht werden wir ja sogar noch verträgliche Nachbarn.«

Nachdem der Dolmetscher das alles übersetzt hat, geben sich Segestes und Septimus die Hand, um den Vertrag zu besiegeln. Septimus erleichtert, Segestes mit versteinertem Gesicht. Daraufhin wendet sich Septimus an Quintus Agrippa. »Dann lass ihnen mal die Fesseln durchschneiden und lass sie ziehen.«

So geschieht es. Nach einer Weile machen die Germanen sich auf den Weg in ihre Dörfer. Zurück bleiben die fünf Geiseln und ein verwüstetes Lager.

Die Römer schauen dem Zug der Germanen mit gemischten Gefühlen nach.

Wie lange wird es dauern, bis sich der nächste Stamm oder das nächste Dorf erhebt und das Lager erneut angreift?

Solche Barbaren lebendig laufen zu lassen ist nach Ansicht der meisten hier ein großer Fehler. Hat man ihnen nicht immer wieder eingebläut: »Nur ein toter Germane ist ein guter Germane«? Alle hoffen, dass Septimus weiß, was er tut.

Da wendet sich Camillus, der Zenturio der zweiten Zenturie, an Quintus Agrippa. Auch er versteht nicht, dass man so gnädig mit den Germanen umgeht. »Wie wäre das alles denn ausgegangen, wenn der Blitz nicht eingeschlagen hätte?«

»Vermutlich genauso. Es hätte nur länger gedauert, und es hätte noch mehr Verwundete gegeben, vielleicht sogar Tote«, antwortet der Hauptmann ungerührt.

VIEL ARBEIT

Ins römische Lager ist der Alltag zurückgekehrt. Aus den angekokelten Resten einiger Zelte ist ein provisorischer Unterstand errichtet worden. Darunter sitzen Septimus, die drei Zenturios, Sosias, der Brunnenbauer, und Marcus, einer der Ingenieure, und beraten sich.

Die aktuelle Gefahr ist abgewendet, aber wie soll es weitergehen? Die Arbeiten am Weg zum Lehm müssen so schnell wie möglich wieder aufgenommen werden. Der vom Blitz getroffene Wachtturm muss abgerissen werden. Lohnt es sich, dafür einen Ersatz zu bauen, wenn die Lagergrenzen sowieso neu festgelegt werden?

Die Palisaden, die vom Feuer beschädigt worden sind, müssen kontrolliert werden, ob sie für die Zwischenzeit noch genügend Schutz bieten. Der Brunnenschacht muss ausgeräumt und gesäubert werden. Danach soll Sosias weiter nach Grundwasser graben.

Wo sollen die provisorischen Zelte der beiden neuen Legionen hin, ohne dass die Arbeiten der Vermesser gestört und die Stellen zugebaut werden, an die die festen Unterkünfte kommen sollen?

Die Schiffe müssen entladen werden. Wohin mit den ganzen Sachen? Der Anleger für die Schiffe muss erweitert werden.

Und können schon Vorbereitungen für die festen Quartiere getroffen werden? Können beispielsweise schon Balken und Bretter zugeschnitten werden? Denn die Maße und die Größe für diese Contubernien-Häuser liegen ja fest. Sie werden überall beim römischen Militär gleich gebaut. Für jede Zelteinheit, also für acht Mann, gibt es statt des Zeltes jetzt ein festes, beheizbares Haus. Genau genommen ist es eher eine etwas größere Hütte aus Holz mit festgelegten Schlafplätzen für jeden Legionär.

Ein Haufen Arbeit liegt vor ihnen. Die muss neu organisiert werden. Aber zum Glück ist die Verstärkung da, an Leuten fehlt es nicht.

Die erste Zenturie unter Quintus Agrippa wird so aufgeteilt wie vor dem Angriff: Nachdem alle beim Ausräumen des Brunnenschachts geholfen haben, soll Sosias mit seiner Stamm-Mannschaft weiter am Brunnen graben. Diese Männer kennen sich am besten aus. Der Rest soll die Arbeit am Weg zum Lehm fortsetzen.

Die zweite Zenturie unter Camillus soll als Erstes die Palisaden des bestehenden Lagers überprüfen und Schäden reparieren. Sie soll auch den kaputten Wachtturm abreißen, dafür aber keinen neuen aufbauen, es lohnt sich nicht.

Die dritte soll zunächst die Schiffe entladen und alles am Ufer stapeln.

Sobald die zweite Zenturie mit der Reparatur fertig ist, sollen die zweite und dritte gemeinsam alles ins Lager schaffen und die Zelte aufbauen.

Nachdem die entsprechenden Befehle erteilt sind, beginnt ein planvolles Gewusel. Alle Tätigkeiten sind tausendfach geübt, jeder Legionär kennt jeden notwendigen Handgriff im Schlaf, aber der Regen der letzten Nacht macht die Arbeit nicht leichter. Es ist überall glitschig und rutschig.

In diesen geschäftigen Ameisenhaufen platzt die Meldung, dass Ansgar und Demosthenes auf dem Weg ins Lager sind. Ansgar wird, wie immer, von vier Leuten auf seinem Tragestuhl getragen, Demosthenes läuft nebenher. Quintus Agrippa und Septimus gehen ihnen bis zum Tor entgegen.

»Wo ist Erik? Und was ist geschehen?«, ruft Ansgar schon im Näherkommen.

»Erik?«, fragt Septimus erstaunt zurück. »Dem geht's gut.

Wieso? Willst du ihn sehen?« Er schickt einen der Legionäre, um den Jungen zu holen. »Warum fragst du?«

»Meine Späher haben berichtet, dass das Lager in der Nacht gebrannt hat. Da haben wir uns natürlich Sorgen gemacht.«

Im selben Moment kommt Erik angesaust und begrüßt den Druiden auf Latein: »*Salve*, Ansgar.«

Erleichtert überhört Ansgar die lateinische Begrüßung. »Geht es dir gut?«, fragt er nach.

»Klar geht es mir gut«, antwortet der Junge, »da war vielleicht was los in der letzten Nacht. Wir waren alle im Wald versteckt.« Und er schickt sich an, Ansgar die Einzelheiten zu beschreiben.

»Schon gut, schon gut«, bremst der ihn, »das werden mir die beiden alles gleich selbst erzählen.« Dabei zeigt er auf Septimus und Quintus Agrippa. »Ich bin nur froh, dass du gesund und unverletzt bist. Du kannst jetzt wieder gehen.«

Und dann berichten Quintus Agrippa und Septimus abwechselnd von den Ereignissen der letzten Tage und vor allem der letzten Nacht.

Wortlos hört Ansgar zu, dann vergewissert er sich. »Ihr habt mit denen also jetzt auch so eine Art Frieden geschlossen. Es wird folglich in der nächsten Zeit keine neuen Angriffe geben. Und wir können zurück in unser Dorf. Aber euer Lager wird noch größer werden, ihr werdet noch mehr Bäume abholzen und unseren Hain ganz zerstören.«

»Das ist der Plan«, entgegnet Septimus, »aber für euch ändert sich sonst nichts.«

»Und was ist, wenn diese Ubier vom anderen Ufer hierherkommen und unser Land haben wollen?«

»Wir werden ein Auge darauf haben, dass euch nichts geschieht und nichts weggenommen wird. Das haben wir doch garantiert.«

»Dann schauen wir mal, was die Zukunft bringt.« Ansgar klingt nicht besonders zuversichtlich.

»Und wie geht es dir, mein Freund?«, wendet sich Septimus an Demosthenes, um dem Gespräch eine andere Wendung zu geben.

»Gut«, gibt der knapp zurück.

Da grinst Ansgar plötzlich und unerwartet. »Demosthenes hat bei uns ein paar neue Verehrerinnen. Die finden seine schwarzen Haare und seine Kleidung so aufregend.«

Erstaunt schauen sich Quintus Agrippa und Septimus an.

»Das ist doch Unsinn«, meint Demosthenes, »die sind viel zu jung für mich, und außerdem –«

Ehe er den Satz zu Ende bringen kann, hakt Ansgar ein. »Ich höre doch, was so alles getuschelt wird, wenn du nicht danebenstehst. Warte nur ab. Und jetzt lass uns wieder gehen, damit wir alle aus der Höhle ins Dorf zurückbekommen.«

Die beiden ziehen wieder ab.

Quintus Agrippa und Septimus schauen ihnen nach.

»Demosthenes wird doch wohl nicht etwas mit so einer Germanenfurie anfangen?«, fragt Septimus skeptisch.

Und dann lachen sie sich schlapp.

Am Abend des übernächsten Tages taucht Marcus bei Septimus und Quintus auf. Im Schlepptau hat er Salman, der eine große Schriftrolle unter dem Arm trägt.

»Fertig«, beginnt Marcus, »wie befohlen: zweitausendzweihundertfünfzig Fuß lang, tausendneunhundertfünfzig Fuß breit, vier Tore, Süden, Norden, Osten, Westen, Hauptstraßen hundert Fuß breit, Forum vierhundert mal dreihundert, Lagergassen sechzig Fuß. Salman hat alles hier auf einem Plan eingezeichnet. Es ist alles abgesteckt. Ihr könnt die Zeremonie anordnen.«

Septimus und Quintus Agrippa schauen sich den Plan an.

»Sieht schon ziemlich groß aus«, meint Septimus.

»Muss ja, wenn hier mal ein oder zwei Legionen Platz haben sollen«, erwidert Marcus.

»Schon klar«, meint Quintus Agrippa, »aber im Augenblick ist es vor allem noch ziemlich leer. Ihr wart aber wirklich schnell. Ich danke euch allen.«

»Dann können wir unseren Staatspriester endlich erlösen und ihn bald wieder nach Hause schicken. Komm, wir fragen ihn mal, was er an Vorbereitungen braucht«, schlägt Septimus vor.

Zwei Tage später findet der große Staatsakt statt. Auf dem Forum des schon bestehenden kleinen Lagers ist ein Altar errichtet worden. Ein Opfertier musste in den Wäldern gefangen werden. Die weiße Kuh und der Stier wurden geputzt. Ebenso der Pflug. Alle Arbeiten sind eingestellt und sämtliche Legionäre stehen entlang der abgesteckten Strecke, um der Zeremonie beizuwohnen.

Kuh und Stier sind vor den Pflug gespannt, der Priester hat sein weißestes Gewand angelegt, er senkt den Pflug in den Boden und beginnt unter dem Hersagen von Gebeten eine Furche entlang der ausgesteckten äußeren Lagerlinie in den Boden zu graben.

Jedes Mal, wenn er an eine Stelle kommt, wo später ein Tor sein soll, hebt er den Pflug aus dem Boden und setzt ihn hinter dem Platz für das Tor wieder ein.

Die ganze Aktion dauert einige Stunden. Nachdem er das ganze Viereck abgeschritten hat, begibt der Pontifex sich zu dem Altar, entzündet ein Feuer für das Opfertier und weiht das Areal innerhalb des Grabens den Göttern.

DER WINTER NAHT

Es ist ruhig. In allen Bereichen wird planvoll weitergearbeitet. Unter der Aufsicht der Ingenieure haben alle Männer der Dörfer um Frehem die angerichteten Verwüstungen wieder in Ordnung gebracht.

Die am Weg zum Lehm gefällten Bäume werden mit den Transportkarren zum Lager geschafft. Dort werden sie als Baumaterial für die Befestigung des großen Lagers zwischengelagert. Und weil sie nicht weiter angegriffen werden, machen die Wegebauer der ersten Zenturie große Fortschritte. Sechs römische Meilen haben sie schon geschafft. Der Untergrund ist nicht allzu schwierig. Nur ab und zu müssen Bäche und kleinere Flüsschen überquert werden. Kein Problem. Alle arbeiten mit Hochdruck, denn sie wissen, wie wichtig der Lehm ist.

Am Tag nach der Zeremonie durch den Staatspriester haben große Teile der zweiten und dritten Zenturie begonnen, entlang der »göttlichen« Linie einen Graben auszuheben. Der soll fünfzehn Fuß breit und sechs Fuß tief werden, unten spitz zulaufend. Das ausgegrabene Erdreich wird nach innen, also auf das künftige Lager zu, zu einem Wall aufgeschüttet. An den Ecken des Gevierts wird der Graben abgerundet.

Oben auf den Wall sollen im nächsten Arbeitsgang Baumstämme als neue Palisaden eingepflanzt werden. Die Umwehrung des großen Lagers wird also neben Graben und Wall zunächst wieder aus Holz bestehen. Ebenso wie die Wachttürme und die neuen Tore. Ob da irgendwann eine Mauer aus Steinen errichtet werden wird, muss die Zukunft erweisen. Wer kann schon wissen, wie sich das Lager hier entwickeln wird und was die Barbaren von der anderen Seite des Flusses vorhaben.

Wohl wissend, dass er bald Caementum brauchen wird,

hat Quintus Agrippa einen Brief an den Prätor verfasst. Darin beschreibt er die gegenwärtige Situation und wie weit die einzelnen Baumaßnahmen gediehen sind. Er bittet darum, möglichst bald Zement zugeschickt zu bekommen, damit das Aufmauern des Brunnenschachtes in Angriff genommen werden kann, sobald die ersten Ziegel gebrannt sind.

Eine Rudermannschaft schickt er auf einem der Transportboote mit dem Brief zurück nach Moguntiacum. Auch der Staatspriester soll mit ihnen zurückreisen. Hier hat er seine Aufgabe erledigt, er kann hier nichts weiter tun, außer sich zu langweilen.

Zwei der übrigen leeren Transportschiffe sollen die Ruderer im Schlepp noch mitnehmen, mehr schaffen sie flussauf gegen die Strömung nicht. Und fünf bis sechs Tage werden sie sicherlich brauchen. Quintus Agrippa schlägt dem Prätor in seinem Brief vor, dass die Mannschaften, die den Zement liefern, den Rest der leeren Boote auf dem Rückweg mitnehmen könnten.

An den ersten Bäumen verfärben sich schon langsam die Blätter, morgens ist es merklich kühler. Die Tuniken und alle anderen Kleidungsstücke sind nach den feuchten Nächten ungemütlich klamm. Der Himmel ist häufiger bewölkt, die Sonne lässt sich nur noch selten sehen. Es wird also höchste Zeit, bald aus den Zelten in feste Häuser umzuziehen.

Die geschicktesten Zimmerleute aus allen drei Zenturien sind zusammengesucht worden, um die Unterkünfte für die Contubernien zu bauen.

Diese Unterkünfte bestehen aus einer langen Reihe von zehn aneinandergebauten Hütten. An einem Ende steht ein deutlich größeres Haus. Das wird die Unterkunft für den jeweiligen Zenturio. Vorn, zur Lagergasse hin, wird die ganze Häuserzeile einen überdachten Laufgang bekommen. Die gegen die Kälte etwas höher gelegten Fußböden sind fertig, und die senkrechten Stützbalken für die Wände stehen schon.

Jedes einzelne Haus besteht aus einem Vorraum, in dem die Helme, die Rüstungen und die Waffen untergebracht sind. Dahinter ist der Schlafraum für jeweils acht Mann. Sie schlafen in Etagenbetten, immer zwei übereinander. Besonders viel Platz ist da drinnen nicht. Aber der Raum soll beheizbar sein, für das im Winter eisige Germanien unverzichtbar.

Auch die Zimmerleute warten händeringend auf den Lehm. Einmal, um die Wände zwischen den einzelnen Häusern, die aus Flechtwerk bestehen, mit Lehm zu verputzen, dann zum Aufmauern der Feuerstellen in den Hütten, und nicht zuletzt brauchen sie zum Dachdecken die *tegulae*, die Dachziegel. Auch die müssen erst noch gebrannt werden.

So sehen das Lager und seine Umgebung eher aus wie eine Riesenbaustelle als wie ein Militärlager. Septimus, Quintus Agrippa, Camillus und Valerius machen mehrmals täglich einen Rundgang, um den Fortgang der Arbeiten zu verfolgen.

Um Sosias in seinem Brunnenloch zu besuchen, müssen die vier erst einen hohen Hügel hinaufklettern, denn das Erdreich, das im Laufe der Zeit von unten nach oben befördert wurde, ist rund um den Trichter aufgeschichtet worden. Sehr sinnvoll, denn sobald der eigentliche Brunnenschacht gemauert ist, braucht man die Erde ja gleich wieder, um den Trichter rundherum zuzuschütten. Hätte man das Erdreich weiter wegtransportiert, müsste man es dann erst wieder mühselig herankarren.

So, wie die vier jetzt da oben stehen, wirkt der Trichter auf sie doppelt so tief, wie er in Wirklichkeit ist. Wegen der Balken, die den Trichterrand abstützen, ist es gar nicht so leicht, einen Durchblick zu bekommen. Ganz tief unten sieht man Sosias, wie er gräbt. Neben sich hat er eine brennende Öllampe aufgestellt.

»Na, ist es dir schon zu dunkel da unten?«, fragt Septimus.

Irritiert schaut Sosias nach oben. Gegen das helle Tageslicht kann er im ersten Moment gar nicht erkennen, wer da spricht. »Ach, du bist es, Septimus. – Nein, das ist mein Lebenslicht!«

»Was?«

»Weißt du, wenn man einen Brunnen gräbt, dann kann es passieren, dass giftige Gase aus dem Boden aufsteigen. Man sieht sie nicht, und man riecht sie nicht. Und weil du sie nicht bemerkst, verlierst du das Bewusstsein, und wenn du dann da längere Zeit liegst, und es merkt keiner, dann stirbst du. Aber dieses komische Gas hat auch die Eigenschaft, dass es eine Flamme erlöschen lässt. Wenn also die Lampe ausgeht, nichts wie raus. Deswegen nenne ich das mein ›Lebenslicht‹. Mit Gasen ist zwar hier nicht zu rechnen, aber: Sicher ist sicher.«

»So etwas hab ich ja noch nie gehört.«

»Ja, wenn man ein paar Dutzend Brunnen gebaut hat, weiß man das.«

»Wie sieht's denn aus da unten mit dem Wasser?«

»Prima. Wird langsam schon feucht. In ein, zwei Tagen müsste ich durch sein. Und wie sieht's bei euch da oben aus mit dem Lehm?«

»Geht vorwärts«, antwortet jetzt Quintus, »heute Abend weiß ich wieder mehr.«

ERIK

Erik kommt in diesen Herbsttagen eine merkwürdige Funktion zu. Er versteht die Männer aus Frehem natürlich, auch wenn sie einen Dialekt mit einem deutlich härteren »R« sprechen als er selbst. Er hört, wie sie untereinander diskutieren, was denn wohl mit ihnen geschehen wird. Er selbst ist auch eine Geisel, genau wie sie. Doch er lebt schon eine ganze Weile im Lager und hat erfahren, dass alle ihn freundlich behandeln. Er hat sogar schon eine ganze Menge von der fremden Sprache gelernt und kann sich mit den Römern in ihrer Sprache unterhalten. Wenigstens ein bisschen.

Er versichert den Frehemern, dass ihnen nichts passiert und sie genauso gut behandelt werden wie er selbst, wenn sich ihre Stammesbrüder an alle Abmachungen halten. Dass sie sogar beschützt würden, wenn das Lager angegriffen werden sollte. Genau das sei ja mit ihm geschehen, als sie das Lager gestürmt hatten. Er sei ganz sicher gewesen.

Misstrauisch hören die erfahrenen Krieger den Geschichten dieses »unerfahrenen«, zehnjährigen Jungen zu. Sagt der die Wahrheit? Kann man so einem Grünschnabel überhaupt trauen?

Eriks Erzählungen klingen zwar nicht so, als hätte er sie erfunden. Aber das sind doch alles Römer hier im Lager! Und Römern kann man nicht trauen, niemals!

Was haben sie selbst denn in der letzten Zeit erlebt? Die Römer haben ihnen ein Zelt als Unterkunft zugewiesen. Sie bekommen zu essen und zu trinken. Alle behandeln sie nicht besonders freundschaftlich, aber mit Respekt, so weit, so gut.

Innerhalb des Lagers dürfen sie sich auch frei bewegen, aber sie dürfen es nicht verlassen. Und so sind fünf erwachsene, kräftige Männer, die sonst jeden Tag körperlich schwer gearbeitet haben, zur Untätigkeit verdammt. Sie langweilen sich fürchterlich.

Für Erik ist es da leichter. Er kann herumtollen, zu den einzelnen Baustellen innerhalb des Lagers gehen, zuschauen, Fragen stellen und sich mit den Legionären unterhalten. Besonders die Ingenieure haben es ihm angetan. Was die alles machen! Clemens, einem aus der Truppe von Marcus, folgt Erik auf Schritt und Tritt.

Um ihn zu beschäftigen und seiner eigenen Arbeit nachgehen zu können, drückt Clemens Erik eines Tages ein Wachstäfelchen und einen Schreibgriffel in die Hand und zeigt ihm, wie die ersten Buchstaben aussehen. Mit großem Spaß malt Erik die Buchstaben immer und immer wieder nach und ist damit für einige Stunden beschäftigt. Und Clemens hat seine Ruhe.

GROSSE FORTSCHRITTE

Das Wetter wird immer unbeständiger. An manchen Tagen nieselt es fast durchgängig. Quintus Agrippa und Septimus sind mal wieder auf einem ihrer Kontrollgänge. Die Häuserzeilen der Contubernien nehmen langsam Gestalt an. Die Dachbalken sind schon eingesetzt, gedeckt sind die Dächer allerdings noch nicht. Durch die Balken hindurch sieht man den trüben Himmel. Sie stehen vor dem zukünftigen Haus eines Zenturios.

»Freu ich mich schon drauf, wenn das mal fertig wird«, meint Quintus Agrippa.

Gerade will er einen Schritt darauf zumachen, da bleibt sein Fuß im durchgeweichten Boden hängen. Fast hätte er das Gleichgewicht verloren. Er lässt einen leisen Fluch folgen.

»Durch den verdammten Regen wird das jeden Tag schlimmer«, stimmt Septimus ihm zu.

»Müssen wir dringend was dran machen«, denkt Quintus Agrippa laut. »Je mehr Leute hier durchlatschen, desto mehr wird das zu einem Sumpf. Vorläufig könnten wir Knüppeldämme bauen lassen, aber die Lösung wäre, wenn wir die Hauptstraßen und die Lagergassen richtig pflastern würden.«

»Hast *du* denn hier irgendwo brauchbare Steine gesehen? Hier ist nur Wald und jede Menge Holz«, meint Septimus resigniert.

In diesem Moment kommt Marcus durch den Schlamm angeschlittert.

»Wie ich das sehe«, beginnt er, »sind die mit dem Graben und dem Wall bald durch. Käme als Nächstes das Einsetzen der Palisaden. Da wäre bei der Menge der Pfähle ein Rammbock ganz hilfreich. Den könnten wir ohne Weiteres konstruieren.

Was uns aber wirklich fehlt, ist ein richtig schwerer Steinblock. Ohne den wird's nix. Aber woher nehmen? Habt ihr hier schon mal was Größeres gesehen als die Kieselsteine am Ufer?«

Alle drei überlegen und schauen sich nachdenklich an. Marcus hat recht, mit großen Steinen sieht es hier wirklich düster aus. Plötzlich fällt Quintus Agrippa etwas ein.

»Warte mal ... Als Justus mit dem ersten Hilfstransport zurückgekommen ist, hat er erzählt, dass er ungefähr eine Tagesreise von hier flussaufwärts ein Felsengebirge gesehen hat. Ganz nah am Ufer, hat er gesagt. Allerdings war seine ›Tagesreise‹ damals flussabwärts. Den Rhenus rauf wird das vielleicht zwei oder drei Tage weit weg sein. Das soll der noch mal genau beschreiben. Holt ihn mal her.«

Ziemlich verdreckt kommt Justus heran. »Zenturio«, salutiert er, »weswegen hast du mich rufen lassen? Hab ich irgendwas verbockt?«

»Ganz ruhig, Justus. Nein, es gibt keine Beschwerden. Ich brauch deine Erinnerungen.«

»Aha«, murmelt der Legionär entgeistert.

»Als du damals von Moguntiacum zurückgekommen bist, nach dem Unfall mit Sixtus, da hast du doch gesagt, dass du flussaufwärts einen felsigen Berg gesehen hast, ganz nah am Ufer.«

»Das stimmt. Es waren sogar mehrere Berge. Der Prätor hatte mir befohlen, nach so etwas Ausschau zu halten.«

»Und wo war das genau?«, will Quintus Agrippa wissen.

»Also«, ruft Justus sich die Reise in Erinnerung, »das war am rechten Ufer. Da war aber kein Steinbruch oder so etwas, nur die felsigen Berge. Rundrum Wälder. Ungefähr eine halbe Tagesreise weiter kam dann von rechts ein kleiner Zufluss in den Rhenus. Und wieder einen halben Tag später waren wir hier.«

»Würdest du die Stelle wiederfinden?«

»Aber sicher, kann man nicht übersehen.«

»Sehr gut, du kannst jetzt zurück an die Arbeit. Wo steckst du denn gerade, damit ich dich leichter finden kann?«

»Bei Sosias im Loch. Der steht übrigens mit den Sandalen schon im Wasser. Aber er will noch zwei, drei Fuß tiefer graben.«

»Dieser Sosias ist doch unglaublich«, mischt sich nun Septimus ein, »da hat er das Wasser endlich gefunden und sagt keinen Ton.«

»Sag ihm, dass wir uns riesig freuen, und er soll sich bei mir melden.« Mit diesen Worten entlässt Quintus Agrippa Justus wieder und wendet sich an Marcus. »Von solchen Felsen brechen doch ab und zu ein paar größere Brocken ab, durch Frost oder was weiß ich. Haben wir doch in den Bergen am Danuvius gesehen, dass es das gibt. Wenn wir nun ein, zwei Boote losschicken zu diesen Bergen – Justus soll ihnen die Stelle zeigen –, und die finden da so etwas. Würden dir solche Brocken helfen?«

»Wäre genau das, was wir brauchen. Müssten wir wahrscheinlich ein bisschen in Form hauen, damit so ein Brocken in den Rammbock passt, und irgendwas zum Befestigen. Haben wir denn welche dabei, die sich mit Steinen auskennen, Steinhauer oder so?«

»Da bin ich fast sicher.«

Abendappell. Es hat aufgehört zu nieseln. Ungemütlich ist es trotzdem und matschig. Alle zweihundertvierzig Mann sind auf dem neu abgesteckten Forum angetreten. Unterteilt in die drei Zenturien. Vor der Versammlung stehen Septimus, Quintus Agrippa, Camillus und Valerius.

Quintus Agrippa befiehlt: »Sosias, vortreten!«

Der Brunnenbauer tritt ein paar rutschige Schritte nach vorn. Erwartungsvolles Schweigen.

»Für alle, die es noch nicht von Mund zu Mund gehört haben«, fährt der Hauptmann fort, »Sosias ist auf Grundwasser gestoßen. Ein Grund zur Freude und ein Grund, ihm zu danken.«

Als eine Art Applaus schlagen die Legionäre mit ihren Schwertern rhythmisch auf ihre Schilde, ein Höllenlärm. Das ist doch wirklich mal eine gute Neuigkeit.

Sosias hebt seine Hand. Quintus Agrippa sorgt für Ruhe.

»Aber ein richtiger Brunnen ist das noch lange nicht«, wendet Sosias ein, »ich habe noch keine Einfassung, und ich kann auch noch keine Wände machen.«

»Lass gut sein, Sosias«, nimmt Quintus Agrippa die Sache wieder in die Hand, »wir wissen, dass du da noch jede Menge Arbeit hast. Aber das Wichtigste ist da: das Wasser.«

Dann meldet sich einer der Vermesser vom Wegebau. »Wir sind auch fast da. Halbe Meile noch, dann ist der Weg fertig.«

Erneuter Jubel.

Wieder sorgt Quintus Agrippa für Ruhe.

»Dann noch etwas ganz anderes. Wer sich mit Steinen auskennt, vortreten und sagen, was er gemacht hat.«

Sechs Leute aus den unterschiedlichen Zenturien treten vor. Jeder berichtet, worin seine Erfahrung besteht. Einer stammt aus den Bergen und erzählt, dass sie zu Hause ihre Häuser immer aus Natursteinen gebaut haben. Zwei sind von Beruf Steinhauer, einer hat große Erfahrung im Transport von schweren Quadern, hat beim Bau eines Triumphbogens mitgearbeitet, und zwei haben sogar eine künstlerische Ausbildung als Steinmetze in Griechenland genossen. Vor Jahren haben sie da an Stelen und Denkmälern mitgearbeitet.

Quintus Agrippa ist sehr zufrieden mit dieser Ausbeute und beordert die Männer nach dem Abendessen zusammen mit Justus und Marcus zu sich, um ihnen zu erklären, worin ihre Aufgabe besteht.

»Und jetzt wird gefeiert. Aber trinkt nicht zu viel. Unsere

Vorräte gehen langsam zur Neige. Ich hoffe, der Prätor in Moguntiacum hat uns nicht vergessen.«

Damit beschließt er den Appell.

Danach gibt es – wie jeden Abend – das Abendessen. Sosias wird mit viel Schulterklopfen gefeiert. Alle freuen sich auf frisches Trinkwasser. Sosias wimmelt das alles ab. Bis man das Brunnenwasser trinken kann, wird noch eine ganze Weile vergehen. Trotzdem wird der Fund gefeiert. Und bevor sich alle den Kopf zu sehr zugeschüttet haben, ruft Quintus Agrippa die Leute zusammen, die auf die Suche nach Steinen gehen sollen.

»Wir brauchen Steine. – Sehr viel größere als die Kiesel vom Ufer des Rhenus. Justus hat einen, sogar mehrere Berge gesehen. Er wird euch zu der Stelle führen. Marcus braucht einen richtig großen Steinblock, um einen Rammbock für die Palisaden bauen zu können.«

»Den Berg haben wir alle gesehen, als wir hierher verlegt wurden«, erinnert sich einer der ehemaligen Bergbewohner. »An so einem Berg gibt es immer Geröllhalden. Weiß ich aus meiner Heimat. Mit solchen Steinen haben wir unsere Häuser gebaut. Da finden wir mit Sicherheit etwas Passendes.«

»Auch mittelgroße Steine könnten wir gut gebrauchen, um die Lagergassen und die Straßen zu pflastern«, fügt Quintus hinzu, »sonst versinken wir hier bald im Morast.«

»Gibt's jede Menge von, wir brauchen bloß zuzugreifen«, versichert ihm der Bergmensch.

»Seid nicht zu optimistisch«, bremst ihn Quintus Agrippa, »schaut erst mal, ob ihr überhaupt was Brauchbares findet. Und vergesst nicht: Es ist das *rechte* Ufer des Rhenus, wer weiß, welche Art von Barbaren sich da rumtreibt.«

»Wir werden vorsichtig sein«, flicht Marcus ein.

»Lass uns so viele Schiffe mitnehmen wie möglich«, sagt der Bergmensch, »du wirst sehen, wir kommen voll beladen zurück.«

»Ich gehe da lieber vorsichtig ran«, beharrt Quintus, »ihr nehmt zwei Rudermannschaften mit und noch zwei leere Boote. Wenn sich eure Suche als erfolgreich erweist, können wir immer noch mehr Leute schicken. Ihr macht euch morgen früh auf den Weg. Nehmt Proviant mit, in einer Woche müsstet ihr zurück sein, spätestens in zehn Tagen. Wenn ich bis dahin nichts von euch gehört habe, schicke ich einen Suchtrupp hinterher. Viel Erfolg und Vorsicht.«

Am nächsten Morgen hängt Nebel über dem Fluss. Schemenhaft sieht man, wie die Rudermannschaften und die Stein-Experten die vier Boote klarmachen. Dann sind sie ins Ungewisse verschwunden, stromaufwärts.

Zwei Tage später, es geht schon auf den Abend zu, erscheint im Wald auf dem neuen Weg ein von Ochsen gezogener Transportkarren mit Lehm. Die Nachricht verbreitet sich wie ein Lauffeuer.

Fast den ganzen Tag haben sie für den Weg von der Lehmgrube bis ins Lager gebraucht, berichten die Wagenlenker. Etwas mehr als zehn römische Meilen beträgt die Strecke. Mit großem Jubel wird die Fuhre empfangen.

Kurz danach entsteht der erste Streit, wer denn zuerst was mit dem Lehm anfangen darf. Die Zimmerleute warten auf Dachziegel und die Öfen für die Häuser.

Sosias braucht Ziegel für den Brunnen, außerdem muss ja ein großer Brennofen gebaut werden, um in kurzer Zeit möglichst viele Ziegel brennen zu können.

Eine Entscheidung muss her. Die fällt selbstverständlich Quintus Agrippa zu.

Der berät sich mit Septimus, und da Marcus auf dem Weg zu dem Felsenberg ist, um große Steinbrocken zu suchen, ist von den Ingenieuren Clemens dabei, der zu bedenken gibt, dass die Herstellung von brauchbaren Ziegeln gar nicht so einfach ist.

Er hat das bei einem Einsatz in Griechenland mühsam durchlitten.

Der Lehm, so wie er aus dem Boden kommt, ist noch nicht brauchbar. Er muss zuerst gemischt, dann mit etwas Wasser geschmeidig gemacht und anschließend gestampft werden, damit das überflüssige Wasser rausgepresst wird.

Dann müssen hölzerne Formen, die Model, gebaut werden, um den Ziegeln die richtige Form zu geben. Die Model müssen alle die gleiche Form und Größe haben, damit die fertigen Ziegel genau aneinanderpassen. Danach müssen die so mit der Hand in den Modeln geformten Lehmziegel zum Trocknen ausgelegt werden. In diesem verdammten Germanien am besten unter einem Dach, damit durch den Regen nicht neue Feuchtigkeit in die Lehmziegel dringt.

Erst wenn die Formen so trocken wie Leder sind, kann man sie zum Brennen geben.

Das geht so, dass man die Formen abwechselnd mit Holzkohle übereinanderschichtet. Einen guten Brand erhält man nur, wenn die Ziegel etwa vierzehn Tage im Brennofen bleiben. Anderenfalls erhält man viel Schrott, das bedeutet, die Ziegel brechen auseinander.

Diese ganzen technischen Einzelheiten sind für Quintus Agrippa und Septimus ziemlich verwirrend. Gleichzeitig wird ihnen klar, dass dann frühestens in drei oder vier Wochen mit den ersten brauchbaren Ziegeln zu rechnen ist. Dann wird das Wetter schon wirklich ungemütlich sein, und die Bauarbeiten werden – wenn überhaupt – nur noch schleppend vorankommen.

»Was schlägst du also vor?«, will Quintus Agrippa wissen. »Wie sollen wir vorgehen, um möglichst schnell zu brauchbaren Ergebnissen zu kommen?«

Clemens denkt einen Augenblick lang nach, bevor er antwortet. »Als Erstes müssen wir einen Unterstand bauen, wo die geformten Lehmziegel vor Regen geschützt trocknen können. Sonne darf aber auch nicht drankommen, sonst trocknen sie zu schnell und reißen. Gleichzeitig sollen die Zimmerleute Model bauen, einmal als Formen für die Dachziegel, dann konisch zulaufende Formen für den Brunnen von Sosias und drittens ganz normale viereckige Ziegel, um damit den großen Brennofen bauen zu können. Alle sind ungefähr gleich wichtig. Dann brauchen wir einen Platz, wo wir den Lehm vorbereiten und stampfen können. Ganz schnell müssen wir auch Holzkohle herstellen. Ohne Kohle kein Brand. Je schneller wir damit anfangen, desto besser. Anfangs können wir auch mit einfachem Holz brennen, aber die Ziegel werden dann nicht so gut. Und bis wir mit diesen ganzen Vorbereitungen fertig sind, können die Zimmerleute den feuchten Lehm nehmen, um damit das Flechtwerk der Zwischenwände in den Häusern zu verputzen.«

»Klingt alles logisch«, antwortet Quintus Agrippa, »und wo machen wir das? Klingt nach ziemlich viel Dreck.«

»Wenn dir das nicht zu unsicher ist, würde ich es vor dem Lager machen, denn Dreck wird es geben, jede Menge.«

»Muss ich noch drüber nachdenken«, meint Quintus Agrippa. »Und die Brennerei? Nehmen wir da die mobilen Brennöfen, die der Prätor uns geschickt hat?«

»Damit kommen wir nicht weit, die helfen vielleicht für den Anfang, aber eigentlich ist das Spielzeug«, entgegnet Clemens. »Da rein passen höchstens dreißig, vielleicht vierzig Stück, wir brauchen aber Hunderte oder sogar Tausende Ziegel. Wir müssen große Öfen bauen, eine richtig große militärische Feldziegelei. Die paar Dinger, die wir da in den kleinen Öfen fertig bekommen, reichen höchstens, um damit den Boden für einen großen Brennofen zu bauen. Das ist aber immerhin ein Anfang.«

Clemens macht rasch ein paar Skizzen auf einem Schreibtäfelchen, wie der Unterstand aussehen soll, welche Größe und

Form die einzelnen Model haben sollen und wie er sich den großen Brennofen vorstellt.

Dann schildert er den anderen noch, welche Probleme es beim Trocknen der Lehmziegel gibt und wie man die Lehmziegel am besten im Ofen stapelt, damit möglichst wenig Schrott entsteht. Er erläutert auch, dass nicht alle Ziegel gleich gut gebrannt werden, es hängt davon ab, wie und wo sie gestapelt sind, und dass man sie im Brennofen langsam anwärmen und ebenso langsam abkühlen muss.

Clemens kommt bei seinen Erklärungen so richtig in Fahrt. Septimus rutscht schon länger von einer Pobacke auf die andere. Nach einer Weile sind es auch Quintus Agrippa zu viele Details.

»Schon gut, Clemens, Hauptsache, du weißt, wie es geht, und dass es möglichst bald klappt.«

»Wenn du mir sagst, wo wir das machen sollen, und wenn du mir genügend Leute gibst, kann es fast sofort losgehen«, erwidert der.

»Mach es vor dem Lager, ich glaube, mit Angriffen brauchen wir nicht zu rechnen, und nimm dir so viele Leute, wie du brauchst.«

LIEBESNÖTE

Früher Abend im germanischen Nachbardorf. Alle sind von ihren Arbeiten auf den Feldern zurück, und es gibt Streit. Drei junge Frauen unterschiedlichen Alters giften sich gegenseitig an. Es fehlt nicht viel, dass sie handgreiflich werden. Demosthenes beobachtet das Ganze aus einiger Entfernung, ohne zu ahnen, um was es geht. Dieses germanische Kauderwelsch wird er wohl nie richtig verstehen, schon gar nicht, wenn so schnell gesprochen wird und so laut. Ein paar dieser germanischen Wörter hat er immerhin schon aufgeschnappt. Er kennt die Worte für Wasser, Essen, Trinken, Schlafen und noch ein paar andere, aber sonst?

Jedenfalls scheint der Streit heftig zu sein. Sobald die drei bemerken, dass sie von Demosthenes beobachtet werden, hören sie auf, sich anzuschreien, lachen ihn etwas verschämt an und verziehen sich in unterschiedliche Richtungen.

Demosthenes geht zu Ansgar. »Um was ging es denn da, weswegen streiten sich die drei? Die sind doch sonst immer ganz nett und umgänglich.«

»Es geht um dich«, seufzt Ansgar.

»Um mich?« Demosthenes ist sprachlos. »Aber ich habe doch gar nichts gemacht!«

»Eben, deshalb!«

»Jetzt versteh ich gar nichts mehr, was meinst du damit?«

»Ach, Demosthenes, bist du denn blind? Die drei streiten sich darüber, welche du mehr angelacht hast, zu welcher du freundlicher bist und welche du schöner findest.«

»Oh, all ihr Götter auf dem Olymp, Gnade, nicht auch das noch! Ihr behandelt mich hier alle freundlich und mit Respekt. Und ich bin auch freundlich zu allen und gleichmäßig. Ich kann mich nicht erinnern, dass ich eine von den dreien bevorzugt hätte. Was stellen die sich denn vor?«

»Ja, was glaubst du denn? Die wollen dich als Mann! Du siehst gut aus, hast ein freundliches Wesen, kannst gut mit Kindern umgehen und bist der einzig richtig Schwarzhaarige. Gibt's hier nicht alle Tage. Du bist hier etwas Außergewöhnliches. Ich bekomm doch mit, wie alle Frauen, jung und alt, von dir schwärmen.«

»Hilfe!«

»Was ist denn so schlimm daran? Hast du schon eine Frau, oder findest du die Frauen hier zu hässlich?«

»Nein, hab ich doch gar nicht gesagt. Aber was soll das denn werden? Ich bin bei euch als Geisel. Schon vergessen? Ich dürfte nicht mal davonlaufen! Und außerdem bin ich immer noch beim römischen Militär. Solange ich da dabei bin, ist es mir nicht gestattet, zu heiraten, selbst wenn ich das wollte. Erst wenn ich entlassen bin, dann darf ich.«

»Glaubst du, das interessiert die?«

»Ansgar, ich bitte dich: Kannst du ihnen denn nicht sagen, dass das nicht geht?«

»Wenn du glaubst, dass das hilft! Kennst du denn die Frauen nicht? Die werden nicht lockerlassen.«

»Und dann?«

»Wie ich unsere Frauen kenne, wird Folgendes passieren: Du wirst eines Nachts aufwachen, und vor deinem Lager steht eine Frau, mit nichts bekleidet als ihren aufgelösten Haaren. Ich nehme an, es wird Dietlinde sein, die war schon als Kind immer die Wildeste.«

»Oh nein!« Demosthenes stellt sich die Situation vor. »Aber ich kann doch nicht einfach sagen: Geh weg, ich will dich nicht, oder: Du bist zu hässlich! Außerdem würde sie das in meiner Sprache wohl nicht verstehen!«

»Wäre erstens eine Beleidigung, würde dir zweitens aber

auch nicht helfen. Selbst wenn – und ich sage ausdrücklich, *wenn* – sie dann wirklich gehen würde, würden sich die anderen beiden freuen, und ein paar Nächte später käme die nächste, so lange, bis du dich für eine entschieden hättest.«

»Und du oder euer Stammesältester könnt daran gar nichts machen?«

»Nein, es ist schon lange klar, dass so etwas geschehen wird. Das ganze Dorf ist darauf vorbereitet und schon gespannt, für wen du dich entscheidest. Auf der anderen Seite hast du aber auch Glück!«

»Ich? Glück? Wieso?«

»Wenn du einer von uns wärest, und du würdest eine Frau zurückweisen, würden dich die Brüder, die Eltern und die Verwandten verprügeln und aus dem Dorf jagen, aber weil du unsere Geisel bist, wird niemand eine Hand gegen dich erheben.«

»Und ich kann gar nichts dagegen machen?«

»Nichts, außer du löst dich in Luft auf.«

»Das kann doch nicht gut gehen! Das gibt doch Ärger!«

»Kann man nix machen.«

LAUTER SORGEN

Eine Woche später hat sich ein Großteil der Betriebsamkeit im römischen Lager nach außen verlegt. Ein langer Unterstand ist auf freiem Feld entstanden, am Ende des Weges zum Lehm. Er besteht aus hohen Stützen, die in den Boden getrieben worden sind. Darüber ein Dach aus Brettern, die fast bis auf den Boden reichen. Darunter sind lange Regale aufgebaut, auf denen die frisch geformten Lehmziegel trocknen sollen. Vor Regen und Sonne sind sie so geschützt, aber der Wind kann ungehindert hindurchwehen und den Trocknungsprozess vorantreiben.

Quintus Agrippa und Septimus lassen sich von Clemens erklären, wie das mit der Trocknerei ablaufen soll. Drei verschiedene Regale hat er bauen lassen, eins für normale Ziegel, eins für die Dachziegel und eins für die Brunnenziegel. Bei jedem Schwung fertig geformter Lehmziegel muss jeden Tag kontrolliert werden, wie weit der Trockenprozess fortgeschritten ist.

Und an jedem Regal muss jeden Tag ein Strich gemacht werden, um Erfahrungen zu sammeln, wie lange das Trocknen in diesem rauen Klima dauert. Es sei hier eben was anderes als damals im warmen Griechenland. Und Clemens hofft, dass die Nächte nicht zu kalt werden oder sogar Frost hereinbricht, denn dann könne man das Ganze bis zum nächsten Frühling vergessen. Bei Frost würde die Restfeuchtigkeit in den Formen diese bersten lassen. Im Moment ist er aber noch verhalten optimistisch und hofft, die ersten brauchbaren Ziegel zu brennen, bevor es hier richtig kalt wird.

Und um keine Zeit zu verlieren, hat er auch schon eine Feuergrube ausheben lassen, über der der große Brennofen gebaut werden soll. Was fehlt, sind erste gebrannte Ziegel, um damit die

Wände für den Ofen aufzumauern. Diese ersten Ziegel müssen gar nicht von besonders guter Qualität sein, Hauptsache, sie brechen nicht auseinander.

Die Formenbauer für die Model sind auch bei der Arbeit. Morgen, spätestens übermorgen könnte man mit der Herstellung der Lehmziegel beginnen. Zwei Bottiche, um den Lehm vorzubereiten, sind schon in Betrieb. In dem einen wird der angelieferte Lehm gemischt und mit Wasser zu einer zähen Masse verarbeitet. Im zweiten sind an die zwanzig Soldaten dabei, mit den Füßen das überflüssige Wasser rauszutrampeln.

Aus diesem Bottich bedienen sich im Augenblick noch die Zimmerleute und verputzen damit die Wände der Häuser. Mittlerweile kann man sich schon besser vorstellen, wie die fertig aussehen werden. Schlaf- und Vorräume sind schon zu erkennen. Nur die Dächer sind noch offen.

Quintus Agrippa und Septimus sind so weit mit dem Stand der Arbeiten zufrieden und hoffen mit Clemens, dass das Wetter sich noch eine Weile hält. Ihr nächster Weg führt sie ins Lagergeviert, wo ein großes Feuer brennt. Da hinein werden die angespitzten Baumstämme gelegt, die später die Palisaden werden sollen. Man legt die angespitzte Seite ins Feuer und lässt sie kontrolliert anbrennen. Das soll verhindern, dass die Stämme, wenn sie später im Boden stecken, anfangen zu faulen.

Vier verschiedene Gruppen sind mit der Arbeit beschäftigt. Die erste bringt die Baumstämme alle auf die gleiche Länge, die zweite spitzt die eine Seite an. Eine dritte Gruppe legt die Stämme ins Feuer und überwacht das Anbrennen. Eine letzte Gruppe stapelt die so vorbereiteten Stämme auf Vorratshaufen.

Etliche hundert liegen schon da, für die gesamte Palisadenwand mit Wachttürmen und Toren werden aber sicher einige tausend gebraucht.

Alle hoffen, dass Justus und Marcus an dem Felsenberg

fündig werden, denn ohne Rammbock wird es eine elende Plackerei, all diese Stämme in den Boden zu bekommen.

Noch während sie auf ihrem Kontrollgang sind, wird Quintus Agrippa und Septimus gemeldet, dass eine germanische Abordnung auf dem Weg ins Lager ist. Es sind fünf Leute. Beim Näherkommen erkennen die beiden, dass in der Mitte Demosthenes geht, rundum von vier Germanen bewacht. Demosthenes trägt wieder germanische Kleidung.

»Demosthenes, alter Freund, was führt dich her, ist etwas passiert?«, fragt Septimus

»Seid beide gegrüßt. Sag mal, friert ihr euch nicht die Knochen ab bei der Kälte? Da sind meine Fellsachen hier doch was ganz anderes. Die sind richtig schön warm. – Was mich herführt? Ich bin in großen Schwierigkeiten.«

»Wieso? Wirst du nicht gut behandelt? Fehlt dir irgendetwas?«, will Septimus wissen. Er macht sich augenblicklich Sorgen um seinen alten Freund.

»Nein, fehlen tut mir nichts«, entgegnet Demosthenes, »ganz im Gegenteil, ich bekomme vielleicht etwas zu viel!«

»Wie meinst du das?«, fragen Quintus Agrippa und Septimus fast gleichzeitig.

»Also«, druckst Demosthenes herum, »es ist so – und wenn es nicht so irrsinnig wäre, könnte man fast drüber lachen –, dass wohl drei jüngere Frauen ein Auge auf mich geworfen haben. Gab schon Streit deswegen. Ansgar meint, er könne nichts machen, es würde wohl darauf hinauslaufen, dass eines Nachts eine von ihnen vor meinem Lager stehen wird und sich zu mir legen will. Ich schwöre bei allen Göttern, ich habe nicht das Geringste getan, was als Aufforderung verstanden werden konnte. Ich habe keine berührt oder einer auch nur zu tief in die Augen geschaut – oder woandershin. Ich kann ja auch nicht weglaufen, ich bin ja Geisel. Was soll ich denn machen?«

»Kannst du denn nicht einfach sagen, dass du das nicht willst?«, will Septimus wissen.

»Hab ich doch alles schon mit Ansgar durchgekaut. Der meint, das nützt überhaupt nichts.«

»Und was willst du jetzt machen?«

»Deswegen bin ich ja hier! Was kann ich denn machen?«

»Heiraten kannst du sie jedenfalls nicht, solange du beim Militär bist«, stellt Septimus klar.

»Weiß ich doch selber, hab ich Ansgar auch schon gesagt. Und selbst wenn ich wollte – was nicht der Fall ist –, was soll denn daraus werden? Eine Frau, deren Sprache ich nicht verstehe und die mich nicht versteht? Angenommen, sie legt sich tatsächlich zu mir auf mein Lager, dann ist sie nach germanischem Recht meine Frau! Und? Wird sie dann auch zu einer Geisel, genau wie ich? Wird sie damit römische Bürgerin? Oder wird sie aus ihrem Dorf vertrieben? Oder muss ich Germane werden? – Tolle Vorstellung! Irgendwann will ich doch mal wieder weg von hier! Muss ich sie dann mitnehmen und mit ihr zusammenleben? Muss ich dann für sie sorgen? Und wenn ja, wie soll ich das denn machen?« Demosthenes malt sich die Situation drastisch aus.

Quintus Agrippa und Septimus sehen die verzwickte Lage, in der Demosthenes sich befindet. Aber sie sind auch nur Männer.

»Sind die drei denn wenigstens schön?«, fragt Septimus grinsend.

»Ihr beide seid doch nicht ganz dicht! Schwachsinn! Ja, sie haben ganz nette Gesichter und lange blonde Haare. Jede Römerin würde sich ein Bein dafür ausreißen. Aber sonst? Keine Ahnung, bei diesen unförmigen Klamotten sieht man ja nicht viel. Sagt mir lieber, was ich machen soll!«

Da schauen sich Quintus und Septimus ratlos an. Eine einfache Lösung fällt ihnen auch nicht ein.

»Komische Sitten bei den Barbaren. Ich kann ja versuchen,

noch mal mit Ansgar zu reden«, lenkt Septimus halbherzig ein, ohne selbst daran zu glauben, dass das etwas bewirken kann.

»Ja, tu das, Septimus. Ich bitte dich als Freund. Hilf mir! Denn ich weiß nicht weiter! Ich muss dann jetzt wohl mal zurück in mein Unglück und hoffe, dass es einen Ausweg gibt, irgendeinen. *Salve.*«

Die germanische Abordnung begibt sich wieder auf den Heimweg. Demosthenes ist ziemlich geknickt. Er hatte so gehofft, zusammen mit den beiden eine Lösung zu finden. Quintus Agrippa und Septimus blicken der Gruppe lange nach.

»Das hat uns gerade noch gefehlt«, sinniert Quintus Agrippa. »Wie können wir dem armen Teufel helfen? Andererseits: So eine junge, knackige, germanische Frau als Wärmekissen in den kalten Nächten hier ... Auch nicht zu verachten.«

»Quintus!«, empört sich Septimus.

»Schon gut«, entschuldigt sich Quintus Agrippa. »Ich meine ja nur. Ist nun auch schon eine Weile her, dass ich das Lager mit einer Frau geteilt habe. Immer nur Kälte, Dreck, Schufterei, besoffene Kerle und Disziplin, Disziplin, Disziplin. Nicht abendfüllend, aber so ist es eben.«

»Was ist los mit dir, Quintus? Bedrückt dich irgendwas, oder bist du unter die Philosophen gegangen?«

»Nein, nein, alles in Ordnung. – Aber mal ehrlich, Septimus: Demosthenes wäre nicht der Erste. Das hat es doch immer schon gegeben. Natürlich ist es verboten, zu heiraten, solange man beim Militär ist. Trotzdem hat es immer wieder welche gegeben, die sich unterwegs in den unterschiedlichsten Ländern eine Frau angelacht haben. Die durften dann zwar nicht mit den Legionen ziehen, aber sie kamen immer hinterher, um in der Nähe ihrer Männer zu sein. Und die, die die Kämpfe überlebt haben, haben danach nicht selten richtig geheiratet und ein ganz normales Leben geführt. Wurde offiziell zwar nicht gern gesehen, aber es wurde stillschweigend geduldet, um Ruhe in der Truppe zu haben.«

»Aber das geschah doch immer nur dann, wenn wir längere Zeit an einer Stelle waren.«

»Über vier Monate sind wir jetzt ja auch schon hier. Ist dir das klar? Sowieso ein Wunder, dass noch keiner von den Kerlen auf eigene Faust losgezogen ist. Liegt wahrscheinlich nur an meinem Befehl, dass denen im Dorf nichts geschehen soll, und an den gegenseitigen Geiseln.«

»Mhm«, macht Septimus, »ich werde trotzdem noch mal versuchen, mit Ansgar zu reden.«

Während die beiden in ihre Gedanken versunken dastehen, kommt Erik angesaust.

»Volunt laborare«, ruft er ihnen schon im Näherkommen zu.

»Was meinst du? Wer will arbeiten?«

Da erklärt der Junge den beiden in noch etwas holprigem, aber fehlerfreiem Latein, dass die Geiseln aus Frehem arbeiten wollen. Sie säßen nur rum und würden sich zu Tode langweilen. Ob sie nicht bei irgendwas mit anpacken könnten?

»Aber wie soll das denn gehen?«, will Quintus Agrippa wissen. »Die sind unsere Geiseln. Wir sind für ihre Gesundheit und ihr Leben verantwortlich. Stell dir zum Beispiel vor, wir lassen sie bei Sosias im Brunnen mitarbeiten und einem fällt ein Stützbalken auf den Kopf und der ist tot. Das verbreitet sich wie ein Lauffeuer. Dann haben wir hier sofort wieder Krieg. Dann wird es in den Barbarendörfern heißen: Die Römer töten sogar ihre Geiseln, auch wenn das nicht stimmt. Aber um andere gegen uns aufzustacheln, reicht es bestimmt. Die glauben *uns* doch niemals, dass die freiwillig gearbeitet haben und dass es ein Unfall war. Es wird heißen, wir haben sie zu Sklaven gemacht.«

»Es reißt aber auch nicht ab«, sagt Septimus und seufzt, »kaum glaubst du, du hast ein Problem gelöst, kommen gleich zwei neue. Dass die sich langweilen, kann ich ja verstehen. Das sind kräftige Männer. Wenn wir sie nun bei Arbeiten einsetzen, bei denen garantiert nichts passieren kann?«

»Dann müssten wir ihnen aber zumindest etwas bezahlen, um klarzumachen, dass sie nicht als Sklaven behandelt worden sind. Aber entscheiden musst du, Septimus. Du hast die Vollmachten des Kaisers.«

»Muss ich erst eine Nacht drüber schlafen«, sagt Septimus und wendet sich an Erik: »Sag ihnen, wir werden darüber nachdenken, ob das überhaupt geht.«

Ergeben trollt sich Erik, und Quintus Agrippa nimmt den Gesprächsfaden wieder auf. »Noch etwas anderes macht mir Sorgen: Marcus und Justus sind jetzt schon seit über einer Woche unterwegs zu dem Berg. Soll ich schon eine Suchmannschaft losschicken, oder soll ich noch einen Tag warten, was meinst du?«

»Du wirst es nicht glauben, an die hab ich gestern auch schon gedacht. Ja, schick eine Suchmannschaft los. Drei Contubernien, also vierundzwanzig Mann, sollten reichen, denk ich. Für heute ist es schon zu spät, aber morgen früh.«

»Und zwar in voller Bewaffnung. Hoffentlich finden sie die Männer und kommen nicht zu spät. Mir graut schon vor dem Bericht, wenn sie unverrichteter Dinge zurückkommen.« Nachdenklich schüttelt Quintus Agrippa den Kopf. »Und wenn auch die nicht zurückkommen, was machen wir dann?«

»Weiß ich jetzt auch noch nicht«, antwortet Septimus. »Ich würde dir aber raten, Leute aus der ersten Zenturie zu schicken, das sind die erfahrensten. Die wissen, worauf es ankommt.«

DER SUCHTRUPP

Am nächsten Morgen bei Sonnenaufgang. Der Tag verspricht schön zu werden. Clemens schaut in den Himmel und freut sich über das Wetter. Genügend Model sind gebaut. Heute will er mit dem Ausformen der Lehmziegel beginnen, und jeder warme Tag hilft ihm, voranzukommen.

Die Transportkolonne, die den Lehm vom Fundort zum Lager holt, sieht dem Wetter mit eher gemischten Gefühlen entgegen. Wenn es richtig warm wird, wird der Tag viel Schweiß kosten.

Ebenso mit gemischten Gefühlen, aber aus anderem Grund, besteigt der Suchtrupp die Boote am Anleger. Sie wissen, was auf sie zukommt. Kein schöner Auftrag und sicherlich keine Vergnügungsreise. Verteilt auf zwei Schiffe mit je zwölf Mann legen sie ab und kämpfen sich gegen die Strömung flussaufwärts. Eineinhalb Meilen werden sie pro Stunde wohl schaffen, wenn alle sich richtig ins Zeug legen. Der Posten auf einem der östlichen Wachttürme hat sie noch lange im Blick, bevor sie hinter der ersten Flussbiegung verschwunden sind.

Je höher die Sonne steigt, desto mehr schwitzen die Ruderer unter ihren Rüstungen. Und obwohl sie beide Ufer aufmerksam mit den Augen absuchen, haben sie noch kein Anzeichen gesehen, dass ihre vermissten Kollegen hier irgendwo gewesen sein könnten oder gar in einen Kampf verwickelt worden wären.

Gegen Abend haben sie die Mündung des Nebenflusses erreicht, von dem Justus gesprochen hatte. Müde von der Ackerei beschließen sie, ein provisorisches Lager für die Nacht aufzuschlagen. Alles bleibt ruhig, kein Überfall, kein Mensch, kein Tier stört den wohlverdienten Schlaf.

Beim ersten Tageslicht setzen sie ihre Suchaktion fort. Wieder sind sie einige Stunden gerudert, da entdecken sie hinter einer Flussbiegung die vier römischen Boote ihrer Kameraden. Sie liegen unweit vom Ufer im Wasser. Was mit ihnen los ist, lässt sich aus der Entfernung noch nicht feststellen. Mit vermehrter Anstrengung versuchen sie, möglichst schnell dorthin zu kommen.

Die Steinsucher stehen bis zum Bauch im Wasser neben ihren Booten und arbeiten daran herum. Beim Näherkommen zählen die Ruderer die Anzahl der Steinsucher durch, sie scheinen vollzählig zu sein.

Marcus hat die Heranrudernden als Erster entdeckt und ruft ihnen entgegen: »Ihr kommt wie gerufen, auf Quintus ist eben doch Verlass!«

»Was ist denn los?«, kommt die Gegenfrage vom ersten Boot der Suchmannschaft.

»Eigentlich ist alles gut«, antwortet Marcus, »wir waren erfolgreich. Steine jede Menge, große und kleine, und wir haben eingeladen, was in die Schiffe passte. Aber weil die jetzt durch die Last ziemlich tief im Wasser liegen, sind wir mit einem der Boote auf einer Sandbank aufgelaufen, die wir zu spät entdeckt haben. Und jetzt versuchen wir, das Ding wieder flottzubekommen.«

»Gut, dass wir euch gefunden haben und dass ihr noch lebt. Hattet ihr Ärger mit irgendwelchen Barbaren?«

»Nein, alles ruhig, da scheint niemand zu leben. War der reinste Spaziergang. Nur das Schleppen der Steine hat seine Zeit gebraucht. Da liegt noch viel von dem Zeug, wir brauchen nur zuzugreifen. – Aber jetzt legt mal eines von euren Booten längsseits neben unseren Pechvogel. Wenn wir einen Teil der Steine umladen, kriegen wir unser Schiff wieder flott.«

Geschickt wird eines der Suchtruppboote neben den Havaristen gelenkt und daran festgemacht. Dann beginnen alle gemeinsam, einen Teil der Steine umzuladen. Nach einer Stunde Arbeit hebt das festgefahrene Boot seinen Bug ein wenig, eine weitere halbe Stunde später schwimmt es wieder komplett. Mit gemeinsamer Anstrengung gelingt es, alle Schiffe wieder ins Fahrwasser zu bugsieren.

»Und jetzt ab nach Hause«, freut sich Marcus.

»Nach Hause?«, witzelt einer aus dem Suchtrupp. »Das wär zu schön! Du meinst sicher: zurück in die Wildnis.«

Und dann setzt sich die kleine Flotte aus jetzt sechs Schiffen in Bewegung. Damit sie nicht ein zweites Mal auf eine Sandbank auflaufen, setzt sich ein Boot des Suchtrupps an die Spitze, um sicheres Fahrwasser auszukundschaften. Flussabwärts geht alles natürlich wesentlich schneller. Wenn sie Glück haben, werden sie das Lager noch vor Anbruch der Dunkelheit erreichen.

Demosthenes, Ansgar, der Stammesälteste und Septimus sitzen zusammen. Alle Argumente sind ausgetauscht worden. Jetzt schweigen alle. Niemandem fällt etwas Neues ein, um die Situation zu entschärfen.

»Als wir uns das erste Mal gegenüberstanden«, bricht Septimus das Schweigen und wendet sich an Ansgar, »hätte ich nie daran gedacht, dass wir uns eines Tages mit dem Problem einer ›Annäherung‹ herumschlagen müssten.«

»Bei euch Römern ist es doch so, dass ihr eure Töchter dahin verheiratet, wo das meiste Erbe zu erwarten ist oder der meiste politische Einfluss«, erwidert Ansgar, »das ist bei uns anders: Bei uns können die Frauen selbst entscheiden, wen sie zum Mann nehmen wollen. Klar gibt es auch bei uns Absprachen zwischen den Eltern, wen man mit wem am besten zusammentun sollte, aber wenn die Frauen das nicht wollen, wird daraus nichts.«

»Woher kennst du dich so genau mit unseren Sitten und Gebräuchen aus?«, will Septimus wissen.

»Lass gut sein, Septimus, vielleicht erzähle ich dir alles eines Tages. Ich kenne jedenfalls die römischen Gewohnheiten aus eigener, leidvoller Erfahrung.«

»Ist es denn wirklich so, dass sie als Mann und Frau gelten, wenn sich eine zu Demosthenes legt?«, fragt Septimus zum wiederholten Mal nach.

»Ja, so ist es, das sind unsere Gesetze.«

Demosthenes seufzt und schüttelt den Kopf.

»Aber du weißt doch auch, dass er nicht heiraten *darf*, solange –«

Noch ehe Septimus den Satz beendet hat, unterbricht ihn

Ansgar: »Hat er mir doch alles schon lang und breit erklärt, aber das ändert doch nichts! Und wenn Dietlinde – auf die tippe ich immer noch – das wirklich will, dann wird sie das auch machen. Ich kenne die schon, seit sie ein kleines Kind war. Die hat ihren Kopf immer durchgesetzt, immer gemacht, was sie wollte, und auch immer bekommen, was sie wollte. Das war und ist eine richtig Wilde!«

»Und die Eltern, was sagen die dazu? Können die denn keinen Einfluss nehmen?«

Da wendet sich Ansgar an den Stammesältesten und flüstert eine Weile mit ihm, bevor er Septimus antwortet: »Also, zunächst einmal sind die Eltern und Verwandten nicht gerade begeistert davon, einen ›römischen Bürger‹ in die Familie zu bekommen. Der Vater hat auch versucht, sie davon abzubringen. Aber von der Mutter bekommt sie Unterstützung. Die findet Demosthenes nämlich auch sehr anziehend.«

Demosthenes sackt in sich zusammen.

»Und wenn das nun wirklich passiert«, will Septimus wissen, »was geschieht dann mit der Frau? Wird die auch zu einer Geisel? Römische Bürgerin kann sie jedenfalls nicht automatisch werden.«

»Das ist ziemlich einfach«, erwidert Ansgar, »sie wäre dann die Frau unserer Geisel und würde mit dem gleichen Respekt behandelt wie Demosthenes.«

»Und was ist, wenn die beiden sich nun überhaupt nicht verstehen, die kommen doch nun wirklich aus ganz unterschiedlichen Lebensbereichen«, äußert Septimus einen neuen Einwand.

»Was glaubst du, was der Vater nicht alles versucht hat, um ihr das klarzumachen. Es gibt wohl keinen Punkt, über den er nicht mit ihr gestritten hat. Und was war die Reaktion? ›Ich will ihn aber‹, hat sie gebrüllt, dass die Wände gewackelt haben, ›und er wird mich auch wollen, wenn ich erst mal bei ihm war.‹«

»Er kann doch nicht für sie sorgen, wie ein normaler Mann das für seine Frau tut«, fällt Septimus noch ein.

»Braucht er nicht, solange er bei uns als Geisel ist. Er wohnt bei uns, sie wohnt bei ihm. Sie wird genauso mit Essen und Trinken versorgt werden wie er, ihre Kleider machen kann sie selber, darin ist sie sogar sehr geschickt, was braucht sie mehr?«

»Ich will jedenfalls nicht, dass es deswegen neue Schwierigkeiten zwischen uns gibt«, sagt Septimus noch.

»Von unserer Seite aus bestimmt nicht«, meint Ansgar.

Da mischt sich Demosthenes zum ersten Mal in das Gespräch ein. »Septimus, kannst du mich denn nicht gegen eine andere Geisel austauschen? Ich stehe das nicht durch.«

»Auf gar keinen Fall«, meldet Ansgar seinen Anspruch an. »Du, Demosthenes, bist unsere Geisel, und du bleibst unsere Geisel. Du bist die Garantie dafür, dass unserem Dorf nichts passiert, und das soll auch so bleiben.«

»Oh, all ihr Götter auf dem Olymp«, jammert Demosthenes, »habt Erbarmen. Womit habe ich das verdient?« Er bricht förmlich in sich zusammen.

»Dann weiß ich jetzt auch nicht weiter«, meldet sich Septimus resigniert. »Versuch es mit Fassung zu tragen, mein Freund, und hoffen wir, dass nichts geschieht.«

Demosthenes schüttelt den Kopf. Septimus legt ihm eine Hand auf die Schulter und versucht ihn zu trösten, soweit er kann.

»Vielleicht wird das alles gar nicht so schlimm. Kopf hoch, alter Freund, blick nach vorne. Kommt Zeit, kommt Rat. Im Moment bist du gesund, und es fehlt dir an nichts. Was man von uns da oben gerade nicht sagen kann. Eine Abteilung, die auf der Suche nach Steinen war, wird vermisst, ein Suchtrupp ist unterwegs. Ich hoffe, die finden keine Leichen. Deswegen muss ich auch zurück, um zu erfahren, wie die Dinge sich entwickelt haben. Gräm dich nicht, wir fühlen mit dir, aber wir haben auch noch andere Sorgen. Hoffen wir das Beste. – Seid mir gegrüßt, ihr alle.«

»Salve«, entgegnet Demosthenes sarkastisch. »Ich danke dir und dem Kaiser dafür, dass ich hier als ›Geisel mit besonderen Aufgaben‹ im warmen, freundlichen Germanien dienen darf.«

Septimus fällt nichts ein, was er dazu noch sagen könnte. So dreht er sich nach einem letzten Blick auf seinen alten Freund um und geht zurück zum Lager.

RÖMISCHE BAUKUNST UNTER SCHWIERIGEN BEDINGUNGEN

Vor dem römischen Lager herrscht geschäftiges Treiben. Eine ganze Reihe von Legionären ist dabei, Lehm in die hölzernen Model zu pressen, die Oberseite glatt zu streichen und die so geformten Lehmziegel auf die Regale zum Trocknen zu legen.

Neugierig schauen ihnen die Geiseln aus Frehem dabei zu. Was die Römer da treiben, ergibt für sie keinen Sinn. Mit Lehm rumzumatschen, das kennen sie aus ihrem Dorf. Damit verputzen sie auch ihre Häuser. Aber dass die Römer aus dem Lehm immer die gleichen Formen machen, das übersteigt ihr Verständnis.

Sie gehen zu Erik und wollen wissen, was das bedeutet. Erik befragt die Legionäre und übersetzt den Geiseln die Antwort. Dass man diese Lehmgebilde in einen Ofen stecken kann und daraus dann feste Steine werden, können sich die Germanen nicht vorstellen. Gesehen hat Erik das auch noch nicht selbst. Und so hat er für einen Moment das Gefühl, die Soldaten wollten ihn auf den Arm nehmen. Andererseits hatte alles, was die Soldaten bis jetzt gemacht oder gesagt haben, einen Sinn.

Bei nächster Gelegenheit wird er Clemens danach fragen.

Noch während sie staunend den Arbeiten zuschauen, entsteht im Lagergeviert Unruhe. Ein Wachtposten hat Schiffe gesichtet, umgehend werden Quintus Agrippa und Septimus unterrichtet.

»Wie viele sind es? Germanische oder unsere?«, will Quintus Agrippa wissen.

Es dauert noch eine kleine Weile, bis der Wachtposten die Schiffe genauer erkennen kann.

»Es sind römische, und ich zähle fünf, nein sechs.«

»Den Göttern sei Dank«, seufzt Quintus Agrippa, »ich hatte schon die schlimmsten Befürchtungen. Komm, Septimus, lass uns zum Anleger runtergehen und nachschauen, ob sie denn auch erfolgreich waren.«

Nicht lange darauf landen die ersten Schiffe. Sie sind so vollgeladen, dass sie sich in der Mitte etwas durchbiegen. Ein Wunder, dass sie nicht auseinandergebrochen sind.

»Ich kann euch gar nicht sagen, wie froh ich bin, euch alle gesund wiederzusehen«, ruft Quintus Agrippa ihnen entgegen, »und gelohnt scheint sich die Fahrt ja auch zu haben.«

»Mehr als das«, entgegnet Marcus, »da ist noch jede Menge von dem Zeug und kein Mensch weit und breit. Wir wären sogar schon gestern hier gewesen, wenn wir uns nicht festgefahren hätten. Aber beim nächsten Mal sollten wir ein paar Transportkarren mitnehmen und einen oder zwei Zugochsen. Denn mit der Schlepperei der Steine haben wir viel Zeit verbraucht. Ganz besonders bei den großen Brocken. Es ist vom Ufer doch ein ganzes Stück, vielleicht eine Meile bis zu der Stelle, wo eine große Geröllhalde anfängt.«

»Reden wir drüber, wenn es so weit ist«, entscheidet Quintus Agrippa. »Jetzt laden wir erst mal ab, und ihr ruht euch aus.«

Dann befiehlt er alle, die nicht mit Lehmziegelformen beschäftigt sind, nach unten zum Abladen. Transportkarren werden herangefahren, die Steine umgeladen und von Ochsen gezogen nach oben ins Lagergeviert geschafft.

Die Nachricht, dass die Steinsucher angekommen sind, hat sich auch bis zu Sosias in seinem Brunnenloch herumgesprochen. Da hält es ihn da unten nicht länger. Er klettert hinaus und prüft die abgeladenen Steine. Einzeln nimmt er sie in die Hand, dreht und wendet sie, etliche legt er an die Seite, andere wirft er auf den Haufen zurück. Dabei wird sein Gesichtsausdruck immer zufriedener. Das sind genau die Dinger, von denen er nicht mal zu träumen gewagt hat. Aufgekratzt macht er sich auf den Weg und sucht Quintus Agrippa auf.

»Kann ich davon welche haben?«, fragt er.

»Ich denke, du brauchst Ziegel?«, fragt der Hauptmann irritiert zurück.

»Ja, auch«, antwortet Sosias. »Aber unten für die Brunnensohle sind Bruchsteine noch sehr viel besser. Und für die ersten zwei, drei Fuß des Brunnenschachtes auch. Die kann ich so einbauen, dass sie dicht aneinanderstehen, dazwischen aber noch kleine Ritzen bleiben, durch die das Grundwasser weiterfließen kann. Brauch ich auch kein Caementum für. Nur die Steine, dicht an dicht.«

»Und das hält?«, will Quintus Agrippa wissen.

»Wenn man es richtig macht, für die Ewigkeit. Aber nur unten den Boden, also die Brunnensohle, und die seitlichen Wände zwei oder drei Fuß hoch. Darüber kommen dann die Ziegel. Den einen oder anderen Stein wird man behauen müssen, damit sie gut aneinanderpassen, aber das ist auch schon alles. Dann könnte ich unten anfangen, und das Wasser würde sich nach ein paar Tagen schon klären. Dann hätten wir bald sauberes Trinkwasser. Auch wenn das mit dem darüberliegenden Brunnenschacht noch dauert, weil wir ja noch keine Ziegel haben.«

»Und das bricht auch nicht zusammen, wenn später das Gewicht von dem ganzen Brunnenschacht darauf aufliegt?«, fragt Quintus Agrippa noch einmal nach.

»Kannst du dich drauf verlassen. Hab ich schon des Öfteren so gemacht. Die Dinger stehen alle noch, auch noch für die nächsten hundert Jahre.«

»Sosias, du bist der Putearius, der Fachmann, ich verlasse mich auf dich. Nimm, was du brauchst, hol dir zumindest einen von den Bergbewohnern, die mit Steinen ihre Häuser gebaut haben, dazu. Die können wohl am besten die Steine so zuhauen, wie du sie brauchst. Und es wäre nicht schlecht, wenn du es schaffst, aus dem Brunnen Trinkwasser zu bekommen, bevor der Rhenus zufriert. Denn Grundwasser gefriert doch nicht, oder liege ich da falsch?«

»Nein, genauso ist es.«

Damit hat Sosias freie Hand. »Bevor ich unten anfange auszubauen, werde ich alles oben erst zurechtlegen.«

Am Tag darauf begibt sich Sosias auf die Suche nach Clemens. Von dem lässt er sich mit einem Zirkel einen Kreis auf einer freien Fläche aufzeichnen. Fünf Fuß im Durchmesser. Dann sucht er sich die zwei Bergbewohner, die schon mit auf Steinsuche waren. Mit ihnen sammelt er Steine, die möglichst gut an den aufgezeichneten Kreis passen. Durch Drehen und Wenden werden sie so nebeneinandergelegt, dass sich schon ein Steinkreis ergibt.

Damit ist Sosias aber noch nicht zufrieden. Mit den beiden Bergbewohnern zusammen schlägt er überstehende Ecken und Kanten ab, sodass die behauenen Steine sehr genau aneinanderpassen. Schon wollen sie anfangen, eine zweite Reihe Steine dahinterzusetzen, da wird es dunkel. Die Tage werden eben langsam schon kürzer.

Mit dem letzten Tageslicht kommt auch noch ein Fuhrwerk mit Lehm ins Lager, und – große Freude – sie haben ein Wildschwein erlegt. Es liegt oben auf der Lehmfuhre drauf. Mal wieder eine Abwechslung bei den sonst so eintönigen Abendmahlzeiten.

Während alle beim Essen sind, schleicht sich Erik an Clemens heran.

»Die Soldaten haben mir erzählt, dass aus dem Lehm feste Steine werden, wenn man sie in ein Feuer legt, stimmt das?«

»Ja, klar!«

»Und warum ist das so?«, will Erik wissen.

»Was da genau mit dem Lehm passiert, kann ich dir auch nicht erklären, aber es funktioniert, du wirst sehen. Ich hoffe nur, dass uns das Wetter keinen Strich durch die Rechnung macht.«

Erik will noch weiter nachfragen, da kommt ein Legionär und schickt Clemens zu einer Besprechung mit Quintus Agrippa, Septimus, dem Zenturio, Marcus und noch einigen anderen.

Erik bleibt zurück. Er ist insoweit zufrieden, als ihm die Legionäre kein Märchen erzählt haben. Vorstellen kann er sich das immer noch nicht so recht. Aber spannend findet er nach wie vor, was die Römer so alles machen.

Septimus, Quintus Agrippa und die anderen sitzen schon zusammen, als Clemens dazukommt. Marcus berichtet gerade, dass sie drei große Steinbrocken mitgebracht haben. Damit steht der Konstruktion eines Rammbockes für die Palisaden nichts mehr im Weg. Sie hätten sogar eine Reserve, falls der erste Steinblock beim Einpflanzen der Palisaden auseinanderbrechen sollte. Der eigentliche Bau des Rammbockes wird einige Tage in Anspruch nehmen, aber in einer Woche könne man wohl mit dem Setzen der Palisaden beginnen. Gemeinschaftlich überlegen alle, wie sie die Mannschaften am besten verteilen. Noch ein Schluck Wein, dann verziehen sich alle in die Zelte.

Eng ist es da drinnen nach wie vor, weil die festen Contubernien-Häuser immer noch nicht bezugsfertig sind. Besonders erleichtert zieht sich Quintus Agrippa zurück. Er hat bis jetzt noch keine Verluste zu vermelden.

Ein unablässiges Tack-tack-tack ist in den nächsten Tagen weithin zu hören. Gemeinsam mit Sosias sind die Steinhauer dabei, die Bruchsteine so zu bearbeiten, dass sie sich fast nahtlos aneinanderfügen lassen. Um den aufgezeichneten Kreis herum sind die Steine in einer Doppelreihe nebeneinander und übereinander aufgeschichtet. Das sieht schon sehr gekonnt aus und reicht den Arbeitenden fast hoch bis zur Schulter.

Staunend betrachten Quintus Agrippa und Septimus die Arbeiten.

»Baust du den Brunnen jetzt hier oben?«, will Septimus von Sosias wissen.

»Nein, nein«, entgegnet der Brunnenbauer, »hab ich doch schon gesagt, dass ich erst hier oben alles vorbereite. Das ist ein Kniff, den ich in Griechenland mal von einem alten Brunnenbauer gelernt habe. Wenn du unten im Loch jeden einzelnen Stein anpassen und behauen willst, ist das unendlich mühselig. Außerdem ist es da unten finster, und du siehst nicht so gut. Viel leichter ist es, das alles oben bei Tageslicht vorzubereiten und dann erst unten einzubauen. Unten stehst du dazu noch bis zum Bauch im Wasser, das macht die Arbeit auch nicht leichter.«

»Kommst du denn mit den ganzen Steinen nicht durcheinander? Woher weißt du denn, welcher Stein an welche Stelle gehört?«, will Quintus Agrippa wissen.

»Ist ganz einfach«, antwortet Sosias. »Wenn wir die richtige Höhe erreicht haben, nehmen wir zwei Messstangen, eine hier und eine am Brunnenloch, richten beide genau nach Süden aus, und dann nummerieren wir die Steine der obersten Schicht. Wir fangen immer an der Stange an, die nach Süden zeigt. Und immer rechtsherum. Ist die oberste Schicht durchnummeriert, nehmen wir die ab und legen die in einen großen äußeren Kreis. Dann kommt die zweite Schicht, die wird genauso nummeriert, abgebaut und innen in den ersten Kreis gelegt. Dann die dritte Schicht. Und so weiter, bis wir unten angelangt sind. Am Schluss liegen alle Steine in mehreren Kreisen ineinander. Wenn wir die dann unten einbauen, fangen wir mit dem innersten Kreis an, auch wieder an der Stange nach Süden, immer rechtsrum, einen Stein neben den anderen, das geht dann blitzschnell. Brauchst nichts mehr anpassen oder weghauen, passt ja alles schon.«

»Und wie willst du den Kreis da unten hinbekommen?«, fragt Septimus nach.

»Das ist das nächste Geheimnis der Brunnenbauer«, antwortet Sosias. »Wir bauen uns einen kreisförmigen Rost aus Eichenholz, genauso groß, wie Clemens uns den Kreis hier auf den Boden aufgezeichnet hat. Dieser Holzrost kommt als Erstes in die Grube. Vorher leg ich noch eine Schicht Kieselsteine vom Ufer des Rhenus drunter, damit der Rost möglichst waagerecht liegt. Dann um den Rost herum die ersten zwei Schichten Bruchsteine. Sitzen die, wird der Holzrost mit flachen Steinen abgedeckt. Die müssen wir uns aber erst noch machen, die haben wir noch nicht fertig. Und danach alle Kreise von innen nach außen hier oben wegnehmen und unten einbauen. Wenn wir *so* weit sind, kann ich nur noch auf die Ziegel warten, um den restlichen Brunnenschacht aufzumauern. Aber klares Wasser werden wir dann schon haben.«

»Klingt sehr durchdacht«, meint Septimus.

»Und ist sehr beeindruckend«, fügt Quintus Agrippa noch hinzu.

»Ja, ja, die schlauen Griechen«, meint Sosias, »aber die haben es auch nicht erfunden, die haben es wieder von den Ägyptern gelernt oder von den Syrern, was weiß ich. Hauptsache, es funktioniert, und das tut es.«

Während die beiden zuschauen, was Sosias und seine Leute machen, kommt Erik angesaust.

»Habt ihr nachgedacht?«, will er wissen.

Quintus Agrippa und Septimus sind mit ihren Gedanken ganz woanders. Sie reagieren erstaunt.

»Nachgedacht? Worüber?«

»Über die Geiseln aus Frehem. Die wollen doch arbeiten.«

»Hab ich wirklich ganz vergessen«, gibt Septimus zu. »Ja, was machen wir mit denen?«, wendet er sich an den Hauptmann.

»Deine Entscheidung«, gibt Quintus Agrippa zurück.

»Ich weiß.« Septimus kratzt sich am Kinn, während er fieberhaft nachdenkt. »Wie können wir sicherstellen, dass der Wunsch von *denen* kommt?« Und nach einer weiteren Nachdenkpause: »Was wäre, wenn wir eine Abordnung nach Frehem schicken würden? So, wie unser Nachbardorf das mit Demosthenes auch immer macht. Wir könnten einen von denen mit Bewachung und dem Dolmetscher dahin schicken. Und der könnte seinem Stammesfürsten – oder wem auch immer – klarmachen, dass sie arbeiten *wollen*, dass sie das *freiwillig* tun wollen und wir sie nicht dazu gezwungen haben. Nach unseren Gesetzen dürfen sie als Geiseln nämlich gar nicht zu einer Arbeit herangezogen werden. Aber wenn der Stamm damit einverstanden ist, dann meinetwegen. Aber das sollen die untereinander ausmachen. Ich will jedenfalls unter gar keinen Umständen neuen Ärger.«

»An mir soll es nicht liegen«, sagt Quintus Agrippa. »Eine Bewachungsmannschaft bekommst du. Dolmetscher auch, wenn du glaubst, dass das zu etwas führt.«

»Weiß ich selber auch noch nicht«, gibt Septimus zu, »aber einen Versuch ist es wert. Zumindest weiß der Stamm dann, dass das nicht von uns ausgeht. Damit gar nicht erst das Gerücht von ›Sklaverei‹ aufkommt. Und selbst wenn der Stamm das ablehnt, wissen unsere Geiseln, dass wir uns bemüht haben, ihre Langeweile zu beenden. Verbessert wenigstens deren Stimmung uns gegenüber.« Fragend schaut Septimus Quintus Agrippa an.

»Ich habe keine Einwände«, erklärt der Hauptmann.

»Gut.« Septimus wendet sich Erik zu: »Dann hol die fünf mal her und bring den Dolmetscher auch gleich mit.«

Erik dreht sich auf dem Absatz um und ist kurze Zeit später mit den Geiseln und dem Dolmetscher im Schlepp zurück.

Septimus erklärt den Plan, und der Dolmetscher übersetzt alles.

Die Geiseln beraten sich, und noch bevor der Dolmetscher das Ergebnis übersetzen kann, prescht Erik vor: »Gerwart wird gehen.«

»Na, dann bin ich ja wohl bald überflüssig«, meckert der Dolmetscher.

»Nun sei nicht gleich beleidigt«, beruhigt Septimus ihn. »Erik hat einfach schon viel von unserer Sprache gelernt, ist doch schön. Dich brauchen wir trotzdem immer noch.«

Dann stellt Quintus Agrippa vier Mann Bewachung zusammen, und die Abordnung macht sich auf. Und weil es nun den Weg zur Lehmgrube gibt, kommen sie schneller vorwärts, als wenn sie sich durch die Wälder hätten schlagen müssen.

Septimus und Quintus Agrippa schauen ihnen nach. War diese Entscheidung vernünftig? Bringt sie irgendetwas? Sicher sind sich beide nicht. Da kommt Marcus angelaufen.

»Ich habe euch schon gesucht. Denn ich wollte etwas mit euch besprechen. Ich weiß auch, dass ihr im Augenblick noch andere Sorgen habt, aber ich wollte zumindest mal drüber geredet haben.«

»Was hast du denn?«, will Septimus wissen.

»Also, Trinkwasser werden wir demnächst ja haben, gut. Mit dem Einsetzen der Palisaden können wir bald anfangen, auch so weit gut. Die Unterkünfte sehen bis auf die Dächer auch schon ganz vernünftig aus.«

»Warte mal«, unterbricht ihn Septimus, »das mit den Dachziegeln ist ja noch nicht abzusehen, können wir denn nicht die Zeltplanen nehmen und damit die Dächer notdürftig abdichten? So lange, bis genügend Dachziegel zur Verfügung stehen. Dann würde die drangvolle Enge in den Zelten endlich ein Ende haben. Und es wäre ein besserer Schutz gegen die Kälte und den Wind.«

»Geht sicher, die müssen dann bloß so gut befestigt sein, dass der Wind sie nicht wegbläst, sonst haben wir gar nichts mehr, auch keine Zelte. Kann ich mit den Zimmerleuten besprechen. Aber über etwas anderes wollte ich eigentlich mit euch reden: Es wird immer kälter. Im Moment gehen alle noch zum Pinkeln in den Wald. Und für das andere auch. Aber was machen wir, wenn es friert? Ein Haus mit einem *locus* müsste her. Besonders, wenn später noch mehr Leute hier sein werden. Aber das ganze Abwasser und alles andere verschwindet ja nicht im Boden. Sollen wir nicht einen Kanal zum Rhenus graben und alles dahin ableiten? Vielleicht eine *cloaca maxima*, einen großen Abwasserkanal. Noch wichtiger, wenn später mal ein Badehaus hier stehen wird. Und das wird unumgänglich sein, wenn hier mal eine ganze Legion oder zwei liegen werden oder wenn daraus sogar eine Stadt entstehen soll.«

»Das ist aber jetzt sehr weit in die Zukunft gedacht«, antwortet Septimus.

»Weiß ich, aber jetzt ist alles noch unbebaut, keine Palisaden, keine Häuser, keine Mauern, jetzt wäre es noch ziemlich einfach, so etwas zu machen. Je länger wir damit warten, desto komplizierter wird es. So einen Abwasserkanal könnten wir aus Bruchsteinen von dem Berg bauen und innen verputzen, damit das ganze Zeug auch ordentlich abfließt.«

»Zement haben wir aber noch nicht«, wendet Quintus Agrippa ein, »obwohl wir den schon vor langer Zeit beim Prätor in Moguntiacum bestellt haben. Geschickt hat er aber noch keinen. Wird er auch erst in Rom oder sonst wo bestellen müssen. Unsere Vorräte werden außerdem langsam knapp; wenn nicht bald was kommt, werden wir rationieren müssen.«

»Denkt mal drüber nach, muss ja nicht sofort sein, aber allzu lange warten sollten wir damit nicht. Ich weiß ja, dass wir erst über eine Pflasterung für das Forum und die Lagergassen nachdenken sollen, aber wenn das gemacht ist, müssen wir alles wieder wegreißen. Nicht schön und doppelte Arbeit …«

Septimus hebt die Hand. »Sehr verdienstvoll, dass du dir schon Gedanken über die Zukunft machst, Marcus. An dir ist ein Stadtplaner verloren gegangen. Und mit der Latrine und dem Abwasserkanal hast du sicher nicht unrecht, aber im Moment kommen wir nicht schneller vorwärts, und wir können nicht alles gleichzeitig machen. Unsere wichtigste Aufgabe ist die Befestigung des Lagers. Das feste Lager ist das oberste Ziel des Kaisers. Der wartet sicher schon auf einen Bericht, ob wir so weit sind, dass er im nächsten Jahr eine Legion hierhin verlegen kann. Aber bis jetzt sind nicht einmal die festen Unterkünfte für unsere drei Zenturien fertig. Von einer Beheizung reden wir erst gar nicht. Wenn wir das nicht hinkriegen, wird die Hälfte der Leute krank. Was dann? – Ob und wann Clemens seine Ziegel fertig kriegt, steht in den Sternen. Und in den zukünftigen Lagergassen versinkst du bis zu den Knöcheln im Dreck. Wir müssen uns genau überlegen, was wir mit unseren zweihundertvierzig Mann schaffen können, bevor es hier richtig eisig wird. Vielleicht friert sogar irgendwann der Rhenus zu, dann sind wir auch noch komplett vom Nachschub abgeschnitten.«

»Ich wollte euch nicht verärgern«, versucht Marcus zu beschwichtigen.

»Hast du auch nicht«, beruhigt Quintus Agrippa ihn. »Und deine Überlegungen sind auch absolut richtig. Aber schau dir mal die Bäume an, die ersten Blätter färben sich schon. Unser großes Problem ist das Wetter. Ohne brauchbares Wetter keine brauchbaren Ziegel. Ohne Ziegel keine vernünftigen Dächer und keine Heizungen. An allen Stellen wird wie verrückt gearbeitet, militärische Übungen haben wir schon lange keine mehr gemacht. Richtige Soldaten sind wir schon eine ganze Weile nicht mehr, jetzt sind wir eher Bausoldaten. Übrigens, wo wolltest du die Latrine und den Abwasserkanal denn hinbauen?«

»Gedacht habe ich an eine Ecke beim neuen Forum, zentraler Platz, mit etwa dreißig Plätzen. Und von da ausgehend den Kanal. In die Nähe könnte man später auch das Badehaus bauen und es ebenfalls an den Kanal anschließen.«

»Ein Badehaus?« Quintus Agrippa stellt es sich lebhaft vor.

»Klingt zu schön, um wahr zu sein. Deine Ideen sind wirklich gut, Marcus, aber eine Entscheidung müssen wir aufschieben.«

»Denkt einfach mal über meinen Vorschlag nach«, beschließt Marcus seinen Vorstoß, »ich kümmere mich einstweilen darum, den Rammbock fertig zu bekommen.«

Quintus Agrippa und Septimus schauen ihm nach, wie er im Lagergeviert verschwindet.

»Viel Zeit bleibt uns nicht. Jetzt haben wir schon Anfang Oktober«, nimmt Septimus das Gespräch wieder auf, »was glaubst du, wann es hier so richtig ungemütlich wird?«

»Keine Ahnung«, antwortet Quintus Agrippa resigniert, »das ist auch *mein* erstes Jahr in dieser Wildnis. Kann in ein paar Wochen sein oder erst in einem Monat oder auch erst in zwei.«

Septimus schaut sorgenvoll in den Himmel. »Wir können den Platz hier aber auch nicht verlassen, uns über die kalte Zeit nach Moguntiacum ins Winterlager zurückziehen und erst im nächsten Jahr weitermachen.«

»Auf gar keinen Fall«, stimmt ihm Quintus Agrippa zu, »stell dir nur mal vor, wir sind hier weg, irgendein Barbarenstamm kommt über den Fluss oder sonst woher, sieht ein halb fertiges verlassenes Lager und schlägt alles kurz und klein, was wir bis jetzt aufgebaut haben. Nein, nein, wir müssen auf jeden Fall hierbleiben. Aber erfrieren dürfen wir auch nicht.«

Septimus sucht unverzüglich den Druiden auf. Vielleicht kann Ansgar ihnen sagen, wann mit dem Einbruch des Winters zu rechnen ist und worauf sich die Römer einstellen müssen. Als er das germanische Dorf betritt, wirkt alles wie ausgestorben. Sein Kommen wird noch nicht einmal von einem Späher angekündigt. Niemand scheint ihn zu erwarten.

Merkwürdig. Haben die Germanen die Beobachtung des Lagers aufgegeben, weil sie das Gefühl haben, es drohe keine Gefahr mehr von dort?

Vorsichtig nähert Septimus sich dem Dorfplatz.

»Ist hier niemand?«, ruft er.

»Doch, ich bin hier«, antwortet Demosthenes aus dem Haus des Dorfältesten.

»Und wo sind all die anderen, wo ist Ansgar?«

»Die sind wohl alle auf ihren Feldern bei der Ernte. Und Ansgar ist im Nachbarhaus, dem geht es nicht so gut«, sagt Demosthenes und tritt aus dem Haus.

»Kann man denn mit ihm reden?«

»Ich denke schon. Es ist einfach das Alter.«

»Und wie geht es dir, mein Freund?«

»Mir geht es gut. *Noch* geht es mir gut. Noch ist nichts passiert.«

»Na siehst du, alles halb so schlimm. Vielleicht hat mein letztes Gespräch mit Ansgar ja doch etwas bewirkt.«

»Warten wir es ab.«

»Dann lass uns mal zu Ansgar gehen.«

Sie begeben sich ins Nachbarhaus.

»*Ave*, Ansgar«, beginnt Septimus, »so leer hab ich euer Dorf ja noch nie gesehen.«

»Das ist ganz normal«, erwidert Ansgar, »es ist Zeit, zu ernten, was auf den Feldern steht. Der Winter steht vor der Tür.«

»Gerade darüber wollte ich mit dir sprechen. Du lebst doch schon lange hier. Kannst du sagen, ab wann es wirklich kalt wird, ob Schnee fällt oder wie lange es dauert, bis es friert?«

»Genaues weiß man nie. Das Wetter muss man nehmen, wie es kommt. Aber du musst auf die Blätter der Bäume achten. Besonders auf die der Stieleiche. Wenn die schnell bunt werden und schnell abfallen, dauert es nicht mehr lange, und es wird bitterkalt. Wenn die aber langsam bunt werden und langsam abfallen, dann kann es noch lange schön bleiben. Dafür ist dann aber meist der Anfang des neuen Jahres eisig.«

»Dir geht es nicht so gut, meint Demosthenes«, sagt Septimus mitfühlend, »das tut mir leid.«

»Halb so schlimm«, entgegnet Ansgar, »ich muss bloß wieder mehr Brennnesseln zu mir nehmen, die reinigen das Blut. Dann wird das auch mit der Gicht wieder besser. Aber danke für dein Mitgefühl. Sehr ungewöhnlich, dass Römer auch Gefühle zeigen können.«

»Ich danke dir jedenfalls für deine Wettervorhersage.«

»Verlassen kannst du dich nicht darauf. Das kann nur ein Hinweis sein. Aber wir haben damit gute Erfahrungen gemacht.«

»Und, weißt du etwas Neues über die Frauen und Demosthenes?«, will Septimus noch wissen.

»Jetzt ist Erntezeit, da sind andere Dinge wichtig«, erklärt ihm Ansgar.

»Dann hoffe ich, dass die Erntezeit noch sehr lange dauert«, seufzt Demosthenes.

ALLES EINE FRAGE DER RICHTIGEN TECHNIK

Am nächsten Tag kehrt die Abordnung aus Frehem zurück ins römische Lager. Der Dolmetscher berichtet, der ganze Ausflug sei ein ziemliches Desaster gewesen. Der Dorfälteste habe Gerwart gar nicht erst richtig zu Wort kommen lassen. Er habe ihn nur beschimpft, was ihnen denn einfalle, überhaupt auf den Gedanken zu kommen, für die Römer zu arbeiten. Und das auch noch freiwillig! Ob sie denn gar keine Ehre mehr besäßen. Es sei ohnehin schon schlimm genug, dass sie als Geiseln dort festgehalten würden. Sie würden die fünf eher aus der Dorfgemeinschaft ausschließen, als zuzustimmen, dass sie für diese Eindringlinge auch nur eine Hand rühren.

»Also ein kompletter Fehlschlag«, kommentiert Quintus Agrippa den Bericht, »eigentlich habe ich genau damit gerechnet. Dieses sture Barbarenvolk! Und was machen wir jetzt?«, fragt er Septimus.

»Jedenfalls haben wir jetzt klare Fronten«, meint der. »Wir haben getan, was wir tun konnten. Entscheiden müssen die fünf das jetzt selbst. Ist es ihnen wichtiger, nicht aus ihrer Dorfgemeinschaft ausgeschlossen zu werden oder hier nicht vor Langeweile zu sterben?«

Da tut es einen dumpfen Schlag, und der Boden zittert leicht. Septimus und Quintus Agrippa erschrecken und drehen sich fast gleichzeitig um, um festzustellen, woher dieses Geräusch kommt. Und sie erblicken ein riesiges Ungetüm, das innerhalb von Wall und Graben steht. Es ist der Rammbock, den Marcus hat bauen lassen. Er sieht aus wie ein großes Dreieck. An der Basis hängt in einer Führung einer der Steinblöcke vom Berg. Am Ende der Spitze des Dreiecks, die ins Innere des Lagers zeigt, befindet sich eine riesige Trommel. In der Trommel laufen einige Legionäre scheinbar den Berg hoch und drehen die Trommel dadurch. Um die Achse der Trommel ist ein Seil gewickelt. Durch die Drehung der Trommel wird das Seil aufgewickelt und zieht den schweren Steinblock nach oben. Dann wird von Marcus eine Bremse gelöst, und der Steinblock saust nach unten und schlägt dadurch einen Palisadenbaum ein Stück weit in den Boden. Wieder ergibt das einen kräftigen Knall, und der Baum ist etwa einen Fuß tiefer im Untergrund versenkt.

»Das ist der erste«, freut sich Marcus, »funktioniert einwandfrei. Damit sind wir wesentlich schneller, als wenn wir für jeden Pfahl ein Loch buddeln müssten.«

Wenn der Steinblock hochgezogen wird, richten andere Legionäre den nächsten Stamm so aus, dass er gerade und nicht schief eingerammt wird.

Auch die Geiseln aus Frehem und Erik sind durch die ungewohnten Geräusche neugierig geworden und wollen wissen, woher sie stammen. Staunend schauen sie dem Spektakel zu, wie die langen Baumstämme Stückchen für Stückchen mit der angespitzten und angekokelten Seite zuerst im Erdboden verschwinden.

Quintus Agrippa und Septimus beäugen das Gerät aus der Nähe.

»Der hat aber auch an alles gedacht«, sagt Quintus Agrippa anerkennend, »er hat das ganze Ding auf Rädern gebaut, damit er es am Palisadenzaun entlang verschieben kann.«

»Und damit die Räder nicht im feuchten Untergrund versinken, hat er noch Bretter druntergelegt«, meint Septimus.

»Das rumst aber ganz schön«, wendet sich Quintus Agrippa an Marcus.

»Klar«, gibt Marcus zurück, »was ist dir denn lieber: schnell mit Krach oder ganz langsam mit viel Schweiß?«

»Sollte bloß ein Witz sein. Ich bin ja froh, dass du so gut vorwärtskommst.«

Quintus Agrippa und Septimus verlassen die Baustelle wieder.

»Sag mal, weißt du, was eine Stieleiche ist?«, fragt Septimus den Hauptmann.

»Nee, warum fragst du?«

»Weil Ansgar sagt, dass man an den Blättern der Stieleiche ablesen kann, wie das Wetter wird, in etwa jedenfalls.«

»Aha. Davon habe ich keine Ahnung, aber ich weiß jemanden, der sich damit auskennt: unsere beiden Landeier. Suchen wir doch mal nach Rufus und Aemilianus. Hast du die irgendwo gesehen?«

»Zuletzt waren die bei den Lehmziegeln.«

Sie kommen zu dem Unterstand, wo die Lehmziegel an der Luft trocknen sollen. Rufus und Aemilianus sind gerade dabei, die Ziegel hochkant aufzustellen, um Platz für den nächsten Schwung der Rohlinge zu bekommen.

»Na ihr zwei, wie sieht's denn bei euch aus?«

»Gut, Zenturio«, antwortet Rufus, »die Dinger hier sind schon ziemlich trocken, liegen ja auch schon vierzehn Tage hier, ich glaube, wir können bald mit dem Brennen anfangen. Aber frag lieber Clemens, ehe ich was Falsches sage.«

»Wer von euch beiden weiß, was eine Stieleiche ist?«

»Ich«, kommt es wie aus einem Munde von beiden.

Quintus Agrippa schaut Septimus wortlos an, so als wollte er sagen: Hab ich's doch gewusst.

»Wer von euch meldet sich freiwillig für eine Sonderaufgabe?«, fragt Septimus daraufhin.

Unschlüssig schauen die beiden sich an. Sie wissen ja nicht, was diesmal auf sie zukommt. Sollen sie wieder Viecher fangen oder Lehm suchen?

Schließlich sagt Aemilianus resigniert: »Ich mach's.«

»Gut«, sagt Septimus, »Ansgar hat mir gesagt, dass man hier in der Gegend daran, wie schnell oder wie langsam sich die Blätter der Stieleiche verfärben und wie schnell sie abfallen, erkennen kann, wie lange es noch schön bleibt oder wie schnell der Winter kommt. Deine Aufgabe besteht jetzt darin, die Stieleichen zu beobachten. Du machst für jeden Tag einen Strich, wie schnell die Blätter bunt werden und nach welcher Zeit der Baum seine Blätter abwirft. Je länger das dauert, desto besser für uns. Mit etwas Glück bekommen wir die festen Unterkünfte doch noch fertig, bevor es anfängt zu frieren.«

»Wird gemacht«, quittiert Aemilianus seinen Auftrag.

»Und du berichtest uns jeden Tag beim Morgenappell, was sich da tut«, fügt Quintus Agrippa noch hinzu.

»Mach ich, Zenturio.« Aemilianus salutiert, froh darüber, dass es diesmal eine leichte Sonderaufgabe ist. Dann widmet er sich zusammen mit Rufus wieder dem Aufstapeln der Lehmziegel.

Beim Abendessen sitzen Marcus und Clemens, die beiden Ingenieure, zusammen und reden über ihre Projekte.

»Ihr seid ja unglaublich schnell«, sagt Clemens.

»Über dreißig Stück am ersten Tag«, entgegnet Marcus stolz. »Wirklich ein Segen, dass wir diese dicken Steinbrocken gefunden haben. Stell dir vor, wir müssten die alle mit der Hand einbuddeln.«

»Grauenhafte Vorstellung. Bei mir läuft's nicht so gut. Geformte Lehmziegel haben wir reichlich, die sind auch schon recht ordentlich getrocknet – gut, dass wir diesen Unterstand gebaut haben –, aber mit der Brennerei komm ich nicht voran. Die beiden Brennöfen sind Kinderkram; bis ich da genügend Ziegel habe, um den großen Ofen zu bauen, krieg ich graue Haare. Ich hab sogar schon eine Grube ausheben lassen, damit wir später beim Bau keine Zeit verlieren. Immer vorausgesetzt, das Wetter spielt mit. Ich werd wohl zu Septimus und Quintus gehen müssen und sagen, dass wir das nicht mehr rechtzeitig schaffen. Ich hoffe, dass sie mir nicht den Kopf abreißen.«

»Mhm«, macht Marcus, trinkt einen Schluck Wein und verzieht das Gesicht. »Grauenhaftes Zeug!« Mit einem Stock stochert er im Lagerfeuer rum und überlegt. »Hast du denn schon mal in eine ganz andere Richtung gedacht?«

»Was meinst du damit?«

»Wir waren doch vor langer Zeit zusammen in Ägypten.«

»Ja klar, war eine tolle Zeit.«

»Erinnerst du dich, dass die da auch Ziegel gemacht haben?«

»Nö.«

»Doch, Mann, in Luxor, wir haben beide danebengestanden und uns das angeschaut.«

»Keine Ahnung, vielleicht war ich schon so besoffen, dass ich nix mehr mitgekriegt hab.«

»Geschluckt hattest du jedenfalls reichlich. Und dann noch in der Hitze. War gar nicht einfach, dich zurück in die Kaserne zu bekommen. Aber an *irgendwas* musst du dich doch noch erinnern.«

»Nö. Keinen blassen Schimmer.«

»Mann, Mann, Mann! Das musst du doch noch wissen! Du hast danebengestanden! Die haben das da ganz anders gemacht als die Griechen: große, flache Grube ausheben. In der Mitte Feuer machen. Rundum am Rand der Grube die getrockneten Ziegel aufstellen, dass sie langsam warm werden. Als das Feuer runtergebrannt war, die warmen Ziegel in die Mitte auf die Asche legen. Dann von außen rundum neues Feuer anzünden und das brennende Holz langsam immer weiter nach innen schieben, bis alle Ziegel unter den Flammen verschwunden waren. Die Nacht über brennen lassen und immer wieder Holz nachlegen. Wenn das Feuer runtergebrannt war am nächsten Tag, die ganze Grube mit Erde abdecken. Drei Tage warten, um die Dinger langsam abkühlen zu lassen, Grube wieder aufmachen, Ziegel fertig. Einfach und genial.«

Clemens kramt in seinem Gedächtnis, wird aber nicht fündig.

»Ehrlich gesagt, hab ich nicht mehr die kleinste Erinnerung dran. – Und du meinst, so etwas klappt hier auch?«

»Sag mir, warum nicht. Feuer ist Feuer, ob in Ägypten oder in Germanien.«

»Und wenn es regnet? In Ägypten war es knochentrocken.«

»Einen Versuch ist es wert. Du könntest auch mehrere Gruben nebeneinander ausheben lassen, dann hättest du in kurzer Zeit jede Menge fertiger Ziegel. Und selbst wenn der Brand nicht so gut ist wie bei der griechischen Methode, dann könntest du im nächsten Jahr die schlechten durch gute ersetzen. Aber die Ziegel für die Dächer der Unterkünfte und für den Bau des großen Ofens hättest du in jedem Fall.«

»Nach dem, was du erzählst, scheint das so ähnlich zu funktionieren wie unsere Öfen nach griechischem Vorbild, nur viel kleiner und schneller. Dann könnten wir sogar in acht oder zehn Tagen schon die ersten gebrannten Ziegel haben.« Und nach einer Pause, in der er sich das Gehörte bildlich vor Augen führt, fährt Clemens fort: »Ich werd's versuchen. Fangen wir gleich morgen mit an. Wenn wir vier oder fünf Gruben machen, können wir da im rollierenden System arbeiten. Ist die fünfte Grube fertig bestückt, machen wir die erste auf, holen die gebrannten Ziegel raus und belegen die Grube sofort wieder mit neuen. Danke, dass du mir auf die Sprünge geholfen hast, Marcus. Wäre ich von alleine nicht mehr drauf gekommen.«

»Quatsch, ich will nur auch endlich aus den engen Zelten raus und mir nachts nicht den Hintern abfrieren.«

Dann trinken beide noch einen Schluck von dem grauenhaften Militärwein und verziehen sich in die überfüllten Zelte zum Schlafen.

Am nächsten Morgen lässt Clemens von seiner Mannschaft eine flache Grube von etwa fünfzehn Fuß Durchmesser ausheben. Das aufgeschaufelte Erdreich lässt er zu einem Wall rundherum aufschütten. In der Mitte der Grube wird ein kleines Feuer entfacht, und anschließend werden rundherum an dem Erdwall die schon luftgetrockneten Ziegel aufgestellt. Zwei Leute lassen das Feuer kontrolliert immer größer werden. Dadurch sollen die Ziegel langsam erwärmt werden und weiter Feuchtigkeit verlieren.

Unterdessen wird in einiger Entfernung eine ähnliche, zweite Grube ausgehoben.

Gegen Mittag ist das Feuer in der ersten Grube schon richtig groß. Clemens gibt jetzt die Anweisung, das Feuer langsam ausbrennen zu lassen. In der zweiten Grube wird in der gleichen Weise verfahren.

Am Nachmittag ist das Feuer der ersten Grube ausgebrannt, nur noch etwas Glut und jede Menge Asche sind übrig. Darauf werden die jetzt schon sehr warmen Ziegel gelegt. Immer mit einem kleinen Abstand dazwischen, damit die Hitze überallhin kommt.

Als Nächstes werden längere Holzstücke strahlenförmig außen auf dem kleinen Wall der ersten Grube platziert. An der Innenseite werden sie angezündet und, nachdem sie brennen, stückchenweise immer weiter auf das Zentrum der Grube zugeschoben. Von außen wird immer neues Holz nachgelegt. Schließlich ist von den am Boden ausgelegten Ziegeln nichts mehr zu sehen, sie sind komplett vom Feuer bedeckt. Und dieses Feuer wird die ganze Nacht über kräftig in Gang gehalten.

Früh am nächsten Morgen gibt Clemens die Anweisung, das Feuer so weit runterbrennen zu lassen, bis kein Rauch mehr aufsteigt. Danach wird die ganze Grube mit Erde zugeschüttet, bis man von dem verbrannten Holz nichts mehr sieht. Diese Vorgehensweise wird im Abstand von mehreren Stunden bei den anderen Gruben wiederholt.

Nachdem die fünfte Grube ebenfalls mit Erde abgedeckt ist, hofft Clemens, dass die Ziegel in der ersten Grube genügend abgekühlt sind. Vier Tage sind vergangen. Vorsichtig lässt er die Grube öffnen. Alle, die drum herumstehen, sind gespannt, ob das in dieser Form mit dem Brennen geklappt hat.

Natürlich ist auch Erik da, denn er weicht Clemens nur selten von der Seite. Je mehr von der Deckerde und dem verbrannten Holz an die Seite geschaufelt wird, desto wärmer wird es.

Dann stoßen sie auf den ersten Ziegel. Er ist noch ziemlich heiß. Mit einer Schaufel wird er herausbugsiert. Er qualmt sogar noch. Clemens schaut ihn sich kritisch an. Einen Riss entdeckt er nicht, das ist schon mal gut. Durchgängig die gleiche Farbe hat der Ziegel nicht, er sieht fleckig aus. Das macht aber nichts, Hauptsache, er hält.

Clemens lässt einen Bottich mit Wasser holen. Mit einer Schaufel wird der Ziegel darin langsam so weit abgekühlt, bis man ihn mit der bloßen Hand anfassen kann. Dann nimmt Clemens ihn, dreht ihn nach allen Seiten und schaut auch auf der Unterseite nach Rissen. Alles gut. Zuerst klopft er vorsichtig, dann immer kräftiger mit der Hand dagegen. Nichts. Er lässt sich einen Hammer geben und schlägt dagegen. Auch das überlebt der Ziegel. Freudig grinsend dreht Clemens sich zu den anderen um.

»Der erste im finsteren Germanien gebrannte Ziegel!«

Großer Jubel bei allen Umstehenden. Dann gibt Clemens ihn Erik. »So sieht das aus, wenn man aus Lehm einen festen Stein macht. Das ist jetzt ein Ziegel.«

Erik rennt sofort los, sucht Quintus Agrippa und Septimus und hält ihnen den Ziegel entgegen.

»Schaut mal, der erste in Germanien gebrannte Ziegel, hat Clemens gesagt.«

»Den Göttern sei Dank. Endlich geht es vorwärts. – Ob das allerdings der erste in Germanien gebrannte Ziegel ist, wage ich zu bezweifeln. Gemeint hat er wahrscheinlich: hier im neuen Lager. Jedenfalls hat er es geschafft«, seufzt Septimus.

»Schauen wir mal, wie viel dabei herausgekommen ist«, meint Quintus Agrippa.

Sie verlassen den Erdhügel, von dem aus sie zugeschaut haben, wie Sosias unten im Brunnenschacht arbeitet. Viel kann man nicht erkennen. Gebückt steht der Brunnenbauer im Wasser und fuhrwerkt mit seinen Armen darin herum. Was er da genau macht, ist nicht zu sehen. Dann richtet er sich auf, dreht sich um und ruft nach oben: »Justus, den nächsten!«

Justus geht zum zweiten der vorbereiteten Steinkreise, nimmt den Stein mit der nächsten Nummer, bindet den an ein langes Seil und lässt ihn über den schrägen Rand des Brunnenschachtes nach unten rutschen. Sosias nimmt ihn entgegen und setzt ihn unter Wasser. Er ist gerade dabei, die untersten Schichten seiner »Brunnenstube« aufzubauen.

»Wenn ich den sitzen habe, muss ich ein kleines Päuschen machen. Ich spür meine Beine kaum noch. Das Wasser ist eiskalt.«

Kurze Zeit später kommt Sosias nach oben geklettert.

»Brrr«, macht er und rubbelt sich die Beine warm. »Noch was, Justus, wenn ich die zweite Reihe vom Brunnenrand komplett eingebaut habe, brauche ich eine Ladung Kieselsteine. Die füttere ich zwischen den neuen Brunnenrand und das Erdreich. Damit das Ganze da unten stabil wird. Aber erst, wenn der zweite Ring ganz geschlossen ist. Siehst du ja, wenn du den letzten Stein runtergibst. Kannst du aber schon vorbereiten. Und dann brauch ich da unten ein paar Leute mit Schaufeln und welche, die den Kies festtrampeln. Aber erst mal muss ich meine Beine wieder warm kriegen.«

Inzwischen ist die erste Brenngrube komplett leergeräumt. Clemens prüft jeden einzelnen Ziegel zuerst mit den Augen, danach mit einem gezielten Hammerschlag. Die allermeisten sind gut. Nur wenig Schrott. Meist die, die ganz außen lagen und nicht so viel Hitze abbekommen haben.

»Das sieht doch schon nicht schlecht aus«, meint Quintus Agrippa im Näherkommen.

»Na ja, nicht so schön wie aus einem großen Brennofen, alle ein bisschen fleckig, aber sie halten«, gibt Clemens selbstkritisch zu. »Marcus hat mich erst auf die Idee gebracht. Das ist jetzt so, wie die Ägypter es gemacht haben. Hatte ich überhaupt nicht mehr in Erinnerung.«

»Und das hast du alles in dem Loch da gemacht?«, will Septimus wissen.

»Ja.«

»Und das sind alles nur normale Ziegelsteine? Wie viele sind es denn insgesamt?« Das interessiert Quintus Agrippa jetzt am meisten.

»In *dieser* Grube waren nur normale, etwas mehr als hundert. In der zweiten Grube sind Dachziegel, in der dritten Brunnensteine, dann wieder normale, danach wieder Dachziegel, immer abwechselnd. Ich hab mir gedacht, alle sind gleich wichtig, und ich wollte auch sichergehen, dass das mit allen gleich gut funktioniert beim Brennen. Morgen machen wir die zweite Grube auf, dann werden wir hoffentlich die ersten Dachziegel haben, am Tag danach die ersten Brunnensteine. Und jedes Mal, wenn wir eine Grube ausgeräumt haben, wird die sofort mit neuen, getrockneten Rohlingen frisch bestückt, sodass wir, wenn nichts Ungewöhnliches passiert, jeden Tag eine neue Partie Ziegel bekommen werden.«

»Willst du mir damit sagen«, ein Hoffnungsschimmer liegt in der Stimme von Quintus Agrippa, »dass das Decken der Dächer in greifbare Nähe rückt?«

»Ja, schon, wenn nichts schiefgeht.«

»Fast zu schön, um wahr zu sein.« Der Hauptmann kann das alles kaum glauben.

»Vielleicht haben wir ja wirklich mal Glück«, sagt Septimus. »Aemilianus hat schließlich auch gesagt, dass die Blätter dieser

Eiche – wie heißt die doch noch? – sich in den letzten Tagen kaum verfärbt haben.«

»Zum wirklichen Glück«, holt Quintus Agrippa Septimus wieder auf den Boden der Tatsachen zurück, »fehlen uns noch zwei Dinge: Caementum und neue Vorräte. In zwei Tagen werde ich, wenn nichts kommt, Essen und Wein rationieren müssen. Und ohne Zement nützen uns auch die schönsten Ziegel nichts.«

ERNTEDANK

Im germanischen Nachbardorf herrscht fröhliche Aufregung. Alles wuselt durcheinander. Die Erntearbeiten scheinen abgeschlossen zu sein, denn plötzlich sind alle wieder im Dorf. Die Türen der Häuser werden mit Herbstlaub, Ähren und Blumen geschmückt. Die Kühe, die in die Ställe zurückgeführt werden, haben Kränze aus Stroh auf ihren Hörnern. Vor einem der Häuser wird ein Schaf geschlachtet. An anderer Stelle sind große Kessel über offenen Feuern aufgehängt. Darin wird wohl etwas gekocht, vielleicht wird aber auch dieser unsägliche Met gebraut.

Demosthenes beobachtet das bunte Treiben, es erinnert ihn an die Feste, die es in seiner Kindheit in Griechenland nach der Weinlese gab; auch später, in Rom, als er dort erzogen wurde, gab es solche Feste. Diese Feste waren zwar ganz anders, aber etwas an der Aufgeregtheit und der Fröhlichkeit ist doch ziemlich ähnlich. Mit einer gewissen Wehmut denkt er an die alten, unbeschwerten Zeiten zurück. Aber was soll's, jetzt ist er hier, das ist nicht zu ändern. Er geht zu Ansgar, denn er will wissen, ob er mit seiner Einschätzung richtigliegt.

»*Ave*, Ansgar, geht es dir wieder besser?«

»Ja, danke, es geht wieder«, antwortet der Druide, der aber immer noch krank aussieht. Seine Körperbewegungen sind auch noch etwas eckig.

»Ist es richtig, was ich vermute?«

»Was vermutest du denn?«

Draußen wird dem geschlachteten Schaf gerade das Fell abgezogen.

»Es sieht hier im Moment bei euch so aus wie bei uns zu Hause nach dem Ende der Weinlese, da wurde auch immer kräftig gefeiert.«

»Du vermutest richtig. Die Ernte ist von den Feldern geholt. Alle Äcker sind leer, bis auf eine einzige Garbe Korn. Die bleibt stehen, als Dank an die Götter für die gute Ernte. Das ist ein alter keltischer Brauch, den wir übernommen haben. Es war zwar kein überragendes Jahr, aber was auf den Feldern gewachsen ist, reicht gut durch den Winter und den Frühling. Alle Tiere kommen zurück in die Ställe, bis auf ein Schaf.« Ansgar zeigt nach draußen. Da werden dem Schaf gerade die Eingeweide entnommen. »Das wurde geschlachtet, wird gebraten und heute Abend gegessen. Und dann wird gefeiert. Du wirst feststellen, auch wir ›Barbaren‹, wie ihr uns nennt, können ausgiebig feiern. Alle werden zusammen essen und trinken, es wird Met in Strömen fließen, danach wird es sehr ausgelassen zugehen, besonders bei der Jugend. Du wirst sehen.«

Derweil wird das Schaf auf einen Spieß gesteckt und ein Feuer vorbereitet.

Demosthenes nickt gedankenverloren. Der Gedanke an dieses schreckliche Gesöff Met lässt ihn schaudern. Zwar findet er es nicht mehr ganz so grausam wie bei seinem ersten Schluck damals in der Höhle, aber das Zeug ist alles andere als wohlschmeckend. Doch die Vorstellung von einem frisch gebratenen, saftigen Stück Schafsfleisch lässt ihm das Wasser im Mund zusammenlaufen.

»Danach fängt bei uns die ruhigere Zeit im Jahr an«, fährt Ansgar fort. »Die Männer reparieren die Schäden an den Häusern, machen sie winterfest, verstauen die Ernte, die Frauen machen die Webstühle sauber, fangen an zu weben, Tuche zu machen und Kleider zu nähen.«

Hoffentlich weben und nähen sie fleißig und kommen nicht auf dumme Gedanken, denkt Demosthenes, sagt davon aber nichts zu Ansgar.

Unterdessen gehen die Vorbereitungen für das Fest dem Ende zu.

Als die Dämmerung hereinbricht, ertönt ein Signal. Gero, der Stammesälteste, hat es mit einem abgeschnittenen Kuhhorn gegeben. Es sieht aus wie eines der Trinkhörner, nur ist es unten nicht geschlossen, sondern offen, sodass man hineinblasen kann. Alle versammeln sich daraufhin vor seinem Haus. Er steigt auf einen Stein und hält eine kleine Rede, von der Demosthenes kein einziges Wort versteht. Danach strecken alle Anwesenden ihre Arme in den Himmel, und es ertönt ein gemeinsamer Ruf. Auch den versteht Demosthenes nicht. Sieht so aus, als wollten sie ihren Göttern danken, denkt Demosthenes sich. Irgendwie ganz ähnlich wie bei unseren Erntefesten, nur rauer, bäuerlicher. Ob die Götter im Olymp wohl deren Sprache verstehen? Oder haben die ganz andere Götter, die mit unseren Göttern zusammen im Olymp sitzen und sich gemeinsam über uns hier unten kaputtlachen?

Dann wird das am Spieß gebratene Schaf vor das Haus des Dorfältesten gebracht. Ansgar schneidet das erste Stück vom Fleisch ab und wirft es ins Feuer. Auf sein Zeichen hin recken wieder alle ihre Arme zum Himmel, und der gleiche Ruf wie eben – ebenso unverständlich – ertönt.

Wie bei unseren Brandopfern, denkt Demosthenes. Nur dass das bei uns der Staatspriester macht und nicht der Druide.

Im nächsten Moment stürzen sich alle auf das Essen und die Getränke.

Als Geisel, die ja respektvoll behandelt werden soll, bekommt Demosthenes nach dem Stammesältesten als Erster ein besonders feines Stück von dem frisch gebratenen Schaf. Dazu ein Trinkhorn mit Met. Dietlinde bringt ihm beides und begleitet es mit einem breiten Lächeln. Zur Feier des Tages hat sie sich herausgeputzt.

Oh, ihr Götter, denkt Demosthenes, bitte nicht! Trotzdem

lächelt er freundlich zurück, aber auch nicht mehr. Das Fleisch schmeckt sehr gut, der Met weniger.

Das Fest nimmt seinen Lauf. Je später der Abend und je mehr Met getrunken wird, desto ausgelassener wird die Stimmung. Es wird gesungen, Demosthenes empfindet es eher als Gegröle, einige springen über das Feuer, Halbwüchsige versuchen sich in Kampfspielchen. Obwohl er immer wieder aufgefordert wird, mitzutrinken, wird es Demosthenes nach einer Weile zu viel. Er verzieht sich unauffällig und sucht seinen Schlafplatz auf. Ein Auge zutun kann er aber nicht, dazu ist es draußen noch viel zu laut. Wenigstens muss er nicht mit ansehen, wie sich alle besaufen. Das hat er schon öfter gesehen, und es ist kein schöner Anblick. So wälzt er sich hin und her, denkt wehmütig an das Griechenland seiner Kindheit und seine Zeit in Rom. Er erinnert sich, wie er mit Septimus zusammentraf und wie sie Freunde wurden. Vor seinem geistigen Auge erlebt er noch einmal ihre gemeinsame Erziehung und schließlich den Weg ins kalte Germanien. Und jetzt liegt er hier als Geisel in einem germanischen Dorf mit einer ungewissen Zukunft. Alle behandeln ihn zwar zuvorkommend, einige sogar allzu zuvorkommend, denkt er noch, dann döst er weg, ohne es zu bemerken.

Irgendwann schreckt er hoch. Hat der noch immer andauernde Krach von draußen ihn geweckt oder was sonst? Schlaftrunken dreht er sich um. Da steht Dietlinde vor ihm. Noch halb schlafend will er gerade etwas sagen, als ihm Dietlinde den Finger auf den Mund legt und ihm bedeutet zu schweigen. Blitzschnell schlüpft sie aus ihren Kleidern und steht völlig nackt vor ihm. Demosthenes ist sprachlos. Vor ihm steht eine junge, hübsche Frau. Und noch bevor er seine Gedanken sammeln und irgendetwas sagen kann, ist sie schon zu ihm unter seine Schlafdecke geschlüpft. Zunächst sträubt sich Demosthenes noch zaghaft, aber Dietlinde übernimmt zielgerichtet die Initiative. Im Übrigen geben ihre weiblichen Rundungen den Ausschlag.

Er ist schließlich auch nur ein Mann. Als er schließlich in sie eindringt, stößt sie einen kleinen spitzen Freudenschrei aus. Bei dieser ersten Vereinigung lässt es Dietlinde aber nicht bewenden. Im Laufe der Nacht verführt sie ihn erneut. Demosthenes findet immer mehr Gefallen an ihr. Sie ist fordernd, aber auch zärtlich. So schlafen sie beide erschöpft erst gegen Morgen ein.

Eine trübe Oktobersonne scheint schon, als sie eng umschlungen erwachen, Dietlinde zuerst. Sie bedeutet ihm, aufzustehen und sich anzuziehen. Auch sie zieht ihr Gewand an. Dann nimmt sie ihn bei der Hand und tritt mit ihm vor die Tür. Draußen hat sich schon das halbe Dorf versammelt und wartet gespannt. Einer Reihe von ihnen sieht man noch die Nachwirkungen des Festes an.

Dietlinde nimmt seine Hand und streckt die beiden ineinandergeschlungenen Hände in den Himmel. Dabei lacht sie selbstbewusst.

Darauf ertönt ein vielstimmiges »Ho-ho-ho-ho-ho«.

Demosthenes weiß nicht recht, wie er sich verhalten soll. Schließlich nimmt er Dietlinde in die Arme und drückt sie fest an sich. Daran, wie fest sie nun ihren Körper an den seinen presst, merkt Demosthenes, wie gern sie das hat.

Jetzt wird das »Ho-ho-ho-ho-ho« noch um ein Vielfaches lauter.

Gero steigt auf seinen Stein, gebietet Ruhe und sagt dann einige Worte, von denen Demosthenes mal wieder nicht das Geringste versteht. Dietlinde lacht aufgeregt.

Ansgar tritt neben Demosthenes und übersetzt, was der Dorfälteste gesagt hat.

»Er hat euch zu Mann und Frau erklärt, wünscht euch viel Glück und viele gesunde Kinder.«

Bei dem Wunsch nach »vielen gesunden Kindern« fällt Demosthenes fast schon wieder die Kinnlade herunter. Wie soll ich das denn schaffen?, denkt er noch, schiebt diesen Gedanken für den Augenblick aber beiseite. Im Moment überwiegt das Glücksgefühl nach der ersten gemeinsamen Nacht.

»In nicht allzu langer Zeit muss ich Septimus und Quintus Agrippa von dem Ereignis berichten«, sagt er zu Ansgar.

»Wann immer du willst«, entgegnet der, »aber genieß erst mal den Augenblick. Ich denke, sie wird dir eine gute Frau sein.«

RÖMISCH-GERMANISCHE VERSTÄNDIGUNG

Am nächsten Nachmittag gehen Dietlinde und Demosthenes Hand in Hand stumm nebeneinanderher am Waldrand entlang. Was sollen sie auch sagen? Beide verstehen die Sprache des anderen nicht.

Plötzlich geht Dietlinde zu einem Baum, berührt den Stamm, zeigt dann nach oben und sagt: *»Bagums.«*

Demosthenes versteht nicht genau, was sie meint. Da wiederholt sie das Ganze und sagt erneut: *»Bagums!«*

Er ist sich immer noch nicht sicher, was sie meint. Also formt er mit seinen Händen und Armen erst den Stamm und dann die Krone des Baumes.

»Arbor?« Fragend schaut er sie an. Sie nickt, klopft erneut gegen den Stamm und wiederholt: *»Bagums.«*

Demosthenes nickt ebenfalls und sagt: *»Arbor.«*

Dann wiederholen beide jeweils das Wort des anderen.

Dietlinde zeigt auf Demosthenes und sagt zaghaft: *»Arbor?«*

Der nickt seinerseits, zeigt auf sie und sagt: *»Ba-gums?«* Da nickt auch sie.

So haben beide das erste Wort in der anderen Sprache gelernt.

Dann zeigt sie auf sich und sagt: »Diet-lin-de.« Er hat verstanden, zeigt auf sich und sagt: »De-mos-the-nes.«

Darauf Dietlinde: »Diet-lin-de *frijon* De-mos-the-nes.« Und dabei strahlt sie ihn an.

Demosthenes versteht zwar die Namen, aber was ist *frijon*?

»Fri-jon?«, fragt er nach und macht eine Geste, um zu zeigen, dass er nicht versteht, was das ist.

Da springt sie auf ihn zu, hängt sich an seinen Hals, küsst

ihn überschwänglich und sagt zwischendurch immer wieder: *»Frijon – frijon – frijon.«*

»Ist *frijon amare*, lieben?«, fragt er und küsst sie dabei.

Sie nickt heftig mit dem Kopf. »Dietlinde *frijon* Demosthenes!«

Er hat verstanden und sagt auf Lateinisch: *»Dietlinde amat Demosthenem.«*

Dann macht er sich von ihr los, schaut sich um, pflückt eine Blume und reicht sie ihr mit den Worten: *»Ego tibi florem do*, ich schenke dir eine Blume.«

Verstanden hat sie nichts, betrachtet aber die Blume, die er ihr entgegenhält.

Demosthenes wiederholt den Satz ganz langsam. Da nimmt sie die Blume und wiederholt den lateinischen Satz.

»E-go ti-bi flo-rem do.« Dann küsst sie die Blume, legt sie sorgfältig ins Gras, reißt sich das Kleid vom Körper, legt sich darauf und winkt Demosthenes, dass er sich zu ihr legen soll. »Dietlinde *frijon* Demosthenes«, flüstert sie dabei.

Diesem Anblick kann Demosthenes nicht widerstehen. Er legt sich zu ihr, und sie schmusen heftig.

Als sie später wieder im Dorf ankommen, hat Dietlinde die Blume mitgenommen und hält sie vorsichtig in ihrer Hand. Sie zeigt sie den anderen Frauen, deutet auf Demosthenes und wiederholt dabei seinen Satz: *»Ego tibi florem do.«* Dann fügt sie in ihrer Sprache noch hinzu, dass Demosthenes ihr die Blume geschenkt hat. Bewundernd schauen sie Demosthenes an. Blumen zu schenken scheint bei den Germanen nicht besonders in Mode zu sein.

Alle freuen sich mit Dietlinde, und die ist überglücklich.

Demosthenes sucht den Druiden in seinem Haus auf.

»Morgen werde ich ins Lager gehen müssen und sagen, dass ich jetzt nach euren Gesetzen verheiratet bin. Kann ich Dietlinde mitnehmen?«, fragt er.

»Sie ist deine Frau. Sie wird dir folgen, wohin auch immer du gehst. Aber vier Krieger werden euch begleiten. Anders geht es nicht.«

»Schon klar. Morgen also.«

EINE VERRÜCKTE IDEE

Am späten Vormittag des nächsten Tages kommt eine Abordnung von sechs Personen auf das Lager zu. Das wird Septimus und Quintus Agrippa sofort gemeldet. Sie gehen an die Stelle, an der das neue Nordtor entstehen soll. Ein Großteil der Palisaden ist gesetzt. Man erkennt schon, dass rechts und links vom zukünftigen Tor Wachttürme entstehen werden. Angestrengt blinzeln die beiden den Ankömmlingen entgegen. Auf die Entfernung kann man noch nicht erkennen, um wen es sich handelt. Nur eins ist sicher: Ansgar in seinem Tragestuhl ist es nicht. Die Eskorte rundherum, das sind genau die vier Krieger wie sonst auch. Aber wer sind die Leute in ihrer Mitte?

Beim Näherkommen erkennt Septimus seinen alten Freund als Erster wieder. Aber wer geht da neben ihm? Ein Windstoß weht ein Büschel langer blonder Haare zur Seite. Ist das etwa eine Frau? Je näher sie kommen, desto klarer wird: Neben Demosthenes geht tatsächlich eine Frau.

Septimus und Quintus Agrippa schauen sich sprachlos an. Der wird doch nicht …

Als sie auf Sprechweite herangekommen sind, ergreift Demosthenes leise die Initiative.

»*Ave*, Septimus und Quintus, es ist passiert. Ich bin gekommen, um euch zu sagen, dass dies nach germanischem Recht seit gestern meine Ehefrau ist«, dabei zeigt er neben sich, »sie heißt Dietlinde.«

Noch immer sprachlos schauen beide zwischen Demosthenes und Dietlinde hin und her.

In Windeseile hat sich unter den Legionären im Lager herumgesprochen, dass da eine Frau gekommen ist. Sie wird neugierig beäugt, einige pfeifen sogar anzüglich.

Das holt Quintus Agrippa in die Wirklichkeit zurück. Er gebietet augenblicklich Ruhe.

»Wie ist es denn dazu gekommen?«, will Septimus, nun doch neugierig geworden, wissen.

»Vorgestern war Erntedankfest, es wurde gegessen und getrunken, es wurde immer ausgelassener. Und bevor ich mit ansehen musste, wie sich alle den Kopf zuschütten, hab ich mich verdrückt und bin schlafen gegangen. Irgendwann in der Nacht bin ich aufgewacht, da stand sie plötzlich vor mir, riss sich die Kleider vom Leib und lag, schwupp, neben mir.«

Zur bildhaften Unterstreichung der Situation deutet Demosthenes an, wie sie sich die Kleider abgestreift hat.

Dietlinde hat mitbekommen, dass er über ihre Nacht berichtet und schaltet sich ein. »Dietlinde *frijon* Demosthenes.« Und weil sie sieht, dass niemand das versteht, wiederholt sie leise den Satz, den Demosthenes ihr am Waldrand vorgesagt hat. *»Dietlinde a-mat De-mos-the-nem.«* Dabei nimmt sie seine Hand und lacht ihn an.

Das haben jetzt auch die gaffenden Legionäre gesehen. Sie johlen.

Quintus Agrippa sorgt wieder für Ruhe und scheucht alle zurück an die Arbeit. Was jetzt zu besprechen ist, ist nicht für fremde Ohren bestimmt.

»Nun, mein Freund«, beginnt Septimus, »ich weiß gar nicht, was ich sagen soll. Soll ich dir Glück wünschen, soll ich dich bedauern? Dass du nach unserem Recht nicht verheiratet bist, weißt du ja selber. Und ob deine Frau jemals römische Bürgerin werden kann, kann ich dir nicht versprechen. Dass du ab jetzt auch noch eine umfangreiche germanische Verwandtschaft hast, musst du dir auch klarmachen. Wir werden davon natürlich nichts nach Moguntiacum oder nach Rom melden. Wir behalten das alles erst mal für uns. Sonst wird man dich als Sicherheitsrisiko einstufen, und man wird sich fragen, welcher Seite du mehr zugetan bist, unserer oder der germanischen. Denk nur an Arminius und Thusnelda, der war auch römischer Bürger wie du, sogar Ritter, und du weißt, was daraus entstanden ist. Ich hoffe nur, es sickert nichts durch. Bis jetzt haben dich alle hier«, damit macht er eine Handbewegung, die die pfeifenden und johlenden Legionäre meint, »nur in Begleitung eines germanischen Mädchens gesehen. Dass ihr verheiratet seid, müssen wir nicht öffentlich machen.«

Dann schaut er den Hauptmann an. »Auf dein Schweigen kann ich mich doch verlassen?«

Quintus Agrippa nickt nur.

Dann atmet Septimus einmal tief durch und setzt neu an. »Offiziell bist und bleibst du unsere Geisel bei den Germanen und damit basta. Alles andere ist deine Sache.« Er schüttelt den Kopf. »Ein römischer Bürger, verheiratet nach germanischem Recht. Mit germanischen Schwiegereltern, Schwägern und was weiß ich sonst noch allem. Wenn es nicht so verrückt wäre, wäre es beinahe zum Lachen. Entschuldige, Demosthenes, ich will dich nicht beleidigen, aber so ist die Situation.« Dann schaut er Demosthenes lange an und seufzt noch einmal tief. »Egal was auch passiert, du bist und bleibst mein Freund. Ich weiß nicht, ob ich in deiner Situation anders gehandelt hätte. Oder ob ich anders hätte handeln können.« Und nach einem Seitenblick auf Dietlinde fügt er hinzu: »Hübsch ist sie ja. Meinen persönlichen Segen hast du jedenfalls.«

Er geht auf Demosthenes zu und umarmt ihn.

»Sie ist nicht nur hübsch, sie ist eine wirklich schöne Frau. In den Kleidern sieht man es kaum, und sie scheint mich wirklich zu lieben.« Das klingt fast wie eine Entschuldigung von Demosthenes.

»Und was ist mit dir? Du bist doch um einiges älter als sie? Wie alt ist sie eigentlich?«, will Septimus noch wissen.

»Ich weiß nicht, wie alt sie ist. Muss ich Ansgar mal fragen. Aber gerade hab ich sie mit jedem Moment lieber.«

»Dann wird dir da drüben ab jetzt bestimmt nicht mehr langweilig werden. – Und noch etwas, mein Freund: Lass dich ab jetzt nicht mehr zusammen mit ihr hier bei uns blicken, damit gar nicht erst Gerüchte entstehen. Du hast deiner Pflicht Genüge getan, wir wissen Bescheid. Jetzt geht wieder und gehabt euch wohl.«

Daraufhin macht sich die Abordnung wieder auf den Weg zurück ins Dorf. Mit den feinen Antennen einer Frau hat Dietlinde natürlich mitbekommen, dass das Gespräch im Lager für Demosthenes nicht besonders erfreulich war. Nachdenklich schaut sie ihn von der Seite an. Mit seinen Gedanken völlig woanders blickt er geradeaus. Da greift sie nach seiner Hand und lässt sie nicht mehr los.

Quintus Agrippa und Septimus blicken ihnen nach.

»Es – ist – nichts – passiert«, sagt Quintus Agrippa ruhig, »gar nichts! – Demosthenes war hier, um seinen alten Freund Septimus zu besuchen. Ein germanisches Mädchen hat ihn begleitet. Na und? Vielleicht seine Dienerin, weil er ja eine Geisel ist und zuvorkommend behandelt werden muss. Wer weiß schon, wie die Germanen so etwas handhaben. Von einer Ehe wissen wir nichts. Von einer Ehe wissen wir *absolut nichts*. Und jetzt mach nicht so ein Gesicht, Septimus!«

»Du hast recht! Es ist nichts passiert! Was interessiert uns das germanische Recht! Ich hoffe nur«, sagt Septimus, »dass er das nicht irgendwann bereut. Du kennst doch auch die Geschichten, dass die germanischen Frauen bei Kämpfen fast noch wilder sind als die Männer. Hoffentlich verprügelt sie ihn nicht eines Tages.«

Bei dieser Vorstellung müssen sie dann doch grinsen.

»Komm«, holt Quintus Agrippa beide in den Alltag zurück, »wir haben ganz andere Sorgen. Immer noch kein Versorgungsschiff in Sicht. Beim Abendappell werde ich die Rationierung verkünden müssen.«

Da wird gemeldet, dass von der Landseite her eine Handvoll Germanen auf dem Weg zum Lager ist. Kriegerisch sehen sie nicht aus. Septimus und Quintus Agrippa gehen den Leuten in der angegebenen Richtung entgegen. Sie kommen fast den gleichen Weg, den Quintus Agrippa damals bei der Suche nach einem geeigneten Platz für das Lager gefunden hat. Die Fremden bahnen sich genauso den Weg durch das Gestrüpp wie damals der Erkundungstrupp.

Als sie auf der schon gerodeten Fläche vor dem Lager angekommen sind, erkennt man Gernot, der vor einiger Zeit mit einer Abordnung der Ubier auf Booten über den Rhenus gekommen war.

»*Ave*, Quintus Agrippa und Septimus«, ruft er schon aus einiger Entfernung. »Ihr erkennt mich noch, hoffe ich jedenfalls. Ich bin Gernot, und das sind die Dorfältesten aus den anderen Dörfern der Ubier, die sich jetzt hier ansiedeln.«

»*Ave*«, grüßt ihn Quintus Agrippa überrascht, und Septimus fragt fast gleichzeitig: »Was führt euch her?«

»Wir wollten euch davon unterrichten, dass wir uns etwas weiter im Süden niedergelassen haben. Wir haben fruchtbaren Boden gefunden, Felder gerodet und angefangen, neue Häuser zu bauen.«

»Gab es Streit oder Kämpfe mit anderen Stämmen?«

»Nein, gar nichts. Da war niemand. Es verlief alles ganz friedlich.«

»Ihr wisst, dass wir euch noch keinen Schutz gewähren können. Unser Lager ist noch nicht fertig, und im besten Fall kann der Kaiser im nächsten Jahr eine Legion hierher verlegen.«

»Das hast du bei unserem ersten Treffen schon gesagt. Es sieht so aus, als kämen wir für den Moment ganz gut alleine zurecht. Wir hoffen nur, dass das Wetter noch so lange durchhält, bis wir mit unseren Häusern fertig sind.«

»Das gleiche Problem wie bei uns, auch wir hoffen, dass

wir unsere Unterkünfte fertig kriegen, bevor es richtig kalt wird. Wie viele sind denn bis jetzt gekommen?«, will Quintus Agrippa noch wissen.

»Fünf Dörfer mit jeweils ungefähr hundert Leuten sind hier.«

»So viele schon? Und ihr seid nach wie vor ›Freunde des römischen Volkes‹?«

»Sonst wären wir nicht hier!«

»Gut«, gibt Quintus Agrippa erleichtert zurück, »und ihr seid den Handel mit uns gewohnt?«

»Schon seit langer Zeit. Das ist der Grund für den Streit mit den anderen Stämmen in unserer alten Heimat. Und ein Grund dafür, dass der Kaiser uns umsiedeln ließ.«

»Wir haben nämlich ein großes Problem«, fährt Quintus Agrippa fort. »Seit Wochen warten wir auf Nachschub aus Moguntiacum. Aber es kommt und kommt nichts. Ich werde die Mahlzeiten rationieren müssen. Könnten wir von euch Korn kaufen? Zum üblichen Preis?«

»Wir würden euch gerne helfen. Und nach der nächsten Ernte werden wir auch gerne wieder Handel mit euch treiben. Aber durch die Umsiedlung konnten wir nur so viel mitnehmen, dass es über den Winter und für die neue Aussaat reicht. Ich hoffe, du verstehst das.«

»Verstehe«, erwidert Quintus Agrippa enttäuscht. »Dann hoffen wir, dass der Winter nicht zu lange dauert und dass ihr nicht hungern müsst. Ich danke euch für euer Kommen und hoffe auf ein friedliches Zusammenleben.«

»An uns wird es nicht liegen. Und wenn wir sonst von Nutzen für euch sein können: Wir sind nicht weit weg, nur ungefähr einen halben Tagesmarsch nach Süden.«

»Ich danke euch für dieses Angebot. Seid uns willkommen, mögen die Götter euer Tun mit Wohlgefallen betrachten, seid gegrüßt, und jetzt wünschen wir euch eine sichere Heimkehr.«

»Wir danken euch für die guten Wünsche, und seid ebenfalls gegrüßt.«

Dann macht sich die Abordnung der Ubier wieder auf den Rückweg.

»Fünfhundert Menschen sind schon da, doppelt so viele wie wir hier im Lager«, sagt Quintus Agrippa zu Septimus. »Bin gespannt, wie viele da noch kommen. Ein Glück, dass es ohne Kämpfe abgegangen ist. Stell dir nur mal vor, die hätten uns hier um Hilfe gebeten, da wären wir mächtig ins Schwitzen gekommen. – Andererseits wäre es auch zu schön gewesen«, denkt Quintus Agrippa laut nach, »wir hätten denen Korn abkaufen können und ein Problem weniger. Aber verstehen kann ich sie ja. Kann man nix machen.«

»Warte mal«, hakt Septimus ein, »an einem Tag wie diesem, wo sowieso nur verrückte Sachen passieren, schießt mir auch noch eine völlig bescheuerte Idee durch den Kopf.«

»Da bin ich jetzt aber wirklich gespannt«, gibt Quintus Agrippa zurück.

»Was hat Demosthenes erzählt?«

»Keine Ahnung, was du meinst.«

»Sie haben drüben im Dorf ein Erntedankfest gefeiert. Es ist ausgelassen zugegangen, also wird die Ernte nicht so schlecht ausgefallen sein.«

Nun ahnt der Hauptmann, was Septimus vorhat. »Das glaubst du doch selbst nicht, dass *die* uns Korn verkaufen!«

»*Verkaufen* sicher nicht, aber vielleicht *leihen*.«

»Wie stellst du dir das denn vor?«

»Ganz einfach. Wir fragen, ob sie uns eine bestimmte Anzahl von Körben oder Amphoren voll Korn leihen, so lange, bis unsere Versorgungsschiffe angekommen sind. Und dann geben wir ihnen die gleiche Menge in Militärkorn zurück. Ist vielleicht sogar ägyptisches Korn und bestimmt nicht schlechter als das germanische.«

Quintus Agrippa schaut ihn ungläubig an und schüttelt den Kopf.

»Warum denn nicht? Jetzt, wo wir doch fast schon zur ›Verwandtschaft‹ gehören. Und fragen kostet doch nichts. Mehr als Nein sagen können sie nicht, und dann sind wir auch nicht schlimmer dran als im Augenblick.«

»Ach, Septimus, manchmal denke ich wirklich, du spinnst.«

EIN FRIEDLICHES ANGEBOT

Nachdem Demosthenes von seinem Besuch im römischen Lager zurückgekehrt ist, sucht Dietlinde mit ihm zusammen den Druiden auf. Sie will wissen, was da oben los war, weswegen Demosthenes plötzlich so angespannt wirkte. Weil sie ihn nicht selber fragen kann, soll Ansgar das machen.

Nachdem Demosthenes ihm das Wichtigste berichtet hat, meint Ansgar: »Das mit dem Sicherheitsrisiko erzählen wir ihr besser nicht. Sagen wir nur, du machst dir Sorgen, ob sie auch nach römischem Recht mit dir verheiratet sein kann.«

Und das erklärt er ihr dann auch so. Da lacht sie wieder glücklich.

Danach will Demosthenes noch wissen, wie alt Dietlinde denn eigentlich ist. Eine schnelle Antwort darauf ist nicht möglich. Denn einen Kalender oder Geburtsurkunden gibt es im Dorf nicht.

Dietlinde und Ansgar stecken die Köpfe zusammen und überlegen, wann welches Kind geboren wurde und in welcher Reihenfolge. An den Fingern zählen sie ab: Wer wurde im letzten Jahr geboren, wer davor und wer davor und so immer weiter rückwärts, bis sie beim vermutlichen Geburtsjahr von Dietlinde angekommen sind. Zwischendurch immer wieder Irritationen: Halt, dazwischen kam doch noch ... und so weiter. Die ganze Hin-und-her-Rechnerei dauert natürlich.

Demosthenes verfolgt diese Diskussion, ohne etwas davon zu verstehen. Aber er begreift, dass sie angestrengt rechnen. Ab und zu schnappt er einen Namen auf, den er glaubt schon einmal gehört zu haben.

Schließlich fasst Ansgar das Ergebnis der Überlegungen zusammen: »Dietlinde wird siebzehn sein, höchstens achtzehn.

Bei zwei Kindern waren wir uns nicht ganz sicher, ob die beide im selben Jahr geboren wurden oder in zwei Jahren nacheinander.«

»Dann ist sie ziemlich genau acht Jahre jünger als ich«, sagt Demosthenes.

»Ist das ein Problem für dich?«, fragt Ansgar nach.

»Nein, überhaupt nicht. Das einzige Problem ist, dass ich nicht mit ihr reden kann, dass wir uns nicht verständigen können.«

»Ihr müsst auf jeden Fall versuchen, die Sprache des anderen zu verstehen. Ich kann schließlich nicht für alle Zeiten euer Übersetzer sein.«

Das Gleiche sagt er auch Dietlinde noch einmal in ihrer Sprache.

Da platzt Septimus in die Runde. Alle drei blicken erstaunt auf.

»Septimus? Du schon wieder?«, fragt Demosthenes. »Gibt es ein neues Problem?«

»Nein«, erwidert der, »ich grüße euch alle, kein neues Problem, auch keins mit dir, sondern ein anderes, das uns schon länger beschäftigt und das von Tag zu Tag größer wird. Ein Problem, bei dem uns Ansgar vielleicht helfen kann.«

»Ich soll euch helfen können?« Der Druide staunt nicht schlecht. »Wie denn?«

»Ihr habt doch vor ein paar Tagen ein Erntedankfest gefeiert, hat Demosthenes erzählt«, beginnt Septimus, »und es soll sehr ausgelassen und fröhlich gewesen sein.«

»Ja, und?«

»Deswegen nehme ich an, dass eure Ernte gut war.«

»Sie war gut, aber nicht außergewöhnlich.«

»Wir warten seit langer Zeit auf Versorgungsschiffe mit Nachschub an Verpflegung.«

»Das ist nun wirklich euer Problem.«

»Stimmt. Aber du könntest uns helfen.«

»Wie?«

Septimus erläutert seinen Plan.

»Wir sollen euch also mit unseren Vorräten helfen, damit ihr hier noch schneller die Umgebung verunstalten könnt. Verstehe ich das richtig?«

»Sieh mal, Ansgar, wir wollen das nicht so machen, wie die römische Armee es sonst immer macht. Wir wollen nicht über euch herfallen und uns das Korn einfach nehmen. Wir haben vereinbart, dass euer Eigentum nicht angetastet wird. Deswegen haben wir Geiseln ausgetauscht, und das soll auch so bleiben. Wir respektieren euch und werden euch nichts mit Gewalt wegnehmen. Wir können euch nur bitten, und es wird bestimmt nicht zu eurem Schaden sein.«

»Das kann ich gar nicht entscheiden. Das muss das ganze Dorf entscheiden, denn die Vorräte gehören allen gemeinsam. Sie haben alle auch gemeinsam daran mitgearbeitet.«

»Könntest du unsere Bitte – und ich sage ausdrücklich, unsere *Bitte* – dem Dorfältesten wenigstens vortragen? Jetzt, wo es doch schon die ersten freundschaftlichen Verbindungen zwischen uns gibt.« Bei diesen Worten zeigt er auf Dietlinde und Demosthenes.

Ansgar schaut zwischen allen hin und her und denkt nach.

»Ich kann es versuchen«, sagt er dann vorsichtig, »aber versprechen kann ich dir nichts. Komm morgen wieder, dann weiß ich, wie das Dorf entschieden hat.«

»Ich danke dir sehr herzlich.«

»Noch gibt es nichts zu danken.« Jetzt ist Ansgar wieder ganz schroff.

»Trotzdem, bis morgen dann. Und seid alle gegrüßt.« Septimus macht sich auf den Rückweg zum Lager.

Schon von Weitem sehen die bereits gesetzten Palisaden sehr beeindruckend aus. Kein Wunder, dass sie Angst vor uns haben, denkt Septimus. Aber so ist es eben. Rom ist eine Weltmacht und breitet sich immer weiter aus. Was bedeutet da schon so ein kleines Germanendorf und die Menschen, die da leben. Und wir hier, vor Ort, sollen diese Machtdemonstration dann ohne Blutvergießen und möglichst friedlich hinkriegen. Nett gedacht vom Kaiser. Aber der ist weit weg. Besonders dann, wenn der Nachschub fehlt.

Beim Morgenappell meldet Aemilianus, dass sich die Blätter der Stieleichen jetzt doch sehr schnell verfärben und abfallen. Keine gute Nachricht.

Überdies ist seit gestern Abend die Verpflegung rationiert. Bis jetzt ist es ohne großes Murren aufgenommen worden, weil Quintus Agrippa gleichzeitig die Dienststunden verringert hat.

Septimus, Quintus Agrippa, die übrigen Zenturios und die Ingenieure sitzen zusammen und beratschlagen, wie es unter den gegebenen Umständen weitergehen soll.

Clemens treibt ein neues Problem um. Das Brennen in den Mulden klappt und kann planmäßig weitergehen, mit verkürzten Schichten bei den Legionären. Wenn die Feuer einmal brennen, ist die Temperatur außenrum einigermaßen egal. Aber der Unterstand, wo die Lehmziegel zum Trocknen ausliegen, bietet zu wenig Schutz, wenn es nachts kalt wird. Wenn der Frost in die Restfeuchtigkeit dringt und so die Lehmziegel sprengt, gibt es Risse, und dann ist die ganze Arbeit umsonst. Man kann die Ziegel dann nur noch wegwerfen.

Er schlägt vor, in dem Unterstand kleine Feuer anzuzünden, die die Temperatur über dem Gefrierpunkt halten. Aber dazu müsste man auch die Seiten schließen, damit die Wärme sich nicht nach draußen verflüchtigt.

Auch Marcus hofft, dass in dem großen Steinblock an seinem Rammbock keine Wassereinschlüsse sind. Sonst könnte der bei Frost auseinanderreißen, und das könnte zu einem schlimmen Unfall führen. Aber den Stein kann man sich nur von außen anschauen; wie es innen drin mit versteckten Wasserresten aussieht, weiß niemand. Ansonsten könne man, solange der

Bodenfrost den Untergrund nicht undurchdringbar macht, mit dem Setzen der Palisaden weitermachen.

Septimus berichtet von seiner Verhandlung mit Ansgar, Antwort heute, Ergebnis offen.

»Aber du glaubst doch nicht wirklich, dass die das machen«, meint Quintus Agrippa.

Septimus zuckt mit den Achseln, er weiß selber nicht, was dabei herauskommt.

Da kommt ein Legionär atemlos hereingestürmt. »Der Wachtposten hat Schiffe auf dem Fluss gesichtet, römische!«

»Konnte er sehen, wie viele es sind?«, fragt Quintus Agrippa.

»Nein«, lautet die Antwort, »aber es sind viele!«

»Den Göttern sei Dank«, freut sich Quintus Agrippa, »wirklich im allerletzten Moment.«

In fröhlicher Erregung löst sich die Versammlung auf.

Alle, die nicht mit dem Unterhalt der Feuer beim Ziegelbrennen beschäftigt sind, werden zum Anleger beordert, um beim Ausladen zu helfen. Transportkarren und Zugtiere werden hinuntergeschafft.

Ein langer Geleitzug kommt auf dem Rhenus stromabwärts. Man kann es noch nicht genau abschätzen, aber es sind wenigstens zwanzig schwer beladene Schiffe.

Sie werden mit großem Jubel empfangen.

Sowie sich das erste Schiff dem Anleger nähert, ist zu erkennen, dass etliche der Legionäre auf dem Schiff verwundet sind.

»*Ave*, seid herzlich willkommen«, ruft Quintus Agrippa hinüber, »ihr kommt wirklich als Rettung in höchster Not. Was ist denn geschehen?«, will er mit Blick auf die Verwundeten wissen.

»Wir sind froh, dass wir es bis hierher geschafft haben«, ruft Claudius, der Anführer des Geleitzuges, zurück, »es war eine Fahrt durch die Hölle.«

Sobald der Steuermann das Schiff festgemacht hat, steigt Claudius unter Schmerzen auf den Anleger rüber. Quintus Agrippa übergibt den beiden anderen Zenturios das Kommando. Sie sollen das Ausladen organisieren und überwachen. Claudius kann sich nur schwer auf den Beinen halten, setzt sich auf einen vom Boot herübergereichten Hocker und berichtet Quintus Agrippa und Septimus von den Ereignissen.

»Es ging schon schlecht los. Wir sollten eigentlich eine Woche früher starten. Aber der verdammte Zement kam und kam nicht. Und ohne den wollte uns der Prätor nicht fahren lassen.«

»Ihr habt also welchen dabei«, freut sich Quintus.

»Ja, aber nicht die gesamte Menge, wir mussten ein Schiff zurücklassen und versenken, da war auch noch Zement drauf.«

»Immerhin etwas, ein Anfang«, meint Septimus aufmunternd. »Und dann?«

»Der erste Tag verlief ganz normal«, fährt Claudius fort, »auch in der Nacht keine Zwischenfälle. Am zweiten Morgen waren wir vielleicht zwei, drei Stunden unterwegs, da fährt das erste Schiff an einer sowieso schon engen Stelle auf ein Hindernis. Und noch bevor wir begriffen haben, was los ist, geht vom Ufer aus ein Hagel von Pfeilen und Speeren auf uns nieder. Begleitet von dem bekannten Gegröle der Barbaren. Unser ganzer Zug kommt zum Stehen. Und schon nähern sich vom rechten Ufer diese kleinen, schnellen Germanenboote und wollen plündern.«

»Hattet ihr einen schlechten Steuermann im ersten Schiff, oder wieso seid ihr aufgelaufen?«

»Ganz im Gegenteil. Das war einer der erfahrensten. Wir sind erst später dahintergekommen, wie das gelaufen sein muss. Irgendeiner von diesen Burschen muss am Hafen von Moguntiacum rumspioniert haben. Der hat gesehen, dass da jede Menge Schiffe mit Vorräten und allem Möglichen beladen wurden. Das hat er denen, die uns dann angegriffen haben, wohl gesteckt. Und weil wir auch noch viel später als ursprünglich vorgesehen losgekommen sind, hatten die genügend Zeit, an dieser Stelle unter Wasser eine Barrikade aus Baumstämmen zu bauen. Verkeilt mit ein paar Felsbrocken. Wirklich gut gemacht und von oben überhaupt nicht zu sehen. Und dann auch noch unsere voll beladenen Schiffe mit viel Tiefgang – rums, saßen wir fest.«

»Aber es gab doch vor Wochen schon einen größeren Transport hier runter. Und die sind ohne Probleme durchgekommen«, unterbricht ihn Septimus.

»Da lief das auch ganz anders: abends der Befehl vom Prätor, am nächsten Morgen einladen und losfahren.«

»Und wie seid ihr da wieder rausgekommen?«, will Quintus Agrippa wissen.

»Kannst dir ja vorstellen, wie schwierig das war: Das erste Schiff sitzt mit der Spitze fest, die Strömung drückt es zur Seite, bis es quer liegt. Die nachfolgenden sind, weil wir dicht hintereinanderfuhren, kaum manövrierfähig, wollen aber auch nicht in das erste Schiff reinknallen. Dazu die Pfeile, die näher kommenden Boote und das Gebrüll.«

Gespannt folgen Quintus Agrippa und Septimus dem Bericht.

»Weil wir zum Glück ziemlich in der Flussmitte waren, fanden anfangs nur wenige Pfeile ihr Ziel. Die meisten landeten im Wasser. Jeder, der eine Hand frei hatte, hat mit allem zurückgeschossen, was da war. Unsere Manuballistas haben – den Göttern sei es gedankt – eine größere Reichweite. Unsere Schützen zielen auf die näher kommenden, kleinen Boote. So wird die erste Angriffswelle abgeschlagen. Sie rudern zunächst zurück zum Ufer. Aber wir sitzen fest. Die brauchen bloß abzuwarten. Und das tun sie auch. Was tun? An Seilen gesichert springen die Ersten von uns ins Wasser, wollen feststellen, worauf sich das erste Schiff festgefahren hat, und entdecken die Barrikade.

Die zu finden war das eine, die abzubauen war das viel größere Problem.«

Der Hauptmann als erfahrener Soldat und Septimus stellen sich die Situation vor.

»Unsere anderen Schiffe gegen die Strömung einigermaßen auf Position zu halten war eine Riesenplackerei. Und schon kam die zweite Angriffswelle, wieder mit diesen kleinen Booten. Die sahen natürlich, dass unsere Leute im Wasser waren, um zu untersuchen, warum sich das Schiff festgefahren hatte. Und so hatten sie es zuallererst darauf abgesehen, unsere Leute daran zu hindern, ihre Barrikade abzubauen.«

Unter Schmerzen bewegt Claudius seinen rechten Arm, dann sein linkes Bein. Beide sind notdürftig verbunden. Auch er muss einiges abbekommen haben. Dann setzt er seinen Bericht fort.

»Die anderen konzentrierten sich darauf, näher an unsere Schiffe ranzukommen, um sie zu entern. Mit ihren Schilden wehrten sie unsere Pfeile ab und versuchten, sich mit ihren Schwertern auf die Schiffe zu kämpfen. Es gab Verletzte auf beiden Seiten. Zunächst konnten wir sie zurückschlagen, aber dann gelang es doch einigen von denen, an unser letztes Schiff zu gelangen.«

»Typische Taktik der Barbaren, immer zuerst auf die Letzten, da haben sie die größten Möglichkeiten«, erinnert sich Quintus Agrippa.

»Unsere Leute haben dann, als das Schiff nicht mehr zu verteidigen war, schnell ein Loch in den Boden geschlagen, um es zu versenken. Wie gesagt: Da war auch noch Zement drauf. Beim Kampf um dieses Schiff hat es auf unserer Seite viele Verletzte gegeben. Die sind dann blutend ins Wasser gesprungen und haben sich auf die anderen Schiffe gerettet.«

Septimus und Quintus Agrippa nicken verständnisvoll.

»Dass das letzte Schiff langsam sank, haben die Germanen erst gar nicht mitbekommen. Sie haben es geentert, gejubelt und dachten, sie hätten fette Beute gemacht. So waren sie für eine kurze Weile abgelenkt. Durch den Jubel von hinten waren auch die, die vorne unsere Leute im Wasser angriffen, für eine kurze Zeit unaufmerksam. Dadurch konnten wir sie zurückdrängen. In diesem kurzen Moment gelang es unseren Leuten, einen der Felsblöcke zu lockern.«

»Mann! – Da könnt ihr aber wirklich von Glück reden.« Quintus Agrippa stellt sich die Situation genau vor.

»Kannst du laut sagen«, fährt Claudius fort. »Als der Stein ein bisschen zur Seite gerückt war, löste sich der oberste Baumstamm etwas. Die Strömung half, sie nahm den Stamm mit, und der trieb flussabwärts. Das reichte, um das erste Schiff über die Barrikade wegkommen zu lassen.«

»Unglaublich.« Septimus schüttelt den Kopf.

»Unsere Jungs, die an Seilen im Wasser waren, wurden rausgezogen. Dadurch, dass das Schiff nun wieder in Fahrt war, wurden sie über den Rest des Hindernisses geschleift und handelten sich jede Menge Quetschungen und Prellungen ein. Wir zogen sie rein und haben sie notdürftig versorgt.«

Septimus und Quintus Agrippa verziehen bei der Vorstellung, wie die an Seilen hängenden Legionäre über die Hindernisse gezogen wurden, ihre Gesichter.

»Aber das Loch war offen. Gleich das zweite Schiff hinterher, dann die anderen. Doch wenn wir dachten, damit hätten die Barbaren aufgegeben, hatten wir uns geschnitten. Sie verfolgten uns mit ihren kleinen Booten. Wir haben gerudert, was das Zeug hielt. Aber die waren natürlich schneller. Als sie nahe genug ran waren, haben sie es mit Brandpfeilen versucht.«

»Nicht zu fassen«, kommentiert Quintus Agrippa das Gehörte.

»Ein paar davon trafen auch. Konnten wir schnell rausreißen und ins Wasser werfen. Großen Schaden haben sie nicht angerichtet. Wir haben mit allem zurückgeschossen, was noch da war, bis fast auf den letzten Pfeil. Und wir dachten, wenn sie noch lange so weitermachen, haben wir keine Chance, zu entkommen. Und natürlich hatten sie es in erster Linie wieder auf die hinteren Schiffe abgesehen. Die haben alles gegeben, um uns einzuholen und in unseren Schutz zu kommen. Fünf, sechs Meilen lang haben sie dieses Spielchen mit uns getrieben. Dann haben sie wohl eingesehen, dass sie uns nicht aufhalten können, und sind zurückgeblieben.«

»Und was wäre passiert, wenn die nicht aufgegeben hätten?«, fragt Septimus.

»Dann säßen wir jetzt wahrscheinlich nicht hier. Wir sind mit der letzten Kraft noch ein paar Meilen weitergefahren, bis wir einen sicheren Platz gefunden hatten, um unsere Verwundeten zu versorgen und zu verbinden. Dann mussten wir erst mal eine Pause machen, um festzustellen, was es an Schäden gab und um wie viele Verletzte es sich handelte. Am schlimmsten hatte es die getroffen, die die Barrikade geknackt hatten. Die sehen schlimm aus. Ich hoffe nur, dass die sich nichts gebrochen haben und das durchstehen. Dann haben wir die gezählt, die unverletzt waren, und sind mit denen dann weitergerudert. Allerdings wesentlich langsamer als zu Beginn unserer Tour. Jetzt sind wir mit einer Menge Glück hier. Ich hoffe, wir können die Verletzten bei euch lassen, bis sie sich wieder erholt haben.«

»Wird nicht ganz einfach werden, aber wir tun natürlich, was wir können.«

»Du siehst ja«, übernimmt jetzt Septimus, »dass wir noch längst nicht so weit sind, wie wir eigentlich wollten. Erst hatten wir keinen Lehm, und als wir den gefunden hatten, kam ein Angriff auf das Lager. Dabei ist einiges draufgegangen. Dann außer Kieselsteinen keine vernünftigen Steine zum Bauen. Das haben wir in der Zwischenzeit aber alles im Griff. Wir haben sogar schon die ersten Ziegel gebrannt. Zwar ohne richtigen Brennofen, aber immerhin. Nur die Unterkünfte sind noch nicht fertig. Wir warten händeringend auf den Zement. Ohne den geht es nicht weiter. Wir können die Dächer nicht decken. Wir können keine Öfen bauen. Und wir wissen nicht, wann es hier richtig kalt wird.«

»Lass mal, Septimus, das kriegen wir schon irgendwie hin«, meint Quintus Agrippa optimistisch, »jetzt ist ja Zement da, Verpflegung auch, dann decken wir zuallererst die Häuser, die eigentlich für die Zenturios sein sollen. Da packen wir die Verwundeten rein, damit die sich erholen können. Dann sehen wir weiter.«

»Jedenfalls sind wir heilfroh, dass wir einigermaßen heil da rausgekommen sind«, beschließt Claudius vor Schmerzen stöhnend seinen Bericht.

Unter dem Kommando der Zenturios Camillus und Valerius ziehen sich die Entladearbeiten bis fast zum Abend hin. Die Verwundeten werden mit Ochsenkarren nach oben ins Lager gefahren. Es ist zwar kein richtiger Militärarzt im Lager, aber die Legionäre wissen sich auch so zu helfen. Nach vielen durchgestandenen Kämpfen haben sie Erfahrungen mit Verwundeten. Sie tasten die Knochen der Verletzten ab. Gebrochen scheint nichts zu sein, aber die Körper sind über und über mit Abschürfungen, Beulen und blauen Flecken bedeckt.

Zum Glück hat sich das Grundwasser im Brunnen von Sosias schon geklärt. Da die Brunnenwand erst unten mit Bruchsteinen ausgelegt ist, kann man das frische Wasser nur auf eine etwas mühsame Art herausholen. Dazu ist ein provisorisches Dreibein über dem Schacht errichtet worden, und das Wasser muss mit ledernen Eimern hochgezogen werden. Aber so können die Wunden jetzt mit sauberem Wasser gereinigt und dann ordentlich verbunden werden. Als Mittel gegen die Schmerzen soll eine großzügig bemessene Ration Wein helfen. Kein Problem, seit die neuen Vorräte angekommen sind.

Dass nun endlich auch Zement angekommen ist, verbreitet sich wie ein Lauffeuer. Auf Anweisung von Quintus Agrippa haben sich einige sofort darangemacht, aus dem ersten angelandeten Zement und feinem Sand vom Rhenusufer Mörtel herzustellen. Die Zimmerleute stehen schon mit den frisch gebrannten Dachziegeln bereit, um die Dächer zu decken. Die bis jetzt fertig gebrannte Menge reicht so gerade eben aus, um damit das Dach eines Zenturio-Hauses dicht zu bekommen. Andere Legionäre mauern innen drin mit den normalen Ziegeln einen ersten Ofen auf. Noch während oben und innen gearbeitet wird, werden die Verwundeten schon in das erste, fast fertige Haus verfrachtet.

Immerhin besser als in den engen Zelten.

Quintus Agrippa sucht Clemens. Er findet den Ingenieur bei seinen Brenngruben.

»Mach ab jetzt möglichst nur Dachziegel. Die, die wir bis jetzt hatten, haben grade gereicht, um das erste Zenturio-Haus zu decken. Wir brauchen mehr Platz für die Verwundeten, außerdem müssen wir aus den Zelten raus. Du merkst je selbst, wie kalt es nachts schon wird. Das hätte noch einen anderen Vorteil: Wenn die Zelte frei sind, könntest du mit den Zeltbahnen deinen Unterstand, wo die Rohlinge trocknen, abdecken und drinnen Feuerchen machen, damit der Frost sie nicht zerreißt.«

»Hab ich mir schon so ähnlich gedacht«, erwidert Clemens, »ich wollte nur erst ausprobieren, ob das Brennen mit allen Formen funktioniert. Klappt aber. Ich hab alle Gruben mit Dachziegeln gefüllt. Jetzt kommt so lange Nachschub, bis wir alle Häuser dicht haben. Wenn das Wetter mitspielt, baue ich noch den richtigen Brennofen, und dann sehen wir weiter.«

Septimus nähert sich den beiden. Er nimmt Quintus Agrippa zur Seite.

»Ich muss ja heute noch zu Ansgar. Eigentlich brauchen wir deren Korn jetzt nicht mehr. Trotzdem möchte ich hören, wie die Entscheidung des Stammes ausgefallen ist. Was hältst du davon, wenn ich ihm eine Amphore Korn und ein kleines Fass Wein als Geschenke mitbringe? Sozusagen als Dank und Geste unseres guten Willens. Ganz gleich, wie die Entscheidung im Dorf ausgefallen ist.«

»Schaden kann es sicher nicht. Aber ich bin gespannt, ob er das auch annehmen wird. Du weißt doch, wie misstrauisch Ansgar trotz allem ist. Mach es einfach.«

EIN GESCHENK DER RÖMER

Nachdem Quintus Agrippa die entsprechenden Befehle gegeben hat, wird ein kleiner Transportwagen beladen, der von zwei Legionären gezogen wird. Septimus macht sich mit ihnen zusammen auf den Weg ins Dorf. Diesmal ist sein Kommen angekündigt, sodass Ansgar ihn schon erwartet.

»Ich hatte nicht erwartet, dass du noch kommst, denn unsere Späher haben ja berichtet, dass eure Transportschiffe angekommen sind. Ich hätte auch keine gute Nachricht für dich gehabt. Die Stimmung war geteilt, einige waren sogar dafür, euch zu helfen, aber die Mehrheit war dagegen. Was bringst du denn mit?«

»*Ave*, Ansgar, ich danke dir trotzdem für deine Bemühungen. Und als Zeichen für meinen Dank möchte ich dir eine Amphore Korn und etwas Wein zum Geschenk machen.«

Erstaunt schaut Ansgar Septimus an, dann die beiden Legionäre mit dem Transportkarren, dann wieder Septimus.

»Du kennst doch sicher die Geschichte aus Troja. In Abwandlung des alten Spruches möchte ich sagen: ›Ich fürchte die Römer, auch wenn sie Geschenke bringen.‹ Was führst du im Schilde, welche Bedingung ist an das Geschenk geknüpft?«

»Es gibt keine Bedingung. Es ist nichts weiter als mein Dank dafür, dass du schon zweimal versucht hast, uns zu helfen.«

»Dass ein Römer *Geschenke* macht, ist so wahrscheinlich, wie dass das Wasser den Berg hinauffließt! Außerdem sind wir Wein nicht gewohnt. Wir trinken Wasser oder Met. Ich kann dein Geschenk nicht annehmen, sonst denkt der Stamm, ich hätte mich von dir auf die Seite der Römer ziehen lassen.«

»Nimm es einfach. Ich bitte dich. Wenn du es selbst nicht annehmen willst, dann kannst du es ja unter allen Leuten verteilen. Das Korn ist gut. Der Wein ist zwar nicht der beste, aber er ist trinkbar.«

»Ich verstehe es einfach nicht, Septimus. Einerseits kommt ihr her, nehmt euch Land, wie es euch gefällt, verunstaltet die Gegend mit diesem Monstrum von Lager, das von Tag zu Tag größer und bedrohlicher wird, andererseits kommst du freundlich an und machst Geschenke. Wie passt das zusammen?«

»Ich habe schon mehrfach versucht, es dir zu erklären: Der Kaiser will den Rhenus zur sicheren Grenze des Imperiums machen. Auf dieser Seite des Flusses soll Frieden herrschen. Und Frieden geht nur mit euch, nicht gegen euch. In ein paar Jahren werdet ihr sehen, welche Vorteile es hat, unter dem Schutz von Rom zu stehen, wenn erst einmal Straßen gebaut sind, der Handel blüht und vieles mehr.«

»Wir sind bis jetzt ganz gut ohne Straßen ausgekommen.«

»Da hast du sicher recht, aber wenn sie da sind, werdet ihr sie zu schätzen wissen.«

Demosthenes tritt hinzu und schaut ebenfalls etwas irritiert auf Septimus und die Legionäre mit ihrem Karren.

»Septimus, du wieder hier, diesmal mit Gefolge. Was gibt's? Soll das vielleicht ein nachträgliches Hochzeitsgeschenk sein?«

»Eigentlich nicht. Ich wollte mich damit bei Ansgar bedanken, dass er nun schon zweimal versucht hat, uns zu helfen. Aber Ansgar glaubt nicht, dass das einfach nur ein Geschenk ist. Er fürchtet, dass ich ihn damit bestechen will. Wie es aussieht, will er es gar nicht annehmen.«

»Wenn Septimus sagt, es ist ein Geschenk, dann kannst du es ruhig annehmen«, meint Demosthenes da, »bis jetzt hat doch immer alles gestimmt, was er gesagt hat, du und der ganze Stamm konntet euch darauf verlassen. Und wenn er sagt, das sei ein Geschenk, dann ist es das und nichts weiter.«

Immer noch unentschlossen schaut Ansgar von einem zum anderen und sagt schließlich: »Gut, dann nehme ich das Geschenk an. Ich werde deine Gaben im Dorf verteilen und hoffe, dass dein Wein keine schlimmen Folgen hat. An die Dankbarkeit oder Freigebigkeit eines Römers muss ich mich erst gewöhnen. Beides ist mir unheimlich.«

»Ansgar, sieh es doch einmal so«, entgegnet Septimus, »du weißt ja durch deine Späher, dass unser Versorgungstransport angekommen ist. Damit ist unser Problem gelöst, und ich hätte gar nicht mehr herkommen müssen. Aber die hatten mehr Glück als Verstand. Sie wurden unterwegs mit einer Barrikade im Fluss aufgehalten, Stämme von der anderen Seite haben den Transport angegriffen. Sie wollten plündern und unsere Leute töten. Unsere Leute haben nicht als Erste angegriffen und sind nur mit knapper Not entkommen. Sie mussten sogar ein Schiff zurücklassen, und es gab eine Menge Verletzte auf beiden Seiten. Völlig unnötig. Es leben also nicht nur freundlich gesinnte Leute da drüben. Nimm einfach mal an, ihr hättet eine überdurchschnittlich gute Ernte oder sonst etwas sehr Wertvolles und das hätte sich bis nach drüben herumgesprochen. Dann würden die Stämme von drüben euch angreifen. Aber solange wir hier sind, wird das nicht passieren. Wir schützen nicht nur das Imperium, sondern auch euch.«

»Eine wohlgesetzte Rede«, entgegnet Ansgar ein wenig spöttisch, »ich habe aber leider schon eine Menge wohlgesetzter Reden gehört und mich jedes Mal gefragt, ob denen auch Taten folgen.«

»Verlass dich drauf. – Und«, wechselt Septimus das Thema, »Demosthenes, wie geht es mit dir und deiner neuen Frau?«

»Wir kommen gut zusammen aus, aber wir können nur mit Händen und Füßen miteinander reden. Kannst du mir nicht von Salman ein paar Schreibtäfelchen besorgen? Ich muss mir diese germanischen Wörter aufschreiben, sonst kann ich sie mir nicht merken. Sie redet den ganzen Tag auf mich ein, aber ich verstehe nur wenig. Vielleicht schaffe ich es ja auch, Dietlinde ein wenig Schreiben beizubringen. Wir müssen dringend die jeweils andere Sprache lernen, sonst bleiben wir stumm, und das ist auf die Dauer nicht gut. Jedenfalls sitzt sie immer, wenn wir uns nicht gerade lieben, am Webstuhl und webt fleißig Stoffe. Was sie da macht, sieht sehr schön aus. Sie will mir daraus neue Kleider nähen. Für den Winter, wenn es kalt wird. So viel hab ich schon begriffen.«

»Klingt ja nach einem gut geführten Haushalt«, meint Septimus grinsend, »Schreibtäfelchen lass ich dir bringen, kein Problem, wenn Ansgar nichts dagegen hat.«

»Hat er nicht«, meint der Druide lakonisch.

DIE ALLGEMEINE LAGE

Die Tage werden immer kürzer, die Nächte immer kälter. Es friert noch nicht, aber morgens ist überall schon Raureif zu sehen. Es dauert fast den halben Vormittag, bis die Temperaturen einigermaßen erträglich werden. Ab und an peitscht auch ein Sturm mit Regen über das Land.

In den kalten Zelten wachen die Soldaten morgens mit steifen Gliedern auf. Alle Kleidungsstücke, die sie während der Nacht nicht anbehalten haben, sind klamm und eiskalt. An Wäschewaschen ist nur selten zu denken. Entsprechend streng riechen sie alle.

Nur die fünfunddreißig Verwundeten in den fast fertigen Häusern der Zenturios haben es etwas besser. Die festen, mit Lehm verputzten Flechtwände halten die aufkommenden Herbststürme besser ab als die Zelte. Überdies lassen sie sich beheizen. Fast schon komfortabel.

Aber die Verwundeten haben ein anderes Problem: Einige der Schürfwunden haben sich entzündet, und es bildet sich schon Eiter. Hier wissen wieder Rufus und Aemilianus, die beiden Landeier, Rat. Sie haben im Juli, als es noch schön war, wilde Kamille gesammelt. Deren Heilwirkung gegen alle möglichen Wehwehchen kennen sie von ihrem früheren Leben auf dem Bauernhof. Die Kamillenblüten legen sie jetzt unter den Verbänden auf die Wunden. Ob das helfen wird, muss man abwarten.

Clemens lässt ohne Unterbrechung Dachziegel brennen. Er hat allerdings ein kleines Problem. Dadurch, dass es immer kälter wird, trocknen die Rohformen in seinem Unterstand viel langsamer.

Er hofft inständig, dass die vorgetrockneten Rohlinge so

lange reichen, bis das letzte Contubernien-Haus gedeckt ist. Denn dann kann er seinen Unterstand mit den Zeltplanen seitlich abdichten und innen drin kleine Feuer machen, um die Temperatur über dem Gefrierpunkt zu halten. Und weiter hofft er, danach noch den richtigen, großen Brennofen in Angriff nehmen zu können.

Jedes Mal, wenn eine Brenngrube mit frisch gebrannten Dachziegeln ausgeräumt wird, stehen die Dachdecker schon bereit. Der Mörtel ist angerichtet, und noch handwarm werden die Ziegel schon auf die Dächer gelegt und befestigt.

Jedes Mal, wenn wieder ein Haus fertig ist, herrscht großer Jubel, denn dann kann wieder eine Zelteinheit umziehen. Die Betten und die Einrichtungen müssen zwar erst noch gezimmert werden, aber es gibt im Vergleich zu den engen Zelten richtig viel Platz.

Das fördert die Motivation, bei allen Arbeiten kräftig mit anzupacken, auch wenn sie in der ersten Zeit noch auf dem Boden schlafen müssen. Und heizen kann man auch noch nicht überall. Macht aber nichts, alles besser als das wochenlange Kampieren in den engen und kalten Zelten.

Für den stetig länger werdenden Palisadenzaun rund um das neue Lager, das Brennen der Ziegel und die Beheizung der festen Häuser wird immer mehr Holz benötigt.

Septimus und Quintus Agrippa sind sich sicher, dass später nach Süden hin, also in Richtung Moguntiacum, eine Staatsstraße gebaut werden wird. Die dafür notwendige Trasse wird hundertachtzig Fuß breit sein müssen. Dann müssen alle Bäume und alles Gestrüpp sowieso weg. Also entscheiden sie, schon jetzt dieses Areal zu roden. So ist das im Augenblick Notwendige mit einem Blick in die Zukunft verbunden.

Claudius, den Anführer des Nachschubtransports, hat es wirklich hart erwischt. Von allen Verwundeten geht es ihm am schlechtesten. Weil er in seinem Zustand unmöglich den Rücktransport der leeren Schiffe leiten kann, wird sein Stellvertreter damit beauftragt.

Schon nach drei Tagen Erholung machen sich die Legionäre auf den Rückweg.

DIE RÜCKFAHRT DER TRANSPORTSCHIFFE

Quintus Agrippa und Septimus verabschieden sie am Anleger in der Hoffnung, dass die Boote unbeschadet nach Moguntiacum durchkommen. Aber die guten Wünsche erfüllen sich nicht. An der Stelle, wo bei der Talfahrt die Barriere war, lauern wieder die Germanen. Weil sie gegen die Strömung rudern müssen, sind die Transportschiffe viel langsamer als die kleinen Boote der Feinde. Welchem Stamm sie zuzuordnen sind, ist auch diesmal nicht erkennbar. Sie wüten wie die Wilden und lassen die Römer die erlittene Schlappe bei der Hinfahrt spüren. Auch wenn die Schiffe jetzt leer sind und es fast nichts zu plündern gibt außer den Rüstungen und den Waffen, fallen sie über die verhassten Legionäre her. Die wehren sich mit allem, was sie haben, aber die Germanen kennen keine Gnade, sie sind in der Überzahl, töten jeden, der ihnen in die Hände fällt, und verschwinden mit den gekaperten Schiffen.

Nur knapp die Hälfte erreicht den Heimathafen, und Prätor Gaius Hortensius wird klar, dass er den nächsten Versorgungstransport wohl nur mit militärischem Geleitschutz losschicken kann.

Dann wird dem Prätor eine Schriftrolle überreicht, in der Septimus und Quintus Agrippa von der Situation im und rund ums Lager berichten.

Dass der Brunnen schon so weit in Betrieb ist, dass es sauberes Trinkwasser gibt, dass Wall und Graben rund um das Lager schon vorhanden sind und dass ein Großteil der Palisaden schon gesetzt ist, beruhigt ihn sehr. Auch dass die Situation rund um das Lager jetzt friedlich ist, findet seine uneingeschränkte Anerkennung. Erfreut nimmt er zur Kenntnis, dass sich nun schon fünf Dörfer mit Ubiern angesiedelt haben. Alles da unten entwickelt sich zu seiner Zufriedenheit. Nur mit Nachschub für die langen Wintermonate muss er sie versorgen. Und das bald, bevor der Rhenus zufriert. Dass die Wahl für diese Mammutaufgabe da unten auf Septimus und Quintus Agrippa gefallen ist, hat sich schon jetzt als Glücksfall erwiesen, wird er dem Kaiser mit dem nächsten Kurier berichten. Gaius Hortensius ist mit sich selbst sehr zufrieden.

Aber als ihm die Heimkehrer von Claudius' Verdacht berichten, dass die ganze Transportaktion offenbar ausspioniert worden sei, wird Gaius Hortensius wütend. Mit der flachen Hand haut er auf den Tisch und schreit: »Diesem Gesindel werde ich eine Lektion erteilen, dass ihnen die Ohren wackeln!«

CASTRA AD UBIORUM

Im Lager selbst hat sich die Lage in den letzten Tagen entspannt. Alle Häuser für alle drei Zenturien haben jetzt ein richtiges Dach. Mit einer kleinen Einschränkung: Beim letzten Haus fehlen noch etwa zehn Dachziegel. Das wird mit der nächsten Brandgrubenleerung erledigt sein.

Sosias hat sich die ersten Brunnenziegel aus dem Probebrand schon mal hergenommen und sie unten auf die Bruchsteinmauer gebaut. Die Formen passen, aber weit ist er damit nicht gekommen. Gerade einmal für eine komplette Runde hat es gereicht. Das beunruhigt ihn aber nicht sonderlich. Er weiß ja, dass die festen Häuser Vorrang hatten. Und an das Trinkwasser kommt man trotzdem, wenn im Moment auch noch etwas mühselig.

Wieder einmal sitzen Septimus, Quintus Agrippa, Camillus und Valerius mit den Ingenieuren zusammen. Zum ersten Mal und zu seiner großen Freude im Vorraum des fertigen Hauses für den Zenturio Quintus Agrippa.

»Das größte Problem sind wir los«, beginnt Quintus Agrippa mit einem Seufzer der Erleichterung, »die festen Häuser sind so weit fertig. Noch sind nicht alle beheizbar, und, klar, es gibt noch keine Betten und keine Einrichtung, aber das können wir erledigen, wenn es draußen nicht mehr weitergeht. Was ist das Nächstwichtige?«

»Wir werden auf jeden Fall weiter Palisaden setzen«, meldet sich Marcus als Erster. »Jetzt ist die Sicherung des Lagers das oberste Ziel. Wall und Graben haben wir schon, den Göttern sei Dank, und solange der Boden nicht gefroren ist, können wir weiterarbeiten. Mit dem Rammbock kommen wir gut voran, und wenn wir im Untergrund nicht auf einen Widerstand stoßen, einen dicken Stein oder so etwas, dann schaffen wir an guten

Tagen bis zu hundert Stück. Aber bis wir einmal ganz rundrum sind, das wird – selbst wenn das Wetter mitspielt – noch weit bis ins nächste Jahr dauern. Bis dahin können wir nur hoffen, dass uns niemand angreift. Aber vielleicht ist es selbst den blöden Germanen dafür zu kalt.«

Allgemeines Gelächter.

»Da bin ich einigermaßen optimistisch«, nimmt Quintus Agrippa den Gedanken auf. »Unser Nachbardorf und die Leute aus Frehem sind durch die Geiseln ruhiggestellt, südlich haben sich schon einige Ubier angesiedelt, als ›Freunde des römischen Volkes‹, von der Landseite her sehe ich also keine Gefahr, allenfalls von der anderen Seite des Rhenus. Aber die müssen erst mal hier rüberkommen. Also, Marcus, macht weiter, so gut und so schnell es geht.«

»Machen wir!«

»Ich werde weiter Ziegel brennen«, schließt sich Clemens an, »jetzt hauptsächlich normale. Einmal, damit wir in den restlichen Häusern noch Öfen bauen können, und zum anderen, damit ich endlich den richtig großen Brennofen fertig kriege. Andererseits müssen die Rohlinge der Brunnensteine auch noch gebrannt werden, sonst trocknen die zu stark aus. Viele liegen da schon fast drei Wochen. Wär schade, wenn die zerbröseln. Ein paar Reserve-Dachziegel haben wir ja noch, für alle Fälle. Ich schau mal, wie ich das alles hinkriege.«

»Sag mal ehrlich, Clemens«, wendet Quintus Agrippa ein, »für wie wahrscheinlich hältst du es denn, dass du den großen Brennofen noch hinbekommst?«

»Also, die Feuergrube habe ich schon vor einigen Wochen ausheben lassen. Und deren Innenwände habe ich schon teilweise mit Schrottziegeln oder solchen, die nicht so sauber gebrannt waren, ausgemauert. War ja möglich, seit der Zement angekommen ist. Das ist alles schon stabil, muss ja auch nicht schön aussehen da unten drin. Was noch fehlt, sind die Säulen, auf die ich oben die Lochplatten drauflege, durch die die Hitze nach oben steigen kann. Dann, um die Lochplatten herum, auf der Ebene, wo wir das Brenngut einsetzen wollen, eine Ziegelmauer als Begrenzung des Brennraumes, möglichst groß, damit viel reinpasst. Die einzelnen Schichten dieser Außenmauer immer nach innen ein wenig überragend, sodass wir nach oben hin eine Art Gewölbe kriegen. Außenrum das Ganze mit Erde abdichten, nur ein paar Rauchabzugskanäle nicht vergessen, fertig. Wenn das Wetter noch weiter so bleibt, könnten wir in zehn, zwölf Tagen fertig sein«, antwortet Clemens.

»Da können wir nur hoffen«, gibt Quintus Agrippa zurück. »Noch etwas?«

»Ja«, meldet sich Camillus, der Zenturio der Zweiten, »wenn wir schon die ganze Zeit vom Wetter reden: Was machen wir denn mit unseren Viechern, den Ochsen und den Maultieren, wenn es hier friert? Müssen wir für die nicht auch einen Unterstand herrichten? Und was kriegen die dann zu fressen?«

Da meldet sich Valerius, der Zenturio der Dritten: »Zum Stichwort ›fressen‹ fällt mir auch noch etwas ein: Der Prätor wird uns sicher noch weitere Vorräte schicken müssen, wenn wir den Winter hier überstehen sollen. Und das bald. Wo packen wir dann die ganzen Vorräte hin, damit sie nicht verderben? Eine Art Lagerhaus würde ich vorschlagen.«

»Und ich möchte noch einmal an meinen Vorschlag mit dem Locus und dem Abwasserkanal erinnern«, meldet sich Marcus erneut zu Wort.

»Richtige Hinweise«, nimmt Quintus Agrippa den Faden auf. »Um den Unterstand für die Tiere sollen sich Rufus und Aemilianus kümmern. Die haben die meiste Ahnung, wie so etwas aussehen muss. Und für die Vorräte ein Lagerhaus. Mhm. Muss ja nicht für immer halten, erst mal nur für diesen Winter. Denn die Lagerhaltung muss sowieso neu geplant werden, wenn hier später eine oder mehrere Legionen stationiert werden sollen. Die Lagergassen und das Forum dürfen wir auch nicht vergessen, damit wir hier nicht im Matsch versinken.«

Lange wird diskutiert, welche Maßnahmen am vordringlichsten und wie die verfügbaren Mannschaften am besten aufzuteilen sind. Die Zeit drängt, denn das Wetter kann jeden Tag umschlagen.

In diesem Moment fangen plötzlich die Türen und die Fensterläden an zu klappern, ein starker Wind kündigt sich an.

Noch während alle zusammenhocken, kommt ein Legionär hereingestürmt, unterbricht die Gespräche und verlangt nach Clemens. Was denn los sei, will Quintus Agrippa etwas ungehalten wissen. Da sprudelt der Mann hervor, dass der Unterstand zum Trocknen der Lehmziegel einzustürzen droht.

Was war passiert? Clemens hatte sich, je nachdem, wie die Häuser fertig wurden, die jetzt überflüssigen Zeltplanen geschnappt und damit seinen Unterstand bis zum Boden dicht gemacht. Drinnen brannten kleine Feuerchen, um die Temperatur einigermaßen zu halten.

Durch die nun bis auf den Boden reichenden Zeltbahnen hat der Wind eine viel größere Angriffsfläche. Und ein gerade von Westen her aufziehender Sturm bläst mächtig dagegen. Die gesamte Außenkonstruktion wankt, ächzt und stöhnt furchterregend. Schließlich war der gesamte Unterstand ja auch nicht für die Dauer gebaut worden. Er sollte als Provisorium nur so lange halten, bis genügend Ziegel gebrannt worden wären. Und damit wollten sie eigentlich schon viel weiter sein. Wenn das Ding jetzt einstürzt, wäre die Arbeit von einigen Wochen zum Teufel.

In Windeseile wird eine Mannschaft zusammengetrommelt, um den Unterstand zu verstärken. Von außen und innen werden zusätzliche Stützen und Verstärkungen angebracht.

Der Wind ist mittlerweile so stark geworden, dass sich sogar die Rettungsmannschaften kaum noch auf den Beinen halten können. Aber mit vereinten Kräften schaffen sie es, das Ding zu stabilisieren. Jedenfalls für den Augenblick und in der Hoffnung, dass der Sturm nicht noch heftiger wütet.

Wenn dieses Sauwetter nachlässt, wird man in jedem Fall noch einmal nacharbeiten müssen, um den Unterstand wirklich standfest zu bekommen.

Nachdem das Schlimmste verhindert worden ist, sind alle vom Sturm durchgepeitscht und von dem damit einhergehenden Regen klatschnass bis auf die Haut. Sie sind froh, sich jetzt in die festen Häuser zurückziehen zu können und nicht in den kalten Zelten Zuflucht nehmen zu müssen.

Der dickste Stein fällt Clemens vom Herzen. Er hatte gerade vor ein paar Tagen die Lochplatten anfertigen lassen, durch die die heißen Gase aus der Feuergrube des geplanten großen Brennofens nach oben ziehen sollen. Oben auf diesen Lochplatten soll dann später der Brand der Ziegel erfolgen. Immer vorausgesetzt, er schafft es, trotz der Witterung den großen Brennofen doch noch fertig zu bekommen.

Aber der Sturm lässt nicht nach, der Regen auch nicht. Alle Arbeiten ruhen zwangsläufig.

Erst zwei Tage später beruhigt sich das Wetter wieder. Zeitweise gibt es sogar etwas trüben Sonnenschein. Die Schäden werden begutachtet. Der notdürftig gerettete Unterstand hat dem Sturm standgehalten, muss aber trotzdem noch weiter verstärkt werden. Die Häuser sind dicht geblieben. Obwohl das Dachdecken in aller Eile und nur mit behelfsmäßig gebrannten Ziegeln stattgefunden hat, gibt es keine Schäden. Wenigstens das.

Die Brenngruben von Clemens sind abgesoffen. Er lässt sie ausräumen und staunt nicht schlecht, dass da trotzdem noch eine Reihe brauchbarer Normalziegel zum Vorschein kommt. Sie werden sofort dazu verwendet, die fehlenden Öfen zu bauen. Die vergangenen Stürme waren eine Vorwarnung. Es kann noch schlimmer kommen. Unumgänglich, dass alle ihre Unterkünfte beheizen können.

Aber Clemens ist auch ein sturer Hund. Er will die Fertigstellung seines großen Brennofens erzwingen, koste es, was es wolle. So scheucht er seine Mannschaft, die abgesoffenen Gruben wieder zu säubern und für einen nächsten Brand vorzubereiten.

Schräge Dächer lässt er darüber errichten, sodass der Regen abgehalten wird, der Qualm aber abziehen kann. Mit verkniffenem Gesicht treibt er alle zur Eile an.

Sobald und solange das Wetter es zulässt, pflanzt Marcus weiter Palisaden.

An einer Stelle, wo diese schon stehen, haben Rufus und Aemilianus einige Pfähle in den Boden graben lassen. Leider auf die mühselige Art, nicht mit dem Rammbock, der steht zu weit weg. Mit vielen Helfern bauen sie aus dünneren Bäumen in einer Art Flechtwerktechnik Wände für den Unterstand der Tiere und in gleicher Weise ein Dach. Das soll nach Möglichkeit noch mit Lehm beschmiert werden. Sie müssen nur hoffen, dass der nächste Regen den aufgebrachten Lehm nicht gleich wieder fortschwemmt. Komplett winddicht müssen die Wände auch nicht sein, sie sollen nur als Schutz vor dem Gröbsten dienen. Und damit die Tiere nicht im Matsch versinken, lassen sie den Boden des Unterstandes noch mit Kies aus dem Rhenus überdecken. Soweit sie sich erholt haben, arbeiten auch die Verwundeten aus der Transportkolonne wieder mit.

Ein anderer Befehl von Quintus Agrippa lautet, die Lagergassen so schnell wie möglich zu pflastern, in jeder Pause, die das Wetter bietet. Dazu nehmen sie die Bruchsteine aus dem Felsenberg, solange der Vorrat reicht. Noch einmal eine Mannschaft loszuschicken, um mehr Steine zu holen, erscheint Quintus Agrippa wegen der unsicheren Wetterlage als zu gefährlich.

Außerdem braucht man hier im Lager jede Hand. Das Forum wird wohl warten müssen.

Der Lehmtransport vom Fundort zum Lager wird auch immer schwieriger, und das Zubereiten des Lehms in den Bottichen vor dem Lager macht ebenfalls keinen Spaß. Alle frieren um die Wette.

EINE GEFÄHRLICHE FAHRT

Auch in Moguntiacum ist das Wetter miserabel. Prätor Gaius Hortensius steht an einem Fenster im Prätorium und schaut hinaus. Den Bericht nach Rom über den Stand der Dinge im neuen Lager hat er vor ein paar Tagen losgeschickt. Der Kaiser wird zufrieden sein.

Hoffentlich haben die sich da unten inzwischen einigermaßen einrichten können, denkt er in einem Anflug von Mitgefühl. Denn schon hier oben in einer ordentlichen Kaserne ist es bitterkalt. Wie viel schlimmer muss es da unten sein? Der Winter rückt jetzt unaufhaltsam näher. Schon sehr bald werden die im Lager nicht mehr weiterkommen. Er schiebt seine Gedanken beiseite, denn er muss handeln.

Vorräte für drei, besser für vier Monate muss er auf den Weg bringen, damit die über die Runden kommen. Und er muss es schnell machen, denn das Wetter wird schlechter und die Tage immer kürzer. Das verlängert die Reisezeit, denn bei Dunkelheit können die Schiffe auf dem gefährlichen Fluss nicht fahren. Und den Rückweg müssen sie auch noch schaffen, den sogar gegen die Strömung.

Gaius Hortensius hofft natürlich auch, dass die genesenen Verwundeten des letzten Transportes wieder mit zurück in die Kaserne kommen. Je weniger Leute er da unten zu versorgen hat, desto besser.

Aber ohne militärischen Schutz kann er sie nicht losschicken, das ist ihm seit dem letzten Transport klar. Also wird er fast alle Schiffe, die er zur Verfügung hat, losschicken müssen. Nur gut, dass sie hier in Moguntiacum eine Werft haben, die die Schäden an den Schiffen vom letzten Transport schnell reparieren konnte.

Dann verlässt Gaius Hortensius das Fenster, setzt sich an seinen Diensttisch, rechnet die notwendigen Mengen an Korn, Wein, Öl und so weiter aus und diktiert die notwendigen Befehle.

Damit nicht auch dieser Transport wieder ausspioniert werden kann, soll es schon am nächsten Morgen losgehen. Wieder sind es viele voll beladene Boote mit den Vorräten, dazu aber diesmal noch etliche komplett bewaffnete Kriegsschiffe.

Ein Kriegsschiff soll vorausfahren, um die Gegend zu erkunden, die anderen sollen den Transport zu den Seiten und nach hinten hin absichern. So lautet der Befehl. Alle, die für diese Aktion abkommandiert sind, fluchen leise vor sich hin. Von oben Regen und Wind, von unten das Spritzwasser der Ruder. Bei diesem Wetter wird das eine nasse Schweinerei werden.

Der erste Tag der Reise verläuft ereignislos. Gegen Mittag des zweiten Tages entdeckt das Erkundungsschiff am rechten Ufer einige römische Transportboote. Als sie näher kommen, erscheinen aus dem Gebüsch einige Gestalten in römischen Uniformen.

»Romani«, schreit der Ausguck. Im ersten Moment denken sie, das seien Übriggebliebene des letzten Transportes, die sich da irgendwie durchgeschlagen haben, und winken erleichtert hinüber.

Da schreit einer der Ruderer, die den vorigen Angriff miterlebt haben: »Halt, das können *unmöglich* welche von unseren sein. Von denen ist keiner am Leben geblieben. Das ist genau die Stelle, wo die beim letzten Mal die Barrikade gebaut hatten. Was da liegt, das sind unsere gekaperten Schiffe, und dieses Gesindel hat sich die geklauten Uniformen übergezogen, um uns damit in eine neue Falle zu locken.«

Nach der ersten Überraschung wird sofort Alarm gegeben. Die Schiffe der seitlichen Sicherung kommen nach vorn.

Vorsichtig nähern sie sich den am Ufer vertäuten Booten. Die Figuren, die dort stehen, verhalten sich zunächst unauffällig. Sie winken nur herüber. Aber je näher die Kriegsschiffe kommen, desto deutlicher wird: Die Uniformen passen gar nicht zu den Gestalten. Sie sind denen entweder zu klein, oder sie sind falsch angezogen. Aus der Entfernung wirkte das noch ganz echt.

Als die Kriegsschiffe die ersten Pfeilsalven abschießen, verschwinden die falschen Römer im Gebüsch. Die Kriegsschiffe bleiben noch so lange an der Stelle, bis alle Transportboote vorbei sind. Dann folgen sie dem Geleitzug. Ein anderes Kriegsschiff hat inzwischen die Führung übernommen.

DER ERSTE WINTER IM LAGER

Es regnet seit Tagen. Schon wenn Quintus Agrippa am Morgen aufwacht, hört er das Prasseln der Regentropfen. Ein kritischer Blick nach oben, die Dächer halten dicht. Man möchte am liebsten gar nicht erst die Fensterläden öffnen. Quintus Agrippa schaut routinemäßig nach den Verwundeten. Die allermeisten sind wieder auf den Beinen und haben sogar schon bei den anstehenden Arbeiten mit angepackt. Nur einer atmet nicht mehr. Es ist Claudius, der schwer verletzte Anführer des letzten Transportes. Es ging ihm schon länger nicht besonders gut. Jetzt ist er in der letzten Nacht gestorben, und niemand hat es bemerkt. Woran wohl? Hatte er schwere innere Verletzungen, oder hatte er sich eine Blutvergiftung zugezogen? Niemand weiß es. Damit hatte keiner gerechnet.

Der Tote muss begraben werden. Nachdem der Hauptmann Septimus von dem unerwarteten Ereignis unterrichtet hat, beauftragt er einige Leute, ein Grab für Claudius auszuheben. Direkt neben den Gebeinen des toten Germanen, den sie beim Brunnenbau gefunden hatten, an der späteren Straße nach Süden.

Am späten Vormittag wird Claudius in einer Regenpause beerdigt. Alle, die im Lager sind, gehen schweigen am Grab vorbei und erweisen ihm die letzte Ehre. Quintus Agrippa weist die Zimmerleute an, zunächst zwei hölzerne Tafeln anzufertigen. Eine mit der Aufschrift *»Ignotus«*, der Unbekannte, für den umgebetteten Germanen, und eine zweite mit dem Namen von Claudius. Im nächsten Jahr kann man diese Grabinschriften dann durch steinerne Denkmäler ersetzen.

Der von Valerius vorgeschlagene Bau eines Lagerhauses erweist sich als eine regelrechte Schlammschlacht. Bis zu den

Knöcheln im Dreck stehende Männer haben die Stützen für die Wände in den Boden eingegraben. Völlig durchnässt sägen andere an Brettern für den Fußboden und das Dach. Das Arbeiten unter den Wettermänteln und die feuchten Werkzeuge machen die Sache auch nicht leichter.

Und es wird noch kälter. Unter die Regentropfen mischen sich jetzt schon Graupel. Aber es hilft nichts, das Ding muss fertig werden, irgendwie, wenn die Vorräte nicht verderben sollen.

Wenn dieser Schuppen überhaupt fertig wird, denkt Quintus Agrippa, ist das bestimmt kein Denkmal römischer Baukunst. Und so arbeiten alle verbissen weiter.

Zwei Tage später meldet der Ausguck das Herannahen der Versorgungsschiffe. In einem einsetzenden Schneesturm wird entladen. Die Vorräte werden in dem fast fertigen Vorratsschuppen gelagert. Die Transportmannschaft beschließt, sofort am nächsten Morgen den Heimweg nach Moguntiacum anzutreten, ehe die Rückfahrt nicht mehr möglich ist. Alle Verwundeten des letzten Transports werden mitgenommen.

Glücklicherweise beruhigt sich das Wetter am nächsten Tag noch einmal. Kalt ist es trotzdem. In aller Eile werden die letzten Arbeiten am Lagerschuppen erledigt.

Am Morgen des übernächsten Tages herrscht plötzlich absolute Stille. Septimus, der im Haus von Quintus Agrippa Unterschlupf gefunden hat, erwacht als Erster. Er stößt den Fensterladen auf, und draußen ist alles weiß. Es hat über Nacht geschneit. Eine solide, etwa einen halben Fuß hohe Schneedecke überdeckt alles. Er holt Quintus Agrippa. Der soll sich das anschauen.

»Dann ist es jetzt also so weit«, ist dessen einziger Kommentar. Er lässt die beiden anderen Zenturios holen, und zusammen überlegen sie, wie es nun weitergehen soll.

»Wir können jetzt nichts anderes tun, als möglichst ohne

Verluste zu überleben. Hoffen wir, dass der Winter nicht allzu streng wird«, sagt Septimus.

»Wir haben getan, was wir tun konnten. Das war also das erste Jahr im neuen Lager. Bin gespannt, ob der Kaiser im nächsten Jahr eine ganze Legion hierher verlegt«, sinniert Quintus Agrippa, »und ich bin genauso gespannt, was von unserem Lager nach dem Winter noch steht oder was der Frost alles zerstört hat. Ob die ganze Plackerei umsonst war oder ob es hier weitergehen kann.«

Die meisten Legionäre, die jetzt auch aus ihren Häusern schauen, sehen zum ersten Mal in ihrem Leben Schnee und staunen. Sie haben keine Ahnung, was das ist und wie sie damit umgehen sollen.

Nur Erik tobt fröhlich durch den Schnee, er kennt das. Er formt Schneebälle und wirft sie gegen die Türen und Fensterläden der Contubernien-Häuser. Das erschreckt die Legionäre im ersten Moment, aber als sie sehen, dass Erik das Ganze Spaß macht, lachen sie mit.

Der Dolmetscher, der in der letzten Zeit weitgehend unbeschäftigt war und der solche Winter aus seiner Heimat kennt, gibt Septimus und den drei Zenturios Ratschläge, wie man mit solchen Witterungsverhältnissen klarkommt. Er rät dazu, dass sich jede Zelteinheit in ihrem Haus einen Vorrat an Brennholz und Lebensmitteln anlegt, der zur Not für einige Tage reichen muss. Er rät auch dazu, die Häuser nur dann zu verlassen, wenn es absolut notwendig ist. Und er meint, man müsse die Schneemenge auf den Dächern im Auge behalten, besonders bei dem Unterstand mit den Lehmformen, denn Schnee sei schwer, und die Last könne ohne Weiteres die Dächer zum Einsturz bringen, besonders dann, wenn noch mehr Schnee fällt. Da würde nur helfen, den Schnee beizeiten von den Dächern runterzufegen. Denn wenn das alles erst einmal festgefroren sei, sei das nahezu unmöglich.

Staunend, aber interessiert hören Septimus und die Zenturios zu und erfahren so, mit welchen zusätzlichen Problemen sie durch den Wintereinbruch konfrontiert werden. Quintus Agrippa entscheidet, dass bis auf Weiteres keine Appelle auf dem Forum mehr stattfinden und dass ab sofort jede Zelteinheit mit Vorräten für sich selber sorgen muss.

Während drinnen noch über einige Einzelheiten beraten wird, sind die fünf Geiseln aus Frehem dabei, einen Fußpfad von den Lagergassen zum Brunnen und zum Lagerschuppen zu trampeln. Niemand hat sie darum gebeten. Sie machen es einfach. In ihren Kleidern macht ihnen die Kälte nicht so viel aus, dazu kennen sie das Geschäft mit dem Winter und wissen, was zu tun ist.

Am Nachmittag setzt erneut Schneefall ein. Und er dauert die ganze Nacht an. Das Lager schneit komplett ein. Ein aufkommender Wind führt dazu, dass die Türen der Contubernien-Häuser sich am nächsten Morgen nicht mehr öffnen lassen. Schneewehen blockieren sie. Die Legionäre müssen aus den Fenstern klettern und den Laufgang freiräumen. Eine ungewohnte Tätigkeit, die sie schon jetzt die germanischen Winterfreuden lieben lässt. Wer weiß, was da noch alles hinterherkommt.

Abgesehen davon sind alle zur Untätigkeit verdammt. Langeweile breitet sich aus. Um sich zu beschäftigen, bastelt Marcus an seinen Plänen für den Abwasserkanal, den Locus und das Badehaus herum.

Clemens ist wütend, dass er seinen Brennofen nicht mehr fertig bekommen hat. Im Übrigen sitzt ihm Erik ständig auf der Pelle und löchert ihn endlos mit Fragen. Salman überträgt seine Notizen in einen richtigen Wegeplan. Auch der Lagerplan wird perfektioniert.

Von ferne sieht das ganze Lager unbewohnt aus, wären da nicht die kleinen Rauchsäulen, die aus den Häusern aufsteigen.

Auch aus den Dächern im benachbarten Germanendorf steigen Rauchwolken auf. Die Bewohner beschäftigen sich im Inneren mit den Winterarbeiten, wie in jedem Jahr. Demosthenes und Dietlinde geht es gut. Jeden Tag lernen sie neue Wörter in der anderen Sprache und können so schon einfache Gespräche zustande bringen. Eines davon hat Demosthenes zunächst sehr erschreckt. Dietlinde ließ ihn wissen, dass er im nächsten Jahr wahrscheinlich Vater wird.

Ansgar hat sich einen schlimmen Husten eingefangen. Einige befürchten, dass er den Winter nicht überleben wird.

In diesem November weiß niemand in der Gegend so recht, wie es im nächsten Jahr mit dem halb fertigen Lager der Römer weitergehen wird.

Außer uns Nachgeborenen. Wir wissen: Es ist weitergegangen.

Aber bis aus diesen Anfängen eine richtige Stadt werden sollte, mit einer soliden Stadtmauer, Bädern, Abwasserkanal und Verwaltungsbauten, vergingen noch schlappe vierzig Jahre.

Personen und Begriffe
(in der Reihenfolge ihres Auftauchens)

Septimus – kaiserlicher Legat mit besonderen Vollmachten

Demosthenes – geborener Grieche, aber römischer Bürger und Unterpräfekt

Salman – Sekretär, Nubier, perfekt in Latein und Griechisch

Quintus Agrippa – Zenturio, kampferprobter Hauptmann

S.P.Q.R. – Senatus Populusque Romanus, Senat und Volk Roms

Gaius Hortensius – selbstherrlicher Prätor (Statthalter) in Moguntiacum (Mainz)

Ripuarier – Rheinfranken, Bewohner des Rheinufers

Pontifex – ein Staatspriester aus dem Jupitertempel

Rufus und Aemilianus – zwei Legionäre aus bäuerlichen Familien

Ein Dolmetscher aus dem Schwäbischen

Gero – Dorfältester des Germanendorfes

Erik – Geros jüngster Sohn, zehn Jahre alt, Geisel bei den Römern

Ansgar – Druide des Germanendorfes

Justus und Sixtus – zwei Legionäre, Sixtus ist ein Pechvogel

Sosias – ein erfahrener Brunnenbauer

Quirinus – Legionär, vorher erfolgreicher Barbier

Gerbert, Segimer und Ahnfried – drei Gefangene aus dem Dorf Frehem

Marcus – ein römischer Militäringenieur

Gernot – Abgesandter der Ubier

Marcus Agrippa – Vetter von Quintus, Abgesandter des Kaisers, rechtsrheinisch

Panos – Schreibsklave im Prätorium von Moguntiacum

Camillus Verus – Princeps, Hauptmann der zweiten Zenturie

Valerius Vacer – Hastatus, Hauptmann der dritten Zenturie

Segestes – Anführer der Germanen aus Frehem und ihrer Verbündeten

Clemens – zweiter Ingenieur in Marcus' Ingenieurtruppe

Gerwart – Geisel aus Frehem

Dietlinde – selbstbewusste junge Germanin aus dem Nachbardorf

Claudius – Anführer eines Transportes in höchster Not

Danksagung

Dank an alle Lektoren, die mir meine Fehler um die Ohren gehauen haben. Gott sei Dank waren sie gnadenlos. Wenn trotzdem noch »Würmer« drin sind, ist das alleine meine Schuld.

Und Dank an Gabi Lorenz-Schayer, die mich ermuntert hat, auch noch diese Geschichte in Angriff zu nehmen.

Armin Maiwald